KB267908

달을 품고서 일체를 아우른 절

오대산 월정사 이야기

달을 품고서 일체를 아우른 절

오대산 월정사 이야기

초판 1쇄 인쇄 | 2013년 12월 20일   초판 1쇄 발행 | 2013년 12월 25일

지은이 | 이도흠   펴낸이 | 윤재승

책임편집 | 사기순   디자인 | Min디자인
기획편집팀 | 사기순, 김언한   영업관리팀 | 이승순, 공진희

펴낸곳 | 민족사 출판등록 제1-149호(1980.05.09)
주소 | 서울시 종로구 수송동 58번지 두산위브파빌리온 1131호
전화 | 02)732-2403~4   팩스 | 02)739-7565
홈페이지 | www.minjoksa.org   이메일 | minjoksabook@naver.com

© 2013, 이도흠

ISBN 978-89-98742-17-1 03220

오대산 월정사 이야기

이도흠 지음

민족사

머리글

　오대산은 주름이 깊은 산이다. 들어갈수록 골과 숲이
깊고, 펼칠수록 숱한 사람들이 빚어낸 기억들이 샘솟는다. 공간은 텅
비어 있는 자리나 빈곳이 아니라 상징과 의미로 가득한 곳이다. 마당
은 공시적으로, 통시적으로 무한히 열려있는 원형이자 무한히 채워지
는 중심이다. 거기 월정사가 자리하면서 기억의 주름은 깊이를 더하
고, 중심은 더 넓게 열리고 채워졌다.

　『달을 품고서 일체를 아우른 절, 오대산 월정사 이야기』는 월정사
에 관련된 기억의 주름을 펼쳐, 그에 담긴 기억들을 이야기로 풀어낸
책이다. 수천 년 전 하늘에서 천신이 이곳에 내려오고 산신이 자리하
다가 부처와 어우러져 하나가 되어, 가람을 짓고 사람을 불러 그들을
부처로 만든 내력을 풀어내고 있다.

　제1장, 〈오대산 월정사, 화엄의 으뜸 도량〉에서는 인연이 있는 땅에

자장 율사가 가람의 터를 고른 일에서 시작하여 문수보살이 나투신 것에 이르기까지 화엄의 으뜸 도량이란 공간에서 부처와 사람이 어우러져 빚어낸 기억을 사실과 설화를 결합하여 풀어냈다. 자장 율사가 월정사를 세우고, 신효 거사와 신의 두타가 중창하고, 산신과 부처가 하나가 되고, 성덕왕이 친히 이곳에 와서 화엄만다라를 경영하고 강릉 태수에게 이곳을 잘 보전하라는 전교를 내리는 바람에 아름다운 수로 부인이 함께 행차하고, 구정 선사가 솥을 아홉 번이나 바꾸어 걸은 끝에 도통하고, 문수보살이 나투셔서 세조의 등을 밀어준 이야기를 실었다.

제2장, 〈월정사를 장엄하신 조사들〉은 남다른 신심과 도력(道力)으로 월정사에 빛을 더하신 조사들의 이야기를 평전 형식으로 펼쳤다. 위대한 선사인 나옹 화상 혜근은 말 한 마디로 북대에 있는 나한상을 상원암으로 이운하였다. 사명 대사는 전국 방방곡곡을 돌아다니며 도움을 받아 월정사의 중창에 매진하였다. 한암 스님은 6·25때 절을 태우려는 국군에 맞서서 법당에 들어가 정좌한 채 불을 지르라고 하여 절을 지켜내었다. 탄허 스님은 이미 20대에 삼교에 통달한 실력으로 수많은 강백과 탁월한 학승을 길러내고 경전을 번역하여 대중들이 쉽게 불성을 깨닫게 하였다. 만화 스님은 승가오칙을 평생 실천하여 오대산의 중창주가 되었다.

제3장, 〈월정사를 품어주고 꾸며주는 것들〉은 오대산에서 시작하여 상원사 동종에 이르기까지 월정사와 연기 관계를 맺고서 이를 품어주고 꾸며주는 것들에 대하여 기술하였다. 월정사의 각 공간에 당도한

여행객의 시점에서 동선에 따라 주변의 풍경을 기술하는 가운데, 그 풍경에 깃든 기억들을 풀어내고 주관적 감상을 더하는 방식으로 서술하였다. 맨 먼저 어머니처럼 부드럽고 너른 품을 가진 오대산을 조망하며 깃들어 사는 생명을 떠올리고, 이어서 일주문에 당도하여 전나무 숲길을 걸으며 명상하면서 절 이름에 담긴 의미를 음미하고, 천왕문에 이르러선 사천왕과 벽화에 얽힌 이야기를 되새기고, 마당에 들어서서 하늘 높이 치솟은 팔각9층탑을 보며 팔정도를 향한 수직지향의 미학에 감탄하고, 그 옆에서 지극한 마음으로 공양을 올리는 석조보살좌상에 얽힌 내력과 아름다움을 감상한다. 절을 지나 부도탑을 보며 고승들의 정신의 깊이에 이르려 하고, 더 발길을 재촉하여 오대산 사고를 보며 『조선왕조실록』에 담긴 사관의 직필 정신에 대해 생각하고, 오대산에서 득도하여 신선이 된 한무외를 기린다. 마지막으로 상원사에 올라 한국 종의 남상이 된 동종의 아름다운 비천상을 보며 가슴 깊이 울리는 진리의 둥그런 소리를 듣는다.

이처럼 이 책은 3장, 총 스물 한 편의 이야기로 구성하였다. 철저히 역사적 사실과 관련 기록에 기초하면서 사실과 사실 사이의 틈은 상상을 허용하여 소설적 재미를 추가하였다. 이에 선행연구를 참고했더라도 따로 각주를 달지 않고 각 이야기 끝에 참고문헌으로 정리했다. 양해 바란다. 이야기 중에 삽입된 한시나 게송은 모두 3·4조의 우리 시가의 율격에 맞게 번역하였다.

세상을 빚어내는 주인으로서 인간 주체의 마음과 의지의 힘을 믿는다. 그러면서도 나이가 들수록 그 너머에서 이 모든 것을 관장하는 연기와 업의 원리에 새삼 놀란다. 그저 산이 좋아 찾았던 우매한 학궁이 인연을 쌓다보니 산이 감추고 있던 금강석 같은 가치들을 비로소 접하게 되었다. 오현 스님의 너르신 품에서 인연을 더하면서 도반인 석길암, 문무왕 교수의 배려로 이 성스런 일에 참여하게 되었고, 이곳 월정사에서 현기 스님, 태경 스님, 최경애 전 불교환경연대 사무국장, 박재현 종무실장 등 고운 이들과 재회하면서 그 글에 정감을 덧칠할 수 있었다. 만화 스님의 제자 가운데 한 분인 월정사 주지 정념 스님은 모든 지원을 아끼지 않으셨고, 또 한 분의 제자인 민족사 윤창화 사장은 책 만드는 일 전반을 주관하셨다. 평생 가슴 깊이 남는 도반인 고 고광영 사장의 부인인 사기순 주간과 편집부의 김언한 씨가 이 책을 곱게 다듬어 주셨다.

이리도 이 책에 깃든 인연이 깊고도 또 깊다. 이 자리를 빌려, 이 모든 분들과 필자보다 앞서서 연구를 해 주신 분들께 머리 숙여 감사드린다. 다만, 필자의 학식과 문재(文才)가 많이 부족하여 그 분들의 정성과 경지에 다다르지 못하는 것이 부끄러울 따름이다. 질책을 바라며, 그로 더 좋아질 수 있는 희망으로 붓을 놓는다.

관악의 와실에서

이도흠 합장

목차

제1장 _ 오대산 월정사, 화엄의 으뜸 도량

제2장_월정사를 장엄하신 조사들

제3장_월정사를 품어주고 꾸며주는 것들

제1장

오대산 월정사, 화엄의 으뜸 도량

선과 화엄의 도량 오대산 월정사 전경

자장 율사, 월정사를 세우다

신라 진평왕(眞平王, 재위 579~632) 때, 하늘엔 별이 반짝이고, 들엔 꽃이 흐드러지고, 사람들 마음엔 불심이 빛났다. 이 땅에 불교가 들어오자마자 절이 별처럼 들어서고 절에는 사람들이 구름처럼 몰려들어 부처님을 섬기었다.

아직 모자라는 점도 많았다. 부처님의 말씀을 전할 경전도, 불도로 이끌 스님들도 턱없이 부족하였다. 승단 또한 계율을 엄정히 하고 조직을 체계적으로 구성하는 것이 시대적 과제였다.

서라벌에 사는 김무림(金茂林)은 진골 출신으로 신라 17관등 중 제3위에 해당하는 소판(蘇判)의 벼슬자리에 있었다. 선한 아내를 만나 늘 행복하게 살았지만, 다만 하나 나이 마흔에 이르도록 아들이 없었다. 부인과 함께 가까운 절에 가서 3년이 넘도록 부처님께 빌었지만 소식이 없었다.

　부처님 전에 기도를 한 지 1,000일이 다가오는 어느 봄날이었다. 절로 가는 길목에 산수유 연노랑 꽃이 연하여 피어 있었다. 산수유의 아름다움에 취하여 걷다보니 어느덧 일주문이다. 일주문에 서서 김무림은 부인에게 말하였다.

　“여보, 우리의 정성이 아무래도 부족했던 모양입니다.”

　“당신은 벼슬을 사는 이라 매일 참석하지 못했습니다마는, 제가 3년을 하루같이 비가 오나 눈이 오나 1,000배를 올렸는데도 부족했다면 이제 어찌 해야 할까요?”

　“부인의 그 지극한 정성이야 부처님께서도 잘 아실 거라고 보오. 하지만, 우리가 아들을 낳게 해달라고만 빌었지, 그 아들을 어떻게 기르겠다는 말씀을 드리지는 않았습니다. 아들을 낳으면 부처님께 바치기로 하면 어떻겠소?”

　“네? 참 그렇네요! 왜 그런 생각을 미처 하지 못했을까요?”

　“궁해야 통한다 하지 않았소?”

　두 사람은 관세음보살 앞으로 가서 향을 사르고 일 배, 일 배 절을 하며 부처님께 발원을 하였다.

　“지극한 정성으로 거룩하신 관세음보살 전에 삼가 향을 사르며 절을 드리옵니다. 미천한 저희들에게 아이를 내려주신다면 진리의 바다로 갈 수 있는 징검다리로 키우겠나이다.”

　그리 기도하고서 며칠이 흘렀다. 퇴청한 김무림에게 그의 아내가 환한 낯빛으로 말하였다.

오대산 월정사 이야기

"사실 엊그제 별이 떨어져 제 품으로 들어오는 꿈을 꾸었는데, 어제에 이어서 오늘도 헛구역질을 하였습니다. 아무래도 입덧인 듯합니다."

"회임하신 것을 왜 이제야 말씀하시오?"

"국사로 다망하신 분께 공연히 심사를 어지럽히게 할까봐 조심스러웠습니다."

"이 모두 거룩하신 부처님의 뜻입니다. 감사의 절을 올립시다."

몇 달 후인 진평왕 30년인 608년 석가모니께서 탄신하신 4월 초파일에 한 아기가 고고성을 울렸다.[1] 김무림은 선한 이들의 으뜸이 되라는 뜻에서 우리말로 '이든마루', 한자어로 '선종(善宗)'이라 지었다. 아이는 이름대로 남달리 선하였다. 부모님의 말씀이 떨어지면 곧바로 실천하였고, 나가서 아이들과 노는 것을 보아도 늘 남을 배려하고 양보하였다.

불살생의 계를 지키고
영원한 진리를 찾아 출가하다

그러던 그도 당시 서라벌 귀족들에게 유행하던 매사냥만큼은 별다른 죄책감이 없이 행하였다. 남산을 타고 내리던 단풍이 남천을 건너

1) 자장 율사의 생몰년에 대해서는 여러 설이 맞서고 있다. 남동신은 자장 율사가 선덕여왕의 출사령을 거절했을 때가 25살이었다는 기록인 민지(閔漬)의 『오대산월정사사적』을 근거로 역산하여 진평왕 30년(608)에서 36년(614) 사이에 출생한 것으로 추정하고 있다. 이를 따르되, 출사를 요청한 때가 즉위 초일 가능성이 농후하고, 기존의 출생년인 590년과 가장 가까운 608년으로 추정하였다.

서라벌 거리까지 내려오던 가을날이었다. 선종은 또래들과 함께 귀더리들과 서악 사이의 산기슭으로 갔다. 가을이 되어 한껏 살을 불린 꿩들이 예서제서 푸드득 날아올랐다. 선종은 덤불숲이 잘 내려다보이는 언덕 위에 자리 잡고는 오른팔을 횃대 삼아 앉아 있는 매를 바라보았다. 눈을 가렸지만, 이미 꿩 냄새를 맡았는지, 아니면 갑갑했는지 매는 날개를 퍼덕이며 비상을 재촉한다. 안대를 끌러주자마자 매는 솟구쳐 올라 사방을 살피더니, 언덕 아래 들판 쪽으로 몸을 틀고는, 곧장 화살처럼 다복솔 앞 억새 속으로 몸을 내리꽂았다. 아마 두 발톱을 뻗어 꿩을 움켜쥐고는 부리로 꿩 대가리를 쪼고 있으리라.

"휘익!"

입술을 모아 매에게 더 이상 공격하지 말라는 신호를 보내고는 그쪽으로 달려갔다. 기름이 동동 뜨는 맛난 꿩탕이 눈에 아른거렸다. 아니나 다를까? 이미 여러 차례 쪼았는지 꿩 대가리에 피가 낭자하다. 간신히 매의 발톱에서 꿩을 빼냈다.

"아니!"

피에 젖은 깃털 사이로 꿩 눈동자가 뚜렷한데, 그 눈에 그렁그렁 눈물이 맺혀 있었다.

"여태껏 왜 몰랐다는 말인가. 저 꿩 같은 미물도 우리처럼 다치면 아프고 눈물이 나는구나. 내가 저 꿩처럼 남에게 칼부림 당한다면 얼마나 아플까. 혹 그러다가 죽는다면 어머니와 아버지의 마음은?"

"내 목숨이 중한 만큼 다른 생명의 목숨도 그러하거늘, 나는 왜 그

오대산 월정사 이야기

를 몰랐단 말인가?"

생각이 여기까지 미치자 선종은 꿩을 풀어 놓아주었다. 꿩은 쏜살같이 서악의 숲 속으로 날아갔다. 귀더리 숲을 지나 한기리 가까이 오면서 시치미를 떼고 매 또한 제 갈 곳으로 가라고 하였다. 매는 처음엔 머뭇거리다가 선종의 주위를 두어 차례 선회하더니 하늘 높이 날아 남산 쪽으로 날아갔다. 문득 불살생의 계를 지키며 살아가는 스님이 되고 싶었다.

바로 출가하지는 않았지만, 선종은 그 후 생명을 해치는 일은 하지 않았으며, 아이들이 잠자리나 개구리를 잡아서 놀면 달려가서 끈질기게 설득하여 놓아주었다.

아이가 어느덧 코밑에 털이 날 즈음 마을에 그를 사랑하는 여인이 있었고 부모도 권하여 혼인을 하였다. 다른 사람들처럼 서로 사랑하며 행복하게 살았고 아이도 두었다. 혼인을 한 지 세 해째가 되는 날, 어머님이 갑자기 돌아가셨다. 어머님께서 시름시름 앓으시더니 기어이 생을 마치셨다.[2] 어머님의 49재를 치른 후 부처님 앞에 섰다.

■   2)『황룡사찰주기』는 "매를 놓아 꿩사냥을 하다가 꿩이 눈물을 흘리며 우는 것을 보고 느낀 바가 있어 청하여 출가하였다"라고 하고,『삼국유사』는 "일찍이 두 부모를 여의고 속세의 시끄러움을 싫어해서 처자를 버리고, 자기의 전원(田園)을 내어 원녕사(元寧寺)를 삼았다"라고 한다. 전자는 이런 사유로 출가한 자가 많아 상투적 사례라는 점이, 후자는 그의 부친이 진덕왕 대까지는 생존했다는 점 때문에 한계를 갖는다.『삼국유사』의「진덕왕」조를 보면, "왕의 대(代)에 알천공(關川公), 임종공(林宗公), 술종공(述宗公), 호림공(虎林公: 慈藏의 아버지), 염장공(廉長公), 유신공(庾信公)이 남산(南山) 우지암(亐知巖)에 모여서 나랏일을 의논했다"라는 기록이 나온다. 그의 부친은 최소한 진덕왕(647~653) 원년인 647년까지는 생존하였다. 이에 양자 모두 비판적으로 수용하되, 전자는 출가의 간접 동기가 된 것으로, 후자는 어머니만 죽은 것으로 해석한다.

제1장_오대산 월정사, 화엄의 으뜸 도량

“그리 푸르던 잎이 저리 낙엽으로 떨어지듯, 어머님께서 돌연히 떠나가시니, 우주 삼라만상 가운데 무상하지 않은 것이 없구나. 모든 것이 무상하니 삶이란 덧없는 것! 이제 영원한 진리 찾아 부처님께 귀의하자. 더구나 나는 부처님의 제자가 되기로 서원하고 태어난 사람이 아니더냐? 그동안 속세의 환락을 누릴 대로 누렸으니 아무런 미련도 없노라.”

아내를 불러 조용히 뜻을 전하였다. 아내는 헤어짐이 너무도 슬펐지만, 선종의 얼굴은 단호하면서도 평안하였다. 아내는 고개를 끄덕였다. 선종은 애써 눈물을 참으려는 아내를 보며 미안한 마음이 들어 살포시 안았다. 아내의 품이 참말로 따뜻하다. 온누리의 얼음을 모두 녹여낼 저 품의 안락함을 깨끗이 지워내지 못한다면, 내 안의 무명과 탐심도 멸하지 못하리라. 이내 밀치고는 일어섰다.

“당신에게는 참으로 미안하오.”

“이 세상에서 부처님께 귀의하는 일보다 더 올바르고 더 광명정대한 일이 어디 있겠습니까? 헤어짐이 슬프지 않은 것은 아니지만, 당신께서 영원한 진리를 찾아가신다니 그 길에 꽃을 뿌리옵니다.”

선종은 스물 다섯 젊은 나이에 아내와 작별한 후 곧바로 절로 갔다. 더 깊이 정진하고자 홀로 깊은 산으로 들어가 고골관(枯骨觀)을 닦았다. 작은 집을 짓고 방 안에 가시덤불로 울타리를 둘러쳤다. 옷을 벗고 그 속에 앉아 정좌하였다. 조금만 움직이기만 하면 가시가 몸을 찔러 심한 통증이 왔다. 머리카락을 묶고 끈으로 천장에 매달았다. 한 티끌만

치라도 고개를 숙이기만 하면 끈이 머리를 당겨 머리거죽이 찢어지는 듯하였다. 처음엔 하루에도 숱하게 가시가 몸을 찌르고 끈이 머리를 잡아당겼지만, 이내 익숙해져 차츰 가시에 찔리고 머리카락이 잡아당겨지는 일이 사라졌다.

호흡이 잦아들더니 마침내 숨을 쉬고 내쉬는 느낌조차 사라졌다. 온갖 잡념이 사라지고 머리가 텅 비었다. 적멸의 한 가운데서 경전의 문구를 떠올리기도 하고, 부처님께서 세상에 나투신 뜻이 무엇인지 생각하였다. 맨 먼저 살들이 떨어져 나가 흙이 된다. 피와 침은 물로 변하여 흐른다. 온기가 빠져나가 불로 타오른다. 기운은 바람이 되어 숲을 흔든다. 뼈만 남은 저 몸은 나인가 아닌가. 4대가 모두 흩어진 후에 나라고 할 것이 있는가, 없는가. 모든 것이 인연따라 흩어지고 모이고 다시 흩어질 뿐, 나라고 할 것은 아무 것도 없었다. 몸이 가벼워지고 공중으로 오르는 듯하였다. 마음을 모으니 온통 어두웠다. 바다처럼 깊은 어둠의 저 끝에서 밝은 빛이 아주 환하게 빛나는 것이 아닌가.

사람들이 어떻게 알았는지 자장 율사가 큰 도를 깨우쳤다며 찾아왔다. 사람들이 찾아오지 못할 더욱 깊은 산속으로 들어갔다. 자신이 어디에서 와서 어디로 가는지, 왜 생로병사의 고통을 겪어야 하는지, 모든 번뇌를 끊고 해탈에 이르는 길이 무엇인지 생각하였다.

그때 기이한 빛깔을 한 새가 호르르 날아들었다. 자세히 보니 세상의 색깔이 아니었다. 그 새는 어디에선가 향기가 좋은 빨간 복숭아 같은 과일을 물고 와서 앞에 놓고 갔다. 부처님께서 보내신 새인 듯하여 그 과일을 먹었다. 이윽고 잠이 왔다. 꿈속에서 천인(天人)이 와서 5계를 주었다. 이제 산을 내려가라는 말도 하였다.

내려와 절로 들어갔다. 그 절의 큰스님은 자비(慈悲)를 베풀고 또 베풀어도 언제나 마르지 않는 곳간이 되라는 뜻에서 자장(慈藏)이라는 법명을 주었다. 그 절에서 수행을 하다가 어느 정도 세월이 지난 후에 원래 살았던 마을로 돌아왔다. 살던 집을 개축하여 절로 바꾸었다. 새벽에 일어나 예불을 하고 경전을 읽고 찾아오는 이들에게 법문을 하였다. 그의 뜻대로 서라벌 사람들은 이 절에만 오면 근심걱정이 사라지고 평안해져서 돌아갔다. 명쾌하면서도 뜻이 깊은 그의 법문은 사람들의 가슴에서 불심이 절로 일게 하였다. 소문은 꼬리를 이어 월성에까지 미치었다.

선덕여왕의 부름을 받고
오대산으로 가다

선덕여왕은 즉위하자마자 대신 을제(乙祭)에게 국정을 총괄하게 하고, 그와 함께 승정을 총할하면서 자신을 지혜로써 보좌할 이로 자장 율사가 마땅하다고 생각하여 사람을 보냈다.

"여왕 폐하께서 스님께 친히 태보 벼슬을 내리시고, 왕궁에 들어와 정사를 도우시라고 하셨습니다."

자장 율사는 잠시 생각하였다. 그리 높은 벼슬을 하여 부귀영화를

오대산 월정사 이야기

오대산 적멸보궁과 월정사를 창건하신 자장 율사

누릴 것에 대한 욕심과 기대는 터럭만큼도 없었다. 아직 도를 덜 닦았
는지, 25살 피가 끓는 청년이라 그런지, 상대가 임금이라 그런지 군주
로부터 인정을 받은 그 자체로 마음이 흐뭇하였다. 하지만, 곰곰이 생
각해보면, 명예와 권력이란 신기루와 같은 것이다. 불도를 닦는 일보

제1장＿오대산 월정사, 화엄의 으뜸 도량

다 더 위대한 일이 어디 있겠는가.

"여왕 폐하의 은혜는 하해와 같으나, 불도를 닦기로 한 이 몸을 깊이 헤아려 주시기를 바라나이다. 하루 동안 계를 지니다 죽을지언정 계를 파하고 백년 살기를 원치 않사옵니다."

신하가 그 말을 그대로 전하였다. 왕명을 거역한 일이 괘씸하기도 하였지만, 그리 부귀영화의 길이 있는데 마다하는 자는 처음인지라 그를 시험해보고 싶었다. 선덕여왕은 신하에게 말했다.

"승려도 백성 가운데 한 명이거늘 어찌 왕명을 거역한단 말이냐? 보름 안에 월성 안으로 들어오지 않으면 왕명을 거역한 죄로 참형에 처하리라고 일러라."

신하가 찾아와 그대로 전하였다. 하지만, 이미 마음을 정한 자장 율사는 단호하였다.

"왕명이 어찌 부처님 말씀보다 앞설 수 있겠습니까? 참형을 한다면 그 또한 부처님의 뜻이니 달게 받겠습니다."

신하가 왕궁으로 돌아가서 선덕여왕에게 고하였다. 과연 짐작하던 대로였다. 선덕여왕은 자장 율사야말로 자신이 그토록 찾던, 자신을 도와 왕권을 수호하고 이 땅 신라를 불국토로 만들 위인이라는 확신이 들었다.

"참형도 두려워하지 않는 자를 내 어찌 꺾으려 하겠는가? 가서 자장에게 일러라. 계속 불도를 닦는 것을 허하되, 대신 언제인가 내가 부르면 달려와 나를 도우라고."

오대산 월정사 이야기

자장 율사는 왕을 대신하여 그 말을 전하는 신하에게 답하였다.

"부처님의 말씀에 나라라는 경계는 없으나 스님에게는 나라가 있는 법, 언제인가 왕명이 다시 내리면, 기꺼이 왕명을 따르고 이 나라에 불법이 가득하도록 미천한 몸을 바치겠나이다."

얼마 뒤에 자장 율사는 분황사 주지로 갔다. 그가 설법을 하면 인근의 대중은 물론, 귀족과 왕족들이 마당을 가득 채웠다. 어느 날 선덕여왕도 그 무리 중에 있었다. 대승론(大乘論)과 보살계본(菩薩戒本)을 풀이하여 쉬우면서도 깊이있게 설명하였다. 그의 경전 강의를 듣고 선덕여왕이 감동하였다. 여왕은 그를 궁으로 불러들였다.

"스님의 설법을 듣고 깨우친 것이 많습니다. 어찌 그리 쉬우면서도 핵심을 잡아 명쾌하게 말씀을 하시는가요?"

"다만 황공할 따름입니다, 마마!"

"짐이 오랜 동안 번뇌하는 것이 있습니다."

"무엇인지요?"

"스님과 같은 지혜를 가진 이라면 능히 답을 아실 것입니다. 짐이 여자라고 귀족과 백성은 물론, 이웃나라도 깔보고 자주 침략을 하는데 어디 묘책이 없겠습니까?"

자장 율사는 골똘히 생각하다가 답이 떠올라 가만히 미소를 지으며 말하였다.

"묘책이 있습니다."

"그 묘책이 무엇입니까?"

“마마께서 부처님의 위호를 받으시는 것입니다.”

“어찌 받는단 말이요?”

“이곳 신라가 예로부터 부처님의 인연이 있는 땅이라면 저들이 감히 침범하지 못할 것이요, 마마께서 부처님의 위호를 받고 계시다고 한다면 어느 누가 감히 업신여기겠습니까?”

“그래, 그럴 수 있는 방략이 구체적으로 무엇이오?”

“제가 오대산에 가서 그곳에 상주하시는 문수보살을 친견하여 부탁을 드리겠습니다.”

자장 율사는 638년 봄(선덕여왕 7년)에 왕명을 받아 신통(神通)이라는 사신을 따라 승실(僧實) 등 제자 10여 명과 함께 당나라로 들어갔다. 보름을 걸어 지금의 충남 당진에 당도하여 배를 타고 서해안과 발해만을 끼고 육지를 따라 돌아 산동성 등주로 간 후 때로는 걷고, 때로는 배를 타고, 때로는 말을 얻어 타고서 장안으로 갔다.

먼저 궁으로 간 신통은 당 태종에게 조공을 바친 후 자장 율사의 인품과 신이한 영능에 대하여 고하였다. 당나라 태종은 사신을 보내어 자장 율사를 치하하였으며, 승광별원(勝光別院)이라는 곳에 자리를 마련하여 머무르게 하고 불편이 없도록 배려하였다. 소문을 듣고 사람들이 찾아왔다.

자장 율사는 번잡한 도시에서 떠나 호젓한 곳에서 수행하고 싶었다. 그동안 후한 대접을 해주었던 태종에게 감사함을 표하는 동시에 편력을 이해해달라는 글을 올렸다. 태종도 그의 마음을 이해하였다. 자장 율사는 승광별원을 떠나, 장안의 남쪽 50리쯤에 있는 종남산(終南山) 운제사(雲際寺)의 동쪽 산록으로 들어갔다. 그는 그곳에서 바위에 의지하여 집을 짓고 살았다. 당시 종남산은 계율학의 중심지였으며 많은 절이 있었다. 지상사(至相寺)에는 중국 화엄종의 초조(初祖) 두순(杜順, 557~640)이 머물렀으며, 풍덕사(豐德寺)에는 남산종(南山宗)의 개조인 도선 율사(道宣律師, 596~667)가 있었다.

도선은『사분율행사초(四分律行事鈔)』를 짓는 등 율학을 대성시킨 남산종의 개조다. 현장의 경서 번역 작업에도 참가하였으며 불교 경전의 목록인『대당내전록』과 불교사서인『속고승전』,『석가방지』, 그리고 호법을 위해 기록된 문서를 수집한『광홍명집』등 많은 책을 저술하며 위대한 사적을 남겼다.

무엇보다도 그는 사분율종(四分律宗)의 대가였다. 사분율은 석가모니 입멸 후 100년경에 담무덕(曇無德)이 상좌부(上座部)의 근본 계율 중에서 자신의 견해에 부합하는 것만을 간추려 네 차례에 걸쳐 뽑아 엮은 책으로 요진의 불타야사(佛陀耶舍)와 축불염(竺佛念)이 번역한 것이다. 법장부(法藏部)의 율장(律藏)으로 전체 내용이 네 부분으로 나뉘어 있으므로 이와 같이 일컫는다. 제1분에서는 비구의 250계, 제2분에서는 비구니의 348계와 수계건도(受戒犍度), 설계건도(設戒犍度) 등 4건도, 제3분에서는 자자건도(自恣犍度), 피혁건도(皮革犍度), 의건도(衣犍度), 약건도(藥犍度), 가치나의건도(迦絺那衣犍度) 등 14건도, 제4분에는 방사(房舍), 잡건도(雜犍度), 결집(結集), 조부(調部) 등으로 구성하였다.

중국에서는 처음에는 십송율을 많이 연구하였지만 광통 율사 혜광 (光統律師慧光, 468~537)을 비롯하여 지수(智首, 567~625)와 그의 제자인 도선의 남산종, 상부종(相部宗)의 종조인 법려(法礪, 569~635), 동탑종 의 회소(懷素, 625~698) 모두 사분율에 근거하여 율종을 열었다. 도선 은 불교 행사나 의식을 치를 때마다 지나치게 번잡하여, 외려 의식을 치르는 뜻을 잃어버리거나, 너무 간단하여 뜻을 알 수도, 전달할 수도 없는 것이 늘 불만이었다. 그는 사분율을 바탕으로 하되, 번거로운 것 은 없애고 모자라는 것을 보충하여 『사분율행사초』를 지었다. 자장 율 사는 그로부터 사분율을 배우며 스승으로 모셨다. 도선은 자신보다 나 이는 어리지만 불법의 이해가 깊고 지계의 의지가 단호한 자장 율사를 호법보살로까지 생각하여 깍듯이 모셨다.

그리 열심히 공부하던 어느 날, 자장 율사는 문수보살의 성지인 오 대산으로 향하였다. 오대산! 아미산, 보타락가산과 함께 중국 불교의 3대 성산(聖山)이다. 아미산이 보현보살의 성지이고 보타락가산이 관 세음보살의 성지라면, 오대산은 문수보살의 성지, 곧 화엄경에 나오는 청량산(淸凉山)이다. 3백 60여 개의 사찰이 산기슭 곳곳에 있었다. 자 장 율사는 건원보리사(乾元菩提寺)를 찾아 참배한 후 산에 올랐다.

먼저 가장 높은 북대를 오르고 싶었다. 연교사에 들러 참배한 후 바 로 정상으로 발길을 돌렸다. 3,040미터의 북대의 정상에 오르니, 나무 들은 없고 돈대처럼 높고 평퍼짐한 언덕이 펼쳐져 있었다. 그늘진 곳 에는 눈이 깊게 쌓여 있었다. 그곳 스님들 말씀이 여름에도 녹지 않는

오대산 월정사 이야기

다 한다. 언덕에는 온갖 야생화들이 흐드러져 있었다. 정상에 서서 망
망대해처럼 겹겹이 펼쳐져 있는 산들을 보았다. 저 멀리 동쪽으로 연
하여 가면 바다가 있고 그 너머에 신라가 있으리라.

오대산에서
문수보살을 친견하다

북대에서 내려와 산기슭에 있는 태화지로 향하였다. 연못이 있고
우물이 있었고 우물 옆에 탑과 문수보살의 석상이 있었다. 그 석상 앞
에서 향을 사르고 지극한 마음으로 정성을 다하여 기도를 하였다. 이
레 동안 기도하기를 그치지 않다가 잠시 눈을 붙였는데 꿈에 문수보살
이 나타나 게(偈) 네 구절을 주었다. 잠을 깨어서도 그 구절을 기억하
였으나 모두가 범어였으므로 전혀 그 뜻을 알 수 없었다.

가라파좌낭(呵囉婆佐曩)

달례치거야(達囉隷哆佉嚊)

낭가사가낭(曩伽呬伽曩)

달례로사나(達囉隷盧舍那)

자장 율사는 그 게(偈)를 암송하고 또 암송해 보았지만 도저히 그 뜻
을 알 수 없었다. 능선 위로 해가 떠서 태화지에 금빛 물을 출렁이게

하던 때 홀연히 노스님 한 분이 붉은 비단에 황금색의 점을 수놓은 가사 한 벌과 부처님의 바리때 한 벌, 부처님 두개골 한 쪽을 가지고 자장 율사의 곁에 와서 물었다.

"무엇 때문에 그렇게 멍한 표정으로 중얼거리고 있느냐?"

"꿈에 네 구절의 범어를 받았는데, 그 뜻을 해석할 수 없어서 그러하옵니다."

"그 뜻이 어렵지 않으니 잘 들어 보거라. '가라파좌낭'이라는 말은 '일체의 불교 이치를 다 알아내었다'라는 말이요, '달례치거야'라는 말은 '자기의 본성은 아무 것도 없다'라는 말이요, '낭가사가낭'이라는 말은 '불교 이치를 이렇게 해석한다'라는 말이요, '달례로사나'는 '노사나를 곧 본다'는 말이다. 이제 그 뜻을 알겠느냐?"

"네, 잠시만 제가 생각할 틈을 주십시오."

자장 율사는 노스님의 말을 다시 새기며 그 말을 다시 풀어서 생각하였다.

"'일체의 법을 안다'란 내가 당나라 유학 동안에 불법의 거의 모든 이치를 깨달았다는 것을 뜻하는 것일 게다. '자기 본성은 아무것도 없다'라는 것은 제법무아(諸法無我)를 가리키는 말이 아닌가. 그 가르침대로 이것과 저것이 서로 조건이 되고 상호작용을 하고 원인이 결과가 되고 결과가 또 원인이 되니, 자성(自性)이 있다는 자체가 망상이다. '이렇게 불법의 이치를 헤아린다(如是解法性)'란 '이렇게 나는 들었다(如是我聞)'라는 각 경전 맨 앞에 흔히 표현된 문구를 변용한 것이 아니

오대산 월정사 이야기

겠는가. 경전에서는 '여시아문(如是我聞)'이라는 구절 뒤에 석가모니의 말씀이 이어지니, '여시해법성(如是解法性)'이란 내가 내 나름대로, 더 확대하면 신라가 신라 나름대로 불교를 해석하고 수용함을 뜻하는 것이 아니겠는가. '노사나불을 본다'는 비로자나불을 본다는 것이니, 이를 본존불로 모시는 화엄사상을 받아들이겠다는 뜻이 담긴 것이 아니겠는가?"

그리 곰곰 생각에 잠겨 있는데, 노스님은 가져온 가사와 여러 가지 물건들을 법사에게 주면서 부탁하여 말하였다.

"이것은 본존이신 석가님의 물건들이니 네가 잘 건사하여 가지고 가거라."

자장 율사는 석가님의 물건이라는 소리에 놀라 바로 땅 위에 무릎을 꿇고 엎드려 지극한 마음으로 받았다. 노스님은 이어서 말하였다.

"너희 나라의 황룡사는 바로 석가와 가섭불(迦葉佛)이 강연하던 곳으로, 지금도 그때의 연좌석(宴坐石)이 남아 있다. 그런 연유로 인도의 무우왕(無憂王, 아쇼카왕)이 황철(黃鐵) 3만 5,007근을 모아서 바다에 띄웠던 것인데, 1,300여 년이 지난 뒤에야 너희 나라에 이르러서 불상이 이루어지고 그 절에 모셔졌으니, 이는 대개 위덕(威德)의 인연이 그렇게 만들어 준 것이다."

"네, 저도 우리나라가 부처님과 인연이 있는 곳이라는 것은 일찍부터 들어서 잘 압니다. 신라는 서역과 중국의 동쪽 끝에 있는 변방이지만, 부처님께서 나투시고 설법을 하시던 곳이 아니겠습니까? 한 가지 감히 여쭙겠는데, 저희 대왕은 불연이 없는지요?”

“왜 없겠느냐? 너희 국왕은 바로 천축의 찰리종(刹利種)의 왕으로,
이미 불기(佛記)를 받았기 때문에 따로 인연이 있어 동이(東夷)의 다른
종족과는 다르니라. 산천이 험한 탓으로 사람들의 성질이 거칠고 사나
워 때로 천신(天神)이 화를 내리기도 하지만, 지혜로운 비구가 나라 안
에 있기 때문에 군신이 편안하고 만백성이 화평한 것이다. 신라의 동
북방 명주 땅 오대산에 1만이나 되는 문수보살이 항상 그곳에 머물러
있으니 너는 가서 보거라.”

아! 신라가 부처님과 그리도 깊은 인연이 있는 땅이고, 선덕여왕 또
한 이미 불기를 받은 천축의 왕이라니! 감개가 무량하여 어쩔 줄 몰라
하는 사이 노스님은 홀연히 사라졌다. 자장 율사는 땅거미가 내리도록
그곳을 향하여 절하기를 멈추지 않았다.

이튿날 자장 율사는 다시 길을 떠나 동대의 망해사, 서대의 범래사,
남대의 보제사 등 오대산에서 영험 있는 유적들을 두루 심방하였다.
아무래도 노스님이 범상치 않은 분 같아 다시 만나고자 태화지로 갔
다. 연못가를 산책하는데, 허연 수염을 길게 늘어트리고 얼굴은 그지
없이 평안한데 감히 범접할 수 없는 신령한 기운이 감도는 노인이 나
타나서 말하였다.

“그대는 어찌하여 이곳에 오셨는고?”

“보리(菩提)를 구하기 위해서입니다.”

신인(神人)이 그에게 절하고 나서 또 묻는다.

"스님, 저와 마을 사람들이 얼마 전까지는 이 연못에 사는 용신을 믿었으나 이제 부처님을 받들어 모시려 하오니, 저와 저희 마을 사람들을 위하여 재(齋)를 하여 주실 수 있으신지요?"

스님은 향을 사르고 공양물을 올리고 경전을 읽으며 이레 동안 재를 지냈다. 이레 째 재를 마치자 신인이 감사를 표하며 말하였다.

"전일 게를 전한 노스님이 바로 문수보살이라는 것을 아십니까?"

"보통 분은 아니란 생각이 들었지만 그 분께서 바로 문수보살님!"

신인이 자장의 놀라는 표정을 잠시 보더니 미소를 지으며 다시 물었다.

"그대의 나라에 무슨 어려운 일이 있소?"

"우리나라는 북으로 말갈(靺鞨)에 연하고, 남으로는 왜국(倭國)에 이어졌으며, 고구려와 백제 두 나라가 번갈아 국경을 범합니다. 이리 이웃 나라의 횡포가 자주 있사오니 이것이 백성들의 걱정입니다."

"지금 그대의 나라는 여자를 왕으로 삼아 덕은 있어도 위엄이 없기 때문에 이웃 나라에서 침략을 도모하는 것이니 그대는 빨리 본국으로 돌아가시오."

"고향에 돌아가면 무슨 유익한 일이 있겠습니까?"

"이곳 오대산 인근의 마을도 용 신앙과 산 신앙을 믿는 이들이 대립하고 분열하였으나 부처님을 받든 이후 화평이 이어지고 있습니다. 신라 서라벌에도 큰 연못이나 호수에는 용 신앙을 믿는 이들이 있을 터이니, 그 연못을 메우고 절을 지어 부처님을 받들게 하면 나라가 태평

할 것입니다. 아울러 절 안에 9층탑(九層塔)을 세우시오. 수백 척에 이르는 9층탑을 세우면 서라벌이 한 눈에 들어올 터이니 외적이든 화재와 같은 재난이든 미리 알고 막을 수 있으리라. 더구나 각 층마다 외적을 할당하여 부처님의 가피를 받아 그 외적을 막으리라고 하면 신라 백성들은 사기가 충천할 것이요, 반대로 외적들은 사기가 떨어질 것이니, 이웃 나라들은 항복할 것이며, 구한(九韓)이 와서 조공을 바쳐 왕업(王業)이 길이 편안할 것이오. 탑을 세운 뒤에는 팔관회(八關會)를 열고 죄인을 용서하고 왕과 백성이 어울려 잔치와 의례를 행하면 백성들이 하나로 뭉쳐서 왕과 나라를 위할 것이니, 감히 외적(外賊)이 신라를 넘보지 못할 것이오.”

신라로 귀국하여 계율을 정비하고
절을 세우다

오대산을 내려온 그는 다시 장안(長安)으로 갔다. 당나라 태종이 사신을 보내어 그를 치하하고, 승광별원(勝光別院)에 머무르게 하며 후한 대접을 하였다. 어느 날 한 장님이 그의 설법을 듣고서 감동하여 엉엉 울며 참회하였다. 울다가 눈물을 멈추고 나니, 이것이 웬일인가? 세상이 환하게 보이는 것이 아닌가?

이후 소문이 퍼지자 그를 찾아와 계(戒)를 구하는 사람이 매일 천여 명에 이르렀다. 당 태종과 중국 사람들은 자장 율사가 더 있기를 요청

오대산 월정사 이야기

하였지만, 번뇌와 고통 속에 있는 신라 사람들이 눈에 밟혔다. 출가한 처지지만, 아내와 자식도 떠올랐다. 마침 선덕여왕이 중국에 오는 사신 편에 그의 귀국을 요청하는 서한을 보냈다. 돌아간다고 하니 당 태종은 서운했지만, 더 붙들 수도 없었다. 뭔가 도움을 주고 싶어 무엇이 필요하냐고 물었다.

“저희 신라는 절이 별처럼 들어섰지만, 아직 불경과 불상이 많이 모자랍니다.”

당 태종은 대장경 한 질 400여 상자와 불상, 그에 더하여 번당(幡幢)과 화개(華蓋), 가사, 폐백을 주었다. 오대산에서 문수보살로부터 받은 석가모니 부처님의 머리뼈와 어금니와 부처님의 사리 100알과 부처님이 입던 붉은 비단에 금색 점이 있는 가사(袈裟) 한 벌도 챙겼다.

정관(貞觀) 17년 계묘(癸卯: 643) 16일에 자장 율사는 이들을 싣고 7년 만에 배를 탔다. 서라벌에 도착하자 자장 율사는 선덕여왕에게 중국, 특히 오대산에서 있었던 일을 소상히 아뢰었다. 이 땅 신라가 부처님과 인연이 있는 땅이고, 선덕여왕 또한 그러하다니 선덕여왕이 더 크게 감읍하였다. 이후 신라인은 신라가 불법의 인연이 있고 이 땅 신라로 부처가 내려오셨다는 본지수적설을 더욱 체계화하여, 남산을 불국토, 낭산을 수미산, 동해변의 신기루를 건달바성으로 비정하였으며, 왕은 전륜성왕의 화신, 화랑은 미륵불의 화신이라 생각하였다. 여왕은 어느 날 어전회의에서 말하였다.

“자장 율사야말로 이 나라를 불국토로 만들 수 있는 위인이 될 듯하여 그를 대국통(大國統)으로 삼으려는데 경들은 어찌 생각하시오?"

모두 자장 율사의 설법이나 강연을 듣고 감동을 한 경험이 있는지라 한 목소리로 "마마, 황공하옵니다"를 외쳤다.

자장 율사는 대국통이 되자 승려들의 청규를 따로 마련하여 승려들이 엄격하게 계율을 지키도록 하였다. 전국의 승려들을 모두 등록하게 하고 승려 조직을 체계화하였다. 국통(國統) 아래에 도유나랑(都維那娘), 대도유나(大都維那), 대서성(大書省), 소년서성(少年書省), 주통(州統), 대사(大舍), 사(史) 등을 두어 각각 아래의 승려를 통할하게 하였다. 체제를 정비하고 계율을 엄격하게 적용하여 이를 지키지 않는 자는 바로 승직을 박탈하였다. 이로써 자장 율사에 와서 비로소 신라 불교는 기틀을 잡았고, 승려는 대중과 구분되는 위의와 위엄을 갖추게 되었다. 대중들도 스님을 부처님처럼 존경하였다.

자장 율사는 자신의 집을 절로 바꾸고서 절 이름을 고민하였다. 너무 거창한 이름은 왠지 거부감이 들었다. 소박하게 짓고 싶었다. 이 절을 찾는 이들, 고통 속에 있는 중생들이 부처님을 가슴 속에 모시면서 마음만은 평안하게 하고 싶었다. 원녕사(元寧寺)라 하였다.

여기서 『화엄경』을 강의하였다. 그가 화엄교법(華嚴敎法)을 천명할 때 52명의 여인이 나타났다. 그들은 자장 율사의 강의를 듣고 모두가 하나같이 화엄의 이치를 깊이 깨달았다. 문인(門人)들이 그 수만큼의 나무를 심어 이적(異蹟)을 기념하며, 그 나무를 지식수(知識樹)라고 불렀다. 어느 날 자장 율사는 궁으로 들어와 선덕여왕에게 화엄의 요체를 나라와 연관하여 설명하였다.

"하나가 곧 전체이고 전체가 곧 하나입니다(一卽多 多卽一). 이것을 집에 비유하면 지붕이 세워지는 순간에 집이 세워지고, 집이 서는 순간 기와와 서까래, 지붕도 의미를 드러내듯, 부분을 떠나서 전체가 없고 전체를 떠나서 부분이 없다는 말입니다. 집과 서까래와 지붕이 서로 작용하고 조건이 되고 인과관계를 이룹니다. 이를 나라와 백성에 비유하면, 집이 나라라면 지붕의 기와가 백성이고 장수와 신하가 서까래입니다. 집이라는 전체가 온전하기 위해서 기와나 서까래, 기와가 존재한다고 해석할 수도 있고 정반대로 기와와 서까래, 지붕이 온전하면 집은 저절로 좋은 집을 이룬다고 해석할 수도 있습니다. 기와가 온전해야 비가 새지 않아 집이 튼튼하게 오래 가듯, 왕이 잘 다스려 백성이 평안하여야 나라가 길이 보존되옵니다. 거꾸로 집이 잘 서야 기와도 깨지지 않듯, 나라가 화평하고 든든해야 백성들도 잘 먹고 평안하게 잘 살 수 있습니다. 그러니, 왕은 백성들을 자식처럼 돌보고, 백성들은 왕을 어버이처럼 섬기면서 나라를 위하여야 하는 것입니다."

"호오! 화엄에 그런 뜻이 있었단 말입니까?"

"네, 마마! 그러니 화엄사상을 적극 받아들여 이 나라의 체제를 굳건히 하고 왕권을 강력히 세우는 방편으로 삼으심이 지당하다고 아뢰옵니다."

"그럼 대사께서 이를 맡아서 수행하시오."

"성은이 망극하옵니다."

“또 다른 지혜는 없으시오?”

“문수보살과 신인의 말씀대로 호수를 메워 절과 탑을 세우는 일이 시급하옵니다.”

“짐이 당장 그를 실행에 옮기리다.”

다음 날 선덕여왕이 여러 신하들에게 이 일을 의논하니 신하들은 말하였다.

“호수를 메우고 큰 절과 탑을 동시에 짓는 일은 너무 엄청난 국력이 들어가니, 황룡사가 호수를 메우고 지은 절이고 서라벌의 정중앙에 있으니 그 터에 9층탑을 세우심이 지당하다 아뢰옵니다. 더불어 우리 신라에는 아직 그리 큰 탑을 세울 장인이 없으니 백제에서 청해 데려와야 하지 않겠습니까?”

곧 사신이 많은 보물과 비단을 가지고 백제에 가서 장인을 청하였다. 백제의 장인 아비지(阿非知)에게 대목수의 일을 맡겼다. 아비지는 200명에 이르는 장인을 거느리고 공사를 시작하였다. 이 역사는 이찬 용수(龍樹)가 주관하였다.

이미 진흥왕 때 서라벌의 정 가운데에 절을 짓자고 하였는데, 측량하여 보니 그곳은 호수였다. 하는 수 없이 호수를 메우고 절을 짓기로 하고 터를 다졌다. 처음엔 호수를 메운다고 하니 용왕신을 믿는 이들이 반발하였다. 그들은 호숫가에 용왕당을 지어놓고 더 많은 물고기를 잡게 해 주고, 대신 사람이 물에 빠져 죽는 일은 일어나지 않게 해달라며 용왕신을 섬기던 이들이었다. 진흥왕이 이들을 직접 설득하였다.

오대산 월정사 이야기

절 안에 용왕신을 계속 모실 수 있도록 용왕당을 새로 크게 짓기로 약속하였다. 물고기를 잡던 백성들에게 인근의 논과 밭을 나누어 주었다. 그러자 그들은 더 이상 반발하지 않았다. 모든 사람이 나서서 도왔다. 금당 안에는 장륙상을 모시었는데, 들어간 구리의 중량이 3만 5천 700근이었다. 겉은 금으로 칠하였는데, 도금한 금의 중량만 1만 198푼이었다.

그 금당 옆에 터를 골라 땅을 다지고 다졌다. 심초석을 세우고 그 위로 찰주를 단단하게 세운 후 탑을 쌓았다. 한 층, 한 층 올라갈 때마다 서라벌 사람들은 탄성을 질렀다. 세 해가 걸려 645년(선덕여왕 14년)에 완성하였다. 높이는 225척(약 79미터)에 이르렀다. 자장 율사가 이 절의 2대 주지승이 되었다. 자장 율사는 황룡사 9층탑을 짓는 데 만족하지 않고 영취산에 통도사(通度寺)를 창건하고 이듬해에 계를 주거나 설하는 의식을 행하는 금강계단(金剛戒壇)을 설치하였다. 도선 율사가 정업사에 계단을 설치하여 중국 불교에 계율의 장을 세웠다면, 자장 율사는 통도사에 금강계단을 만들어 한국 불교에 계율의 문을 열었다. 자장 율사는 한 달에 여러 번 계를 설하게 하며, 전국에 순검사(巡檢使)를 파견하여 지방 사찰을 일일이 살펴 승려들의 과실을 징계하고 불경과 불상을 정중히 모시도록 하는 등 교단의 기강을 바로잡는 데 모든 힘을 기울였다.

자장 율사가 중국 오대산에서 받아 가져온 사리(舍利) 100과를 셋으로 나누어 황룡사탑 기둥 속과 울산의 태화사(太和寺) 탑에 두었고, 통도사의 금강계단에는 사리와 가사를 함께 나누어 모시었다.

오대산에 움막을 짓고
문수보살을 만나려 기도하다

절을 짓고 나니 이제 이 땅 신라에서 문수보살을 친견하고 싶었다. 오대산에 도착하여 문수보살의 실제 모습을 보고자 하였다. 자장 율사는 지금의 월정사 터에 움막을 짓고 기도를 하였다. 사흘 동안 구름이 끼고 어둠만 짙게 드리웠다. 자장 율사는 문수보살님께서 지금은 만나실 뜻이 없으신 의미로 해석하고 발길을 돌렸다. 서라벌로 돌아와 원녕사에 머무는데, 문수보살이 나타나 말하였다.

자장 율사가 창건한 태백산 정암사 일주문

“갈반처(葛蟠處)로 가라.”

갈반처! 곧 칡넝쿨이 드리운 곳으로 가라는 말씀이셨다. 갈반처라면 갈래사(葛來寺)를 뜻하는 것이 아닌가. 자장 율사는 석가의 정골사리(頂骨舍利)를 이곳(지금의 강원도 정선의 정암사)에 모시려 하였으나 뜻을 이루지 못하고 있던 차였다. 서해 용왕을 믿는 어부들이 자장 율사의 불심에 감화하여 배에 마노석을 실어 서해에서 동해 울진포를 지나 이곳까지 실어다 주었다.

마노석을 벽돌처럼 다듬어 불사리탑을 세우려 하였으나 다 짓기 전에 균형을 맞추지 못하거나 바람이 불면 계속 쓰러졌다. 자장 율사는 부처님께 간절히 기도를 올렸다. 그러던 어느 날 밤 칡 세 줄기가 가지를 뻗어 탑을 받쳐주는 꿈을 꾸었다. 이에서 깨달은 자장 율사는 칡 줄기를 모아 강한 줄을 꼬아 탑을 받쳐주게 하였다. 사찰 뒤편 천의봉(天衣峰) 중턱에 마노석을 정교하게 벽돌모양으로 다듬어 서른 자 높이로 수마노탑(水瑪瑙塔)을 쌓고 그 안에 정골사리를 봉안하였다. “숲과 골짜기는 해를 가리고 멀리 세속의 티끌이 끊어져 정결하기 짝이 없어 정암사(淨岩寺)라 하였다”는 말대로 갈래사를 정암사로 고쳐 불렀다.[3]

649년에 자장 율사는 왕에게 상주하여 중국의 제도를 따라 벼슬에 따른 관복을 입게 했으며, 650년에는 당나라의 연호 사용을 건의하여 실시하게 하였다.

---

3) 지금 현존하는 수마노탑은 고려 때 지은 것으로 재질도 마노석이 아니라 기단은 화강암, 탑신은 석회암 벽돌이다.

자장 율사는 만년에는 서울을 떠나 지금의 진부에 수다사(水多寺)를 지었다. 어느 가을날이었다. 산들바람이 불자 낙엽이 후두둑 떨어진다.

"이제 나도 돌아갈 때가 가까운 듯하구나. 어디서 생의 마침표를 찍을까? 아무래도 부처님 곁이 좋겠지? 그래, 부처님 정골사리를 모신 정암사로 가자."

정암사로 돌아와 자장 율사는 온몸을 다하여 정진하였다. 겨울은 점점 깊어져 정암사를 지나는 바람이 시린 볼을 때렸다. 그러다가 감기를 얻었다. 약해진 몸 탓이었을까. 감기는 폐렴으로 악화되었다. 흰눈이 밤새 도둑처럼 내린 겨울날 새벽에 열반하였다. 그날따라 하늘은 몹시 투명하게 맑고 푸르렀다.

후에 자장 율사는 남산율종(南山律宗)의 개조로 받들어졌다. 신라 10성(聖) 중의 한 사람으로 추대되어 흥륜사(興輪寺) 금당에 모셔졌다. 『제경계소(諸經戒疏)』와 『출관행법(出觀行法)』을 지어 율부(律部)를 넓혔으며, 『아미타경소(阿彌陀經疏)』 1권, 『아미타경의기(阿彌陀經義記)』 1권, 『사분율갈마사기(四分律羯磨私記)』 1권, 『십송율목차기(十誦律木叉記)』 1권, 『관행법(觀行法)』 1권 등의 저서를 지었다.

【 참고문헌 】

『삼국유사』, 『자장정률』, 『황룡사구층탑』, 『가섭불연좌석』

『속고승전』, 『자장전』

『황룡사찰주본기』

김두진, 「자장의 문수신앙과 계율」, 『한국학논총』 제12집, 국민대 국사학과, 1989

김복순, 「자장의 생애와 율사로서의 위상」, 『대각사상』 제10집, 2007

남동신, 「신라 중고기 불교치국책과 황룡사」, 『신라문화제학술논문집 – 황룡사의 재조명』 제22집, 경주시 신라문화선양회, 2001

남동신, 「자장과 사분율」, 『불교문화연구』 제4집, 영축불교문화연구원, 1995

남동신, 「자장의 불교사상과 불교치국책」, 『한국사연구』 제76집, 한국사연구회, 1992

박명자, 『청산에 묻힌 보궁을 찾아: 자장율사 창건 최고의 도량 5대 적멸보궁을 찾아서』, 중명, 1999

신선혜, 「신라 중고기 불교계의 동향과 승정(僧政)」, 『한국사학보』 제25집, 고려사학회, 2006

신종원, 「자장의 불교사상에 대한 재검토 – 신라불교 초기계율의 의의」, 『한국사연구』 제29집, 한국사연구회, 1982

자현 스님, 「〈오대산 사적기〉 제1조사전기의 수정인식 고찰」, 『국학연구』 제18집, 한국국학연구, 2011

이기백, 「황룡사와 그 창건」, 『신라시대의 국가불교와 유교』, 한국연구원, 1978

이도흠, 『신라인의 마음으로 삼국유사를 읽는다』, 푸른역사, 2000

정병조, 「자장과 문수신행」, 『신라문화』 3,4합집, 동국대학교 신라문화연구소, 1987

월정사를 중창한 신효 거사와 신의 두타

9세기 경 공주 땅에 신효 거사(信孝居士)가 살았다. 효성이 지극하였다. 어머니는 고기반찬이 없으면 밥을 드시지 않았다. 신효는 따로 닭과 토끼와 돼지를 길러 봉양하였다.

한 해는 친척 집에 다녀오느라 별 대책을 마련하지 않은 사이에 한파가 닥쳐, 기르던 가축이 모두 죽어버렸다. 하는 수 없이 사냥을 나섰다. 활을 들고 들로, 산으로 돌아다니는데, 너무 추운 탓에 짐승들도 보이지 않았다.

볼을 때리는 찬바람에 바람을 등지고 있다가 문득 소리가 나는 쪽으로 눈을 돌리니, 들판 저 쪽에 무엇인가 큰 짐승이 보였다. 까치발을 하고 조심조심 발소리를 죽이며 가까이 가서 보니 두루미 다섯 마리가 눈을 헤치면서 풀뿌리를 캐어먹고 있는 것이 보였다. 그는 활을 들어 한 마리를 조준하여 쏘았다. 두루미가 먼저 소리를 듣고 화드득 날아

오르는 바람에 활은 그만 날개를 스치고 지나가버렸다. 두루미들은 모두들 날아가 버리고, 스친 활에 날개의 깃만 하나 떨어져 있었다. 그것이라도 챙기자며 깃을 들고 다시 사냥을 나섰다.

마을로 지나가게 되었다. 사람들이 분주히 오고 갔다. 장난기가 동하여 깃으로 눈을 가리고 사람을 보았다. 이것이 웬일인가. 사람들이 돼지와 소로 보이는 것이 아닌가. 마을을 지나 산기슭으로 접어드니 토끼 한 마리가 뛰어갔다. 아까와 마찬가지로 깃으로 눈을 가리고 보니, 사람 한 명이 뛰어가고 있었다. 들었던 활을 놓았다. 이제 사냥을 할 수 없을 듯 싶었다.

빈손으로 집으로 돌아오며 고민하였다. 집 근처의 숲에서 칼을 들었다. 바지를 걷어 올리자 하얀 허벅지 살이 드러났다. 칼을 살짝만 찔렀는데도 몹시 아프다. 입에 막대를 물고 칼을 재게 휘둘렀다. 살 한 움큼이 땅에 떨어졌다. 베어져 나간 곳에서 펑펑 붉은 피가 솟는다. 얼른 바지 자락을 찢어 지혈을 하였다. 피가 멈춘 뒤에도 잘린 부분의 통증은 가시지 않았다. 베어낸 살을 잘 구워서 어머니께 드렸다.

신효, 오대산의 움막에서
다섯 성중을 만나다

어머니가 돌아가신 후 세속이 싫어졌다. 모든 것이 무상하다는 말이 가슴으로 다가왔다. 살던 집을 절로 만들고 스스로 중이 되었다. 그 절을 효가원(孝家院)이라 불렀다. 어느 날 문득 서라벌이 보고 싶었다. 길을 떠나 거사는 경주(慶州) 경계로부터 하솔(河率)에 이르러 깃으로 눈을 가리고 사람을 보았다. 모두 사람의 모양으로 보였다. 이곳이야 말로 사람들이 살 만한 곳이라는 생각이 들었다. 길을 다시 걷다보니 늙은 부인이 밭일을 하고 있었다.

"여기 저와 같은 사람이 살 만한 땅이 어디에 있겠습니까?"

부인은 손을 들어 막 해가 넘어가는 서쪽 고개를 가리키며 말하였다.

"저리 고개를 넘으면 북쪽으로 난 골짜기가 있는데 거기가 살 만합니다."

말을 마치자마자 부인은 사라졌다. 거사는 이내 그 부인이 관음보살(觀音菩薩)의 화신이라는 생각이 스치고 지나갔다. 곧 성오평(省烏坪)을 지나니 거기 움막이 있었다. 자장 율사가 처음 지었다는 그 움막이었다. 거사는 그 움막에 머물렀다. 어느 날 승려 다섯 명이 오더니 말한다.

"그대가 가지고 온 가사(袈裟) 한 폭은 지금 어디 있는가?"

거사가 영문을 모르는 표정을 짓자 승려가 또 말한다.

"그대가 집어서 눈을 가리고 사람을 본 그 학의 깃이 바로 가사이니라."

거사가 그 깃을 내 주자, 승려가 그 깃을 가사의 헤진 틈에 갖다 대니 서로 꼭 맞았다. 자세히 보니 그것은 깃이 아니라 베였다. 거사는 다섯 승려와 작별하였다. 그들이 가고 난 뒤 생각해 보니, 그들이 바로 다섯 성중(聖衆)의 화신(化身)이라는 생각이 들었다. 신효 거사는 이곳 이야말로 관음보살과 다섯 성중이 점지해 준 거룩한 땅이라는 확신이 들었다. 이곳에 머물며 수행 정진하는 일을 게을리 하지 않았다. 사람들은 그를 유동보살(幼童菩薩)의 화신(化身)이라고 하였다.

신의 두타, 자장 율사의 움막 자리에
월정사를 세우다

그 뒤에 범일 국사(梵日國師, 810~889)의 제자인 신의 두타(信義頭陀)가 이곳을 찾았다. 범일 국사는 신라의 선승으로 구산선문(九山禪門) 가운데 사굴산문(闍堀山門)을 개창하였다. 속성은 김씨이고 이름은 품일(品日)이다. 명주 도독을 지낸 김술원(金述元)의 손자다. 그는 831년에 중국에 들어가 마조(馬祖)의 제자인 염관 제안(鹽官齊安)의 문하에서 유학하고 846년에 귀국하였다. 이때 고향에 돌아와 불법을 펼 생각을 내어 회창(會昌) 6년(846) 정묘년 8월에 다시 뱃길에 올라 계림정(鷄林亭)에 돌아오니, 정자 위를 비추는 달빛은 현토(玄兎)의 성에 흐르고, 교교한 여의주의 빛은 청구(靑丘)의 경계를 끝까지 비추었다.

대중(大中) 5년(850) 정월에 이르러 백달산(白達山)에서 연좌(宴坐)하고 있으니, 명주(溟洲)의 도독인 김공(金公)이 굴산사에 주석할 것을 청하였다. 범일은 이곳에 머물며 선풍을 드날려 사굴산문을 형성하였다. 한번 숲 속에 앉아 들어가 산 지 40여 년 동안 줄지은 소나무로 도를

멀리서 바라본 적광전과 팔각9층석탑

오대산 월정사 이야기

행하는 행랑을 삼고, 평평한 돌로써 좌선하는 자리를 삼았다. 어떤 이가 물었다.

"어떤 것이 조사의 뜻입니까?"

선사가 대답했다.

"여섯 대가 지나도 잃은 적이 없느니라."

"어떤 것이 대장부가 힘써야 할 일입니까?"

선사가 대답했다.

"부처의 계단을 밟지 말고, 남을 따라 깨달으려 하지 말라."

함통(咸通) 12년(871) 3월 경문왕이 사신을 보내어 비단을 바치며 국사로 봉하기를 청하였으나 거절하였다. 광명(廣明) 원년(880)에는 헌강왕이 사신을 시켜 비단과 금은을 바치며 예를 다하여 멀리서 흠앙하였다. 헌강왕 또한 국사에 봉하고 서라벌로 모실 것을 청하였으나 곧고 굳은 덕을 쌓은 선사는 단호히 거절하였다. 문덕(文德) 2년 기유년 4월 말에 문인들을 불러 다음과 같이 말했다.

"내 곧 먼 길을 떠나려 하니, 이제 너희들과 작별을 고하노라. 너희들은 세상의 감정으로 공연히 슬퍼하지 말라. 다만 스스로 마음을 닦아서 종지를 추락하지 않게 해야 될 것이다."

그리고는 5월 1일에 오른쪽 겨드랑이를 대고 발을 포개고 굴산사의 윗방에서 입멸하니, 춘추는 80세요, 승랍은 60이며, 시호는 통효(通曉)요, 탑호는 연휘(延徽)이다.

범일 입적 이후 사굴산문은 제자인 개청(開淸, 835~930)이 이끌어 나갔다. 신의 역시 범일의 제자였으나, 개청이 스승의 뒤를 계승한 것으로 보아 신의의 법랍과 나이는 개청보다 아래로 추정된다.

스승 범일이 889년에 입적하고, 개청이 산문을 이어받자 십성제자(十聖弟子) 중의 한 사람이었던 신의 두타는 길을 떠나 새로운 지역에 선풍(禪風)을 일으키기 위해 여러 곳을 물색하였다.

마침내 오대산 자락에 이르렀다. 물을 따라, 꽃을 따라 길을 걷다가 자장 율사가 문수보살을 만나기 위해 지은 움막 자리에 이르렀다. 왠지 지극한 평안함을 느꼈다. 머무르며 정진하였다. 의상계 화엄을 좇던 스님들이 몰려들어 선수행을 하며 선풍을 일으켰다. 대중들도 소문을 듣고 몰려들었다. 기꺼이 보시도 하였다. 곧게 뻗은 금강송을 잘 마름질해 두었다. 신의 두타는 꽃이 흐드러지고 하늘은 티없이 맑은 봄날에 움막을 허물고 마름질해 두었던 금강송을 곧추세웠다. 장인들이 달려들어 법당을 세웠다. 비로소 월정사가 시작된 것이다.

【 참고문헌 】

『삼국유사』
『조당집』 제17권, 「명주굴산고통효대사(溟洲崛山故通曉大師)」
석길암, 『문수성지 오대산 월정사, 역사와 문화』

오대산신과 부처가 하나가 된 내력

일주문에서 전나무 숲길을 걸으며 자장 율사가 오대산에 절을 세운 내력을 생각하며 걸으면 왼편으로 성황당이 보인다. 오대천이 흘러내리며 잠시 휘돌아간 작은 언덕에 성황당이 자리하고 있다. 왜 절집 앞에 성황당이 있는 것일까. 이곳만이 아니다. 신라 때 지어진 사찰을 보면, 대웅전 옆에 산신을 모신 산신각, 산신과 함께 칠성신과 독성신을 함께 모신 삼성각이 자리한다. 왜, 어떻게 신라인은 부처님과 산신을 함께 섬기게 되었을까?

오대산 성황당.
일주문을 지나 천년의 숲 길
(전나무 숲길) 입구에 있다. ⓒ이도흠

신라인, 천상과 자연과 인간을 하나로
아우르는 풍류도를 따르다

신라인은 불교가 들어오기 전에 우주와 삶에 대해 어떻게 생각했을까? 신라의 고유 신앙을 풍류도라 한다. 사계절이 뚜렷한 기후와 자연 속에서 달을 텔레비전처럼 바라본 신라인들은 달이 사라졌다가 다시 나타나고 겨울이 가면 봄이 오듯 인간의 삶 또한 순환한다고 생각하였다. 신의 아들이 왕이 되고 왕이 죽으면 다시 신이 된다는 생각은 무덤을 보아도 알 수 있다. 신라인들은 고분에 영혼을 실어줄 천마, 새, 배, 차 모양의 토기 등을 부장물로 넣었다. 부장물들의 공통점은 탈것이라는 것이다. 신라인들은 삶과 죽음을, 어디에선가 와서 인간으로 살다가 다시 어디론가 돌아가는 것이라고 생각하였기 때문이다. 그럼 그곳은 과연 어디일까?

하늘은 멀고도 멀고 바다는 끝이 없다. 신라인은 이 세계를 3태극처럼 생각하였다. 자신들이 발을 디디고 살아가는 현실세계인 지상계가 있다. 하늘 저 멀리 아득히 먼 곳에는 천상계가 있다. 바다 저 멀리 수평선 너머에는 해수계가 있다. 천상계와 해수계를 합하여 다른 세계, 곧 타계(他界)라 불렀다. 지상계와 타계는 서로 오고 갈 수 있다. 해와 달과 별이 뜨고 지는 천상계는 '밝', 곧 빛의 세계이기도 하다. 신과 영혼은 이 하늘과 바다에서 지상계로 와서 인간이 되어, 어느 시인의 표현대로 소풍 온 듯 살다가 다시 타계로 돌아간다. 그래서 지금도 사람이 죽으면 "돌아가셨다", "타계했다"라고 표현한다.

신라인은 하늘의 질서와 땅의 질서가 일치한다고 보았다. 그리고 신들은 대개 하늘에서 내려오니 하늘을 향하여 천제나 일월제를 지내 재앙을 몰아내고 복을 불러오고자 하였다. 또한 하늘을 가장 성스러운 공간으로 삼았고 하늘님〔天神〕을 우주의 삼라만상을 주재하고 인간의 길흉화복을 관장하는 전지전능한 초자연적 절대자로 숭배하였다.

하늘과 땅의 경계에 산이 있다. 산은 지상에서 가장 높은 곳으로 하늘과 땅 사이에 걸쳐 있는 다리다. 그러기에 신들은 산을 매개로 하여 땅으로 향할 수 있었고, 사람들은 산꼭대기에 올라서면 신을 만날 수 있었다. 인간은 '보름달'을 보고 그처럼 동그란 얼굴을 한 엄마를 떠올리듯, 어떤 것을 '유사성'을 매개로 다른 의미로 유추하여 해석하는 은유적 사고를 한다. 산이 인간에게 많은 이익을 주어서 산을 믿게 되었다는 경제설, 산의 거대함과 웅장함이 산(山) 신앙을 낳았다는 심리설도 어느 정도는 작용했겠지만, 산(山) 신앙의 동인은 산이 하늘과 땅을 중개하는 기능을 한다는 것에 대한 은유이다. 이 증거는 산과 같은 위상을 지닌 사물이 모두 신격화한 데서 확인할 수 있다. 신라인들은 나무, 새, 달, 천마 등 하늘과 땅 사이에 존재하거나 그 사이를 오가는 모든 것을 신으로 모셔 신목(神木) 신앙, 천조(天鳥) 신앙, 달 신앙, 천마 신앙 등을 풍류도의 하위신앙으로 삼았다. 바다와 땅을 오가는 것도 마찬가지다. 바다나 호수와 땅을 오고 가는 거북이와 용도 두 세계를 이어주는 사자(使者)로 풍류도의 신에 합류한다.

이 시대의 무덤인 목곽적석분(木槨積石墳)에서도 풍류도 신앙의 흔적을 엿볼 수 있다. 목곽의 주축선과 피장자의 머리는 정동 쪽에서 15° 정도 기울어져 있다. 왜 정동 쪽도 아니고, 15° 기울어져 있을까? 대략 동경으로 135° 인근에 위치한 한반도에서 정동에서 15° 기울어져 있는 곳이 바로 동짓날에 해가 뜨는 방향이기 때문이다. 밤이 가장 긴 동짓날은 역설적으로 해가 기운을 내며 길어지기 시작하는 날이기도 하다. 죽은 자는 이제 천상계이자 빛의 세계인 '밝누리'로 돌아가야 한다. 이에 돌아갈 곳을 향하여 머리를 누인 것이다. 이 무덤에서 신목 신앙, 곧 세계수 신앙을 형상화한 금관, 기마인물상과 말을 새긴 토제품, 배 모양 토기, 새 모양 토기 등이 부장물로 발견된다. 죽은 자는 밝누리로 다시 돌아가며, 먼 길을 걸어갈 수 없으므로 마차와 배, 새, 천마를 무덤에 넣어주어 이를 타고 밝누리로 가도록 배려한 것이다. 신라의 시조인 박혁거세(朴赫居世)는 우리 말로 '불구내왕(弗矩內王)'이며, 이는 '밝아누리 다술 잇금', 곧 '밝게 세상을 다스리는 왕'이라는 뜻이다.

여러 신앙 가운데 산신 신앙은 더욱 각별하였다. 신라가 건국하기 전부터 시작하여 망하는 순간까지도 전국 각지의 산에서 국가 규모의 제사가 치러졌으며, 산신의 아들이 왕으로 추대되고 왕이 죽으면 산신이 되었다. 신라의 여섯 시조신이나 박혁거세도 산신이거나 산신의 아들로 촌장이나 왕이 되고 죽어서는 다시 산신으로 모셔졌다. 2대 남해왕의 운제 부인은 운제산 성모였고, 4대 석탈해왕은 죽어서 동악신이 되며, 7대 일성이사금대에 와서는 태백산에 친히 제사를 지냈다.

오대산 월정사 이야기

이후 산신 신앙은 통일을 전후해서 삼산오악(三山五嶽) 신앙으로 체계화한다. 이에 따라 신라는 서라벌 인근의 나력산, 골화산, 혈례산을 삼산으로 삼아 대사(大祀)를 올리고, 토함산, 계룡산, 지리산, 태백산, 팔공산을 오악으로 삼아 중사(中祀)를 지냈다. 그리고 설악산 등 스물 네 곳의 명산에 소사(小祀)를 올렸다.

이렇게 한 가장 큰 이유는 신라인에게 산신은 곧 천신이었기 때문이다. 『제왕운기』에서는 지리산신을 천왕(天王)이라 칭하였으며, 『신증동국여지승람』을 보면 속리산신인 대자재천왕(大自在天王)은 하늘에 있는 천신으로 매년 10월 호랑이날 속리산 법주사에 놀러와 45일 간 머물다가 다시 하늘나라로 돌아간다고 한다. 두 역사서 모두 신라의 역사서는 아니지만, 지리산은 오악, 속리산은 사독(四瀆)으로 신라가 중사의 대상으로 삼아 그 산신에게 제사를 지낸 곳이니 신라인의 마음으로 빚어낸 신화라 보아도 무방하다. 어쨌든 하늘에 있을 때는 천왕이요, 산으로 내려오면 산왕(山王)이니, 신라인들은 산왕당을 세워 그를 섬겼다. 이렇듯 산신과 천신은 하나였다. 신들은, 6부의 조상신들은 하늘에서 산을 타고 내려온 것이다.

산신과 부처, 풍류도와 불교가 하나가 되다

그럼 그 다음 의문은 어떻게 산신과 부처님이 서로 어울리게 된 것인가라는 점이다. 이차돈의 순교를 통하여 공인된 불교는 급속도로 퍼져나갔다. 공인된 지 20년이 못 되어 누구에게나 제 집을 떠나 승려가 되는 것을 허락하는 상황에 이르고 왕이 부처의 사리를 맞으러 흥륜사 앞으로 친히 나가고, 황룡사 등 엄청난 규모의 사찰을 속속 짓는다. 원광이 점찰법회의 재정을 마련하기 위해 점찰보를 두자 여신도가 기꺼이 전답 1백 결을 바친다.

진정 법사는 한 뼘의 땅도 없어 품을 팔아서 간신히 끼니를 때웠는데 그의 어머니는 집안의 유일한 재산인 솥을 불사에 희사하였다. 진정이 홀어머니를 홀로 남겨둘 수 없어 어머니께서 돌아가신 후에야 출가하겠다고 하자 자신 때문에 출가하지 못하면 자신을 지옥으로 떨어지게 하는 일이라며 아들을 꾸짖어 그 즉시 의상을 따르게 한다. 승려인 일연의 과장도 작용하였겠지만, 얼마나 빠르게 널리 불법이 퍼졌으면 절이 별처럼 들어섰다고 표현하였을까? 불법은 그렇게 찬바람 이는 설산을 넘어, 파도가 몰아치는 바다를 건너, 폭양이 이글거리는 사막을 가로질러 이 땅 신라로 와 찬란한 꽃을 피웠던 것이다.

부처님은 왜 산으로 내려왔을까? 산신이 왜 갑자기 부처님으로 변하며 산신이 있던 자리가 왜 절로 변하는가? 진흥왕은 풍류도의 신을 모시던 천경림 터에 흥륜사를 지었으며, 지금도 서악, 선도산에 가면 아미타불과 선도산 산신인 신모를 모시는 사당이 공존한다. 『삼국유사』의 「감통」편 '선도 성모가 불교행사를 좋아하다' 조를 보면, 서악이 산신이자 신라 건국신인 박혁거세의 어머니이기도 한 선도산 신모

가 지혜라는 여승에게 "나는 선도산의 신모이다. 네가 불전을 수리코
자 하는 것이 반가워서 금 열 근을 시주하여 돕고자 하니 내가 앉은 좌
석 밑에서 금을 찾아다가 주장 부처님 세 분을 꾸미고 벽에다가 오십
삼불과 육류성중과 여러 천신들과 오악의 신들을 그리도록 하라. 또한
매년 봄, 가을 3월과 9월 10일에는 선남선녀들을 모으고 일체 중생을
위하여 점찰법회를 열어 이를 규례로 삼으라"라고 한다.

　이것은 불교가 고유 사상인 풍류도와 하나가 되었기에 가능하였다.
불교가 다른 신앙이나 종교에 적대적이지 않았으며, 불교 철학이 풍류
도 정도는 능히 담을 정도로 그릇이 큰 점이 주요인이었지만, 풍류도
또한 다른 신앙이나 사상에 대립적이지 않았으며 불교만이 아니라 기
독교 등과도 어울려 하나가 되는 포용력과 적응력이 뛰어났기에 둘은
만날 수 있었다. 그러나 이보다 더 중요한 것은 풍류도와 당시 불교 간
의 공통점이다. 6세기 당시에 신라에 들어와 주력 신앙을 형성한 것은
밀교 계통의 불교이다. 현세에서 업과 고통을 없애고 바로 그 몸으로
성불을 하려는 밀교 신앙은 '지금 여기'에서 재앙을 멀리하고 복을 불
러온다는 풍류도의 제재초복(除災招福)의 원리와 서로 통하였다.

　당시 신라에는 불교의 여러 신앙 가운데 기존의 고유 신앙과 크게
맞서지 않고 현실에서 삶의 행복과 즐거움을 불러오며 신이함과 신령
스러움을 강조하는 신주 신앙(神呪信仰)이 먼저 뿌리를 내린다. 이것의
실상은 무엇일까? 당시 왕에서부터 백성에 이르기까지 지금 기독교도
들에게 성경과 같은 구실을 하여 국가 의례에서 개인의 사생활에 이르

기까지 삶과 행동의 준거가 된 『인왕경』을 살짝 들춰보자.

> 1백 개의 불상, 보살상, 나한상 등과 곳곳의 대중을 청해 이
> 경을 즐겨 듣고 ⋯ 1백 명의 법사가 높은 자리에 앉아 1백 가지
> 향을 피우고 1백 가지 빛깔의 꽃을 뿌려 불법승 삼보의 공양을 하
> 면 ⋯ 국토 안에 있는 1백 부의 귀신들이 ⋯ 그대들의 국토를 지
> 키리. ⋯ 나라가 어지러우면 귀신이 먼저 난을 일으켜 백성이 혼
> 란에 빠지니 ⋯ 또 만일 불의 재난, 물의 재난, 바람의 재난 등
> 일체의 온갖 재난이 있을 때면 위에서와 같은 법의 쓰임에 따라
> 이 경을 강독하라. 대왕이여, 다만 나라를 지킬 뿐만 아니라 또
> 복과 덕을 지키는 힘도 될 것이니⋯
>
> — 삼장 구마라집 역, 『불설인왕반야바라밀경』, 「호국품」

신라 최초의 국통인 고구려 귀화승 혜량은 진흥왕 12년(551)에 위의
경전에 의거하여 1백 명의 스님을 청해 1백 분의 부처님을 모셔놓고 공
양을 하여 나라의 호국을 기원하는 의례를 열 것을 건의한다. 이에 따라
국가의례로 행한 것이 바로 백고좌회이다. 진흥왕은 백고좌회와 함께
전몰장병을 위령하는 팔관재를 열었는데 이것은 고려까지 이어진다.

불교를 처음 전한 묵호자는 향을 피우고 서원을 읊은 것만으로 왕녀
의 병을 고치는 이적을 보인다. 불교의 대중교화를 처음 시도한 원광
은 중국 유학에서 귀국하여 진평왕 15년(613) 백고좌강회를 열고 경을

읽으며 자신의 업보에 대하여 점을 쳐보고 참회하는 점찰법회를 시행한다. 밀본은 흥륜사 승려 법척이 고치지 못한 선덕여왕의 병, 무당과 승려가 모두 실패한 승상 김양도의 병을 치료한다. 이는 무불(巫佛)의 회통(會通)이 불교나 샤머니즘 자체보다도 위대함을 상징적으로 보여준다. 명랑은 문두루비법으로 당나라 군사를 물리친다. 이런 신주적이고 무불회통적인 관념체계는 왕실, 승려, 귀족에 국한된 것이 아니었다. 국가 규모의 의례인 백고좌회, 팔관재회, 점찰법회에서부터 개인의 신앙에 이르기까지 풍류도와 밀교를 융합한 여러 의식이 전적인 호응을 받으며 국가의례로 정착되었다는 것은 이것이 온 신라인에게 삶의 원리로 받아들여졌음을 뜻한다.

이처럼 당시 불교는 샤머니즘의 원리인 제재초복(除災招福)의 틀을 벗어나지 못한 채, 현실의 삶의 차원에서는 복을 닦아 죄를 멸한다는 수복멸죄(修福滅罪)를 강조했고, 국가의 차원에서는 나라를 흥하게 하고 백성을 이롭게 한다는 흥국이민(興國利民)을 외쳤으며, 세계관의 차원에서는 모든 대립과 갈등을 없애고 모든 것을 다 아우른 원융회통(圓融會通)의 세계를 추구했다. 따라서 왕실은 중세의 왕권을 강화하는 이데올로기와 호국의 도(道)로, 귀족은 출세하고 명예를 높이는 수단으로, 백성들은 현세에서 행복과 즐거움을 추구하는 방편으로 불교를 택했다. 오랜 동안 풍류도라는 고유의 신앙을 믿었던 신라인들은 불교가 들어오자 이를 풍류도와 하나로 어울리게 한 것이다.

21세기인 지금도 새해를 맞아 교회의 신도들이 적어낸 기도의 제목을 보면, '자식의 대학 합격, 남편의 출세와 승진, 부모의 건강' 등 거의 모두 기복적이다. 기독교든 불교든 한국의 종교는 기복성이 강하다. 신격만 하나님으로 바꾸었을 뿐 재앙을 물리치고 행복을 비는 샤머니즘의 틀은 거의 그대로다. 차이가 많이 있기는 하지만, 당시 신라인의 마음도 비슷하였다. 그들은 외침이나 천재지변처럼 집단적인 위기이든, 사랑하는 이의 죽음처럼 개인적인 불행이든 샤먼과 승려를 겸한 승려낭의 매개를 통하여 부처님과 풍류도의 신의 힘을 빌려 이를 물리치고 현세에서 나라나 자신의 행복과 안정을 얻고자 하였다. 신라 불교가 현실 위주의 호국적 특성을 갖게 된 것도 여기에서 비롯된다.

무불회통(巫佛會通)의 세계관에 따라 풍류도와 불교는 빠르게, 그러나 평화적으로 융합한다. 현세에서 재앙을 없애고 행복을 비는 것은 풍류도의 산신이나 천신과 함께 부처님에게 기대어 이를 소망한다. 그러니 풍류도의 신과 부처님은 사이좋게 결합한 것이다. 먼저 천신은, 지상, 인간, 현실, 미천함에 대하여 대립적인 천상, 신, 이상, 성스러움의 개념과 하늘의 절대적 위상은 변하지 않은 채 불교를 끌어들여 하나로 합쳐진다. 진평왕이 즉위하자 하늘의 상황(上皇)은 천사를 시켜 나라와 왕을 지켜주는 옥대를 전해주며, 이에 대해 진평왕은 제석사를 세워 답례하고 불법을 숭앙하고 국가를 옹위하기를 바란다. 선덕왕대에 자장 율사는 꿈에 천인(天人)이 와서 주는 오계를 받아 화랑도의 실천 도리로 삼으며 제석천이 장인을 데리고 와서 문수보살의 소상(塑像)을 만든다.

오대산 월정사 이야기

산신 또한 불교와 융합하니 산신이 내려오던 자리에 부처님이 내려온다. 산신과 부처님이 함께 섬김을 받고 산신이 부처님으로 변하기도 한다. 산신을 섬기던 산왕당이나 산신당은 그대로 놓아두고 그 주변에 절을 세운다. 그러니 신라계 사찰을 가면 대개 산신각이나 산신을 모시는 상징물이 있다. 사찰의 연기설화를 보아도 사찰을 짓기 이전의 풍류도의 설화에 불교를 입힌다. 진평왕 대에 여래상이 새겨진 돌이 하늘에서 산의 정상에 떨어지거나 산 아래 땅에서 사방불이 나타나거나 하여 이들 산에 절을 세운다. 문무왕 대에 영취산의 산신은 불교의 천신 가운데 하나인 범천의 비가 되는 변재천녀로 묘사되고 있고, 신선이 미륵선화로 변모하기도 한다. 지리산신 성모천왕은 석가모니의 모후 마야 성모로 승화한다. 지금도 관음전 앞에 가서 관음청을 올린다면, 산신각에서 산신청을, 용왕당에 가서 용왕청을 올린다.

이처럼 오랜 옛날 여기 오대산 주변에 산신령을 섬기는 이들이 있었다. 오대산의 높은 봉우리는 천상과 지상을 이어주는 다리였기에 천상에서 내려온 산신령이 이곳에 자리하면서 그를 믿는 사람들에게 많은 이익을 베푼다고 생각하였다. 사람들은 밤과 도토리, 마가목 같은 열매, 취와 두릅 등 산나물, 당귀와 산삼 같은 약재를 얻을 수 있었다. 그러다가 자장 율사가 이곳에 불교를 전파하자 처음엔 부처님을 거부하였지만, 절 안에 성황당을 만들어 산신을 섬기게 하고, 부처님을 믿으면 더 잘 살게 된다고 하니 그들은 불교를 받아들였다. 이렇게 불교를 수용하면서 월정사가 세워졌고, 부처님과 스님들은 넉넉한 품으로 오

대산 산신령과 그를 모시는 신당을 품어주신 것이다. 그래서 여기 성
황당이 절 앞에 자리한 것이다.

　성황당을 지나면 금강교가 보이고 그 아래 왼편으로 큰 연못이 보인
다. 오대천이 흐르다가 깊은 소를 이룬 곳이다. 오대산은 숲이 우거져
그 그늘이 냇물을 뒤덮기에 여름에도 수온이 낮아 냉수성 어류인 열목
어가 산다. 그 열목어들이 너른 터를 만나 떼를 지어 노니는 곳이 금강
연이다. 잠시 멈춰 서서 연못가에서, 혹은 금강교 위에서 한가하게 헤
엄을 치는 열목어를 보거나 위로 고개를 돌려 능선 위로 흐르는 구름
을 보라. 절로 안심(安心)에 이르리라.

금강교에서 바라본 금강연. 금강은 반야지혜를 뜻한다.

오대산 월정사 이야기

【 참고문헌 】

구마라즙 역, 『불설인왕반야바라밀경』
의정봉 제역, 『금광명경최승왕경』
가마타 시게오 저·신현숙 역, 『한국불교사』, 민족사, 1987
김문경, 「의식을 통한 불교의 대중화운동」, 『신라미타정토사상연구』, 불교사학회 편, 민족사, 1988
김영태, 「승려낭도고 – 화랑도와 불교와의 관계 일고찰」, 『불교학보』 제7집, 한국불교학회, 1970
김영태, 「신라불교 대중화의 역사와 그 사상연구」, 『불교학보』 제6집, 한국불교학회, 1969
김영태, 「신라불교에 있어서의 용신사상」, 『불교학보』 제11집, 한국불교학회, 1974
김영태, 「신라불교천신고」, 『불교학보』 제15집, 한국불교학회, 1978
김영태, 「신라의 관음사상」, 『불교학보』 제13집, 한국불교학회, 1976
김영태, 「신라의 미타사상」, 『불교학보』 제12집, 한국불교학회, 1975
김인회 외, 『한국무속의 종합적 고찰』, 고려대 민족문화연구소, 1982
김재경, 「신라의 밀교 수용과 그 성격」, 『신라미타정토사상연구』, 민족사, 1988
김철준, 『한국고대사회연구』, 지식산업사, 1975
금강수우, 『불교의 국가관』, 총화각, 1978
김광진 외, 『삼국시기의 사회경제 구성에 관한 토론집』, 일송정, 1989
김영태, 『삼국시대불교신앙연구』, 불광출판부, 1991
도광순, 「풍류도와 신선사상」, 『신라종교의 신연구』, 신라문화 선양회 편, 서경문화사, 1984
문경현, 「신라인의 산악숭배와 산신」, 『신라사상의 재조명』, 신라문화선양회 편, 서경문화사, 1991
백남운 저, 윤한택 역, 『조선사회경제사』, 이성과 현실, 1989
신종원, 「원광과 진평왕대의 점찰법회」, 『신라문화제학술발표회논문집』 제12집, 동국대학교 신라문화연구소, 1991
신형식, 『신라사』, 이화여대출판부, 1988
유효석, 『풍월계 향가의 장르성격 연구』, 성균관대 박사학위논문, 1993
이기백, 「삼국시대 불교 수용과 그 사회적 의의」, 『역사학보』 제6집, 역사학회, 1954
이기백, 「신라오악의 성립과 그 의의」, 『신라정치사회사연구』, 일조각, 1974
이도흠, 「신라인의 세계관과 의미작용에 대한 연구」, 『한민족문화연구』 제1집, 한민족문화연구학회, 1996
이도흠, 『신라인의 마음으로 삼국유사를 읽는다』, 푸른역사, 2000
이희덕, 「삼국사기 천재지변기사의 성격」, 『동방학지』 23·24 합병호, 연세대학교 국학연구원, 1980
홍순창, 「신라삼산오악에 대하여」, 『신라민속의 신연구』, 서경문화사, 1983
홍윤식, 「한국불교 의례의 밀교신앙적 구조」, 『불교학보』 제12집, 한국불교학회, 1975
홍윤식, 「한국불교의식에 나타난 정토신앙」, 『불교학보』 제13집, 한국불교학회, 1976
홍윤식, 『삼국유사와 한국고대문화』, 원광대출판부, 1985

신라 최고의 성군 성덕왕,
오대산에 화엄만다라를 조성하다

성덕왕은 이름 그대로 덕도 많고 힘도 강하였던 지도자이자, 화엄의 이상을 신라에 구현하려 한 성군이었다. 신라의 세종대왕이라 할 성덕왕(聖德王, 재위 702~737)은 왜 서라벌에서 멀리 오대산 깊은 산중까지 백관을 모두 데리고 행차를 하였을까? 『삼국유사』는 성덕왕이 왕자 효명이었을 때 이곳에 와서 수행한 이야기를 전하고 있다.

신문왕의 두 아들, 보천과 효명이
오대산에서 수행하다

신라 31대왕 신문왕(神文王, 재위 681~692)대다. 신문왕은 통일 직후에 귀족 세력을 누르고 왕권을 강화하고 중앙집권체제를 어느 정도 확

립한 임금이다. 그는 장인이자 당시 최대 권력집단인 김흠돌과 상대등을 지냈던 이찬 김군관(金軍官)을 모반 혐의로 처형하였다. 귀족들의 녹읍을 폐지하고 국학을 설립하였으며, 왕의 친위부대인 구서당을 정비하였다.

그러던 때에 신문왕의 세 아들 가운데 둘째 왕자와 셋째 왕자인 보천과 효명 두 형제가 지금의 강릉 일대인 하서부에 이르러 세헌 각간의 집에서 하룻밤을 묵었다. 이튿날 아침 일찍 일어나 큰 고개를 넘어서 각각 무리 1천명을 거느리고 성오평에 도착하여 여러 날 유람하였다. 그렇듯 강원도 일대의 아름다운 산천에서 풍류를 즐기다 보니 저녁이 되었다. 낮 동안에 왕성한 빛으로 삼라만상을 비추던 해가 능선 너머로 떨어지며 둘러싼 산 사이로 보이는 하늘 가로 저녁놀이 찬란하였다. 지는 해를 보며 보천이 효명에게 말하였다.

"아우야, 왕이 되어 권세를 누린들 모두 다 저 지는 해처럼 무상한 것이 아니겠느냐?"

"그렇지요."

"우리 이따 밤이 깊은 때를 틈타서 몰래 도망을 가서 불도를 닦는 것이 어떻겠느냐?"

"형님, 제가 바라던 바를 먼저 말씀하시니 몸둘 바를 모르겠습니다. 그런데 어디로 가죠?"

"문수보살의 성지로 자장 율사께서 1만의 보살이 상주한다고 하신 오대산이 어떻겠느냐? 저 산을 몇 개 넘으면 그곳일 듯하구나."

“네, 좋습니다.”

산골의 밤은 금세 찾아왔고 그 그림자는 깊었다. 형제들의 약조를 모르는 시종들은 잠에 떨어진 듯하였다. 형제들은 감발을 하고 몰래 집을 빠져나왔다. 고개를 넘은 후 감발을 벗어버린 후 내달렸다. 산 그림자가 몇 겹을 겹친 골짜기를 벗어나니 달빛이 환하게 길을 비추어 주었다.

다음날 아침 시종들은 허둥거리며 일대 산을 뒤졌다. 며칠을 뒤졌는데도 찾지 못하자 서라벌로 돌아갔다. 신문왕은 시종들을 야단치고 군사까지 보냈다. 군사들도 강원도 산골 깊숙한 곳에서 형제를 찾을 수 없어 소득이 없이 돌아갔다.

두 사람이 오대산의 산중에 이르렀다. 때로는 냇물을 따라, 때로는 능선을 따라 길을 갔다. 길을 가는데 산자락이 내려오다가 맞춤한 분지를 이룬 곳에 푸른 연꽃이 홀연히 피어 있는 것이 아닌가.

“형님, 저기 연꽃을 보십시오.”

“아니! 형상은 연꽃이 맞는데 어찌 빛깔이 이리도 신비스럽게 푸르더냐?

“네, 저도 푸른 연꽃은 처음입니다. 더구나 연못도 아닌 땅 위에 피어 있습니다.”

“참으로 상서롭구나. 이 모두 부처님의 뜻일 듯하니, 나는 여기 이 자리에서 불도를 닦으리라. 그런데 아우는 어디에 자리를 잡지?”

“저도 필시 좋은 터를 발견할 듯합니다.”

형제가 다시 북쪽으로 6백여 보를 걸으니 지금 북대의 남쪽 기슭에 또 푸른 연꽃이 보였다.

"형님! 저기 또 푸른 연꽃이 피어 있습니다."

"오! 아름다운지고. 아우는 이곳에 터를 잡으면 되겠구려."

보천이 처음 자리에 암자를 짓고 그곳에 머무니 보천암이라고 하였다. 효명 또한 둘째 자리에 암자를 짓고 부지런히 불법을 닦았다. 그리 수행하다가 형제가 오봉에 올라가서 예배를 올리고자 하였다. 먼저 동대인 만월산에 올랐다. 형제 앞에 광채가 환히 빛나더니 1만 관음의 진신이 나타나는 것이 아닌가? 형제들은 놀라서 1만의 관세음보살을 쳐다보다가 이내 정신을 차리고는 한 분 한 분께 절을 올렸다.

남대인 기린산에 오르니, 하늘이 갑자기 환해지더니 여덟 분의 큰 보살을 수위로 한 1만의 지장보살이 나타났다. 예배한 후 서대인 장령산에 오르니 무량수여래를 수위로 하여 1만의 대세지보살이 나타났다. 북대인 상왕산에 오르니 석가여래를 수위로 한 5백의 대아라한이 나타 났으며, 중대인 풍로산에 오르니 비로자나불을 앞세우고 1만의 문수보살이 나타났다. 형제는 모든 부처님께 한 분 한 분 절을 올렸다.

그 후 매일 닭이 우는 첫새벽에 진여원을 가면, 문수보살이 부처님의 얼굴에서 사자와 뱀 모양에 이르기까지 36가지 형상으로 현신하였다. 형제들은 그 현신한 모든 부처님께 절을 올렸다. 형제 두 사람은 골짜기의 맑은 물을 길어다가 차를 달여 올리며 다게를 읊었다.

"저희 지금 감로다를 문수보살께 올리오니 지극한 정성을 살피시어 자비로써 받으소서.”

　낮에는 공양을 하고 경전을 읽고, 밤에는 좌정하여 물소리와 바람소리에 의지하여 도를 닦았다.

　그 사이에 첫째 형으로 태자인 효소왕(孝昭王, 재위 692~702)이 신문왕에 이어서 즉위하여 나라를 다스리다가 사망하였다. 효소왕이 자식이 없어, 대등회의에서 그 아우인 보천이나 효명을 왕으로 삼기로 하고 군사를 보냈다. 보천은 끝내 거절하였다.

　“나는 불도를 닦기로 이미 서원을 두었으니, 세속의 권력에 아무런 미련이 없노라. 아우가 내 대신 세속을 다스리게나.”

　“아니 되올 일입니다, 형님! 형님께서 당연히 왕위를 이어야 합니다. 저야말로 이곳에서 불도를 닦겠습니다.”

　“괜한 고집을 부리지 마시게나, 아우! 아우의 품성을 오랜 동안 지켜보니 성군의 기상과 자질을 지녔으니, 불도를 닦는 것보다 이 나라를 불국토로 만드는 것이 부처님의 뜻을 구현하는 것일세.”

　“제 보기에는 형님이야말로 성군의 기상과 자질을 타고나셨으니, 괜한 고집을 부리지 마시고 순리대로 하시기 바랍니다.”

　그리 서로 양보를 하다가 밤이 깊어 잠이 들었는데, 보천은 부디 이 땅 신라를 불국토로 만들어 달라는 편지만 두고 홀연히 사라졌다. 군사들이 재촉하는 바람에 효명이 그들을 따라 서라벌로 가서 즉위하니 그가 바로 성덕왕이다. 성덕왕은 형님인 보천의 말을 명심하며 성군의 길을 걸었다.

성덕왕, 오대산에
화엄만다라를 열다

성덕왕 대에 와서 신라는 문물이 융성하고 제도가 자리를 잡기 시작하였다. 성덕왕은 우선 시중을 두어 집사부의 우두머리로 삼았다. 집사부란 위로는 왕명을 받들고 아래로는 행정을 분장하는 여러 관부를 거느리는 최고행정기관이니 자연 대등을 중심으로 한 귀족세력이 힘을 잃었고, 대신 왕은 좀 더 강한 권력을 갖고 귀족으로부터 백성을 보호하고 편안하게 다스릴 수 있게 되었다.

왕은 강한 힘을 바탕으로 귀족을 누르고 강력한 토지개혁 곧 정전제(丁田制)를 단행하여 15세 이상의 남성, 곧 정(丁)에 속하는 백성들에게 정전(丁田)을 나누어 주었다. 백성들 스스로 자기 땅을 소유하고 거기에서 생산물을 일구어 생활을 하고 일정한 부분을 나라에 바치니 생활이 풍족해졌다. 정전을 지급한 왕 21년 이후, 그 전에는 자주 기술되었던 백성의 굶주림에 관한 기술이 없는 것 또한 우연이나 기록 누락만은 아니리라.

성덕왕은 신라의 고유 신앙인 풍류도에 불교가 융합하여 이루어진 무불회통의 세계관에 화엄사상을 가미하여 '화엄만다라'의 세계관을 지향한 지도자였다. 신라 왕실은 무열왕 대부터 성골의 집권이 끝나고 진골의 시대가 열리게 된

화엄일승법계도(해인도)

다. 이들은 성골에 비하여 혈통적 정통성을 상실하게 되자 이를 외부에서 찾게 된다. 나라와 제도, 그리고 가치를 통일하여 통치력을 정비하고 정당성을 강화할 필요가 있었던 것이다. 중국식 제도와 유교적 왕도정치를 구현하면서도 풍류도나 불교와 맞서지 않으려면, 다양한 세력, 더 나아가 백제와 고구려의 백성까지 끌어들이려면 기존의 풍류도 세계관으로는 모자랐다. 그래서 이들은 모든 것을 하나로 아우르면서도 서로 맞서지 않는, 비로자나불을 중심으로 여러 사상과 가치를 통일할 수 있는 화엄사상을 강화하여 화엄만다라의 시대를 열었다.

성덕왕이 친히 백관을 끌고 와 참배를 할 정도로, 공양과 향불이 끊이지 않도록 매년 봄과 가을에 쌀 1백 섬과 맑은 기름 한 가마를 각각 대도록 할 정도로 오대산은 화엄만다라의 성소였다. 이를 오대산으로 설정한 것은 중국의 오대산과 비슷한 점도 있었을 것이고 기기묘묘한 봉우리가 월정사를 중심으로 많이 있어 이를 5만의 보살의 현신이라고 상징화할 수 있었기 때문이리라. 어떻게 오대산에 화엄만다라를 설정하였을까?

신룡 원년(성덕왕 4년: 705) 을사 3월 초나흘에 진여원을 증축하였다. 성덕왕이 친히 서라벌에서 백관들을 데리고 산을 넘고 물을 건너 오대산에 이르렀다. 장인을 시켜서 불전과 불당을 짓고 아울러 문수보살 소상을 당중에 모셨다. 영변 등 스님 다섯 명에게『화엄경』을 계속 설법하여 화엄사(華嚴社)를 만들라 일렀다. 명주의 총관과 강릉 태수를 불러 일렀다.

"이곳은 문수보살이 상주하는 성지니라. 명주의 총관과 강릉 태수는 매년 봄과 가을에 벼 1백석과 맑은 기름 한 섬씩을 지급하여 공덕의 빛과 공양의 지극한 정성이 끊이지 않게 하라.”

　이어서 진여원의 서쪽으로 6천보를 가서 모니점과 고이현 밖에 이르는 어간에 땔나무 산판 15결과 밤나무 숲 6결과 전답 2결을 주고 농장집을 세웠다.

　임금 자리도 마다한 보천은 이곳에 남아 계속 수행하였다. 그는 항상 영동(靈洞)이라는 곳의 물을 길어다가 마시면서 도를 닦는 일을 밤낮으로 게을리 하지 않았다. 마침내 만년에는 몸을 마음대로 날 수 있게 되었다. 하루는 울진의 장천굴(掌天窟)에 이르러 쉬면서 수구다라니경(隨求陀羅尼經)을 외었다. 굴 속에서 이 경을 크게 읽던 어느 날 장천굴의 신이 현신하였다.

　“내가 이 굴의 신이 된 지가 이미 2,000년이나 되었지만 오늘에야 비로소 수구다라니경의 진리를 들었습니다.”

　말을 마치자 신은 보살계(菩薩戒)를 받기를 청했다. 보천은 그에게 계를 주었다. 그러자 그 이튿날 가보니 굴이 형체도 없이 사라져버렸다. 보천은 놀라고 이상히 여겨 그곳에 20일 동안이나 머물고 있다가 오대산 신성굴(神聖窟)로 돌아갔다. 여기에서 또 50년 동안 참 마음을 닦았더니, 도리천(忉利天)의 신(神)이 삼시(三時)로 설법(說法)을 듣고, 정거천(淨居天)의 무리들은 차를 달여 올렸으며, 40명의 성인(聖人)은 10척 높이 하늘을 날면서 항상 그를 호위해 주었다. 그가 지니고 다니던 지팡이는 하루에 세 번씩 소리를 내면서 방을 세 바퀴씩 돌아다니므로 이것을 쇠북과 경쇠로 삼아 수행하였다. 어느 날엔 문수보살이 나타나 그의 이마에 물을 붓고 성도기별(成道記莂)을 주기도 했다.

얼마 지나지 않아 보천이 세상을 떠났다. 그날에 이 산중에서 나중에 시행할 행사로 국가에 도움이 될 만한 일들을 기록해 남겨두었는데 거기에는 이렇게 이른다.

"이 산은 바로 백두산의 큰 줄기로서 각 대는 진신 부처께서 항상 머무는 곳이다. 동방은 푸른빛이 있는 곳인지라 동대(만월봉)의 북쪽 귀퉁이 밑, 북대의 남쪽 기슭 끝에 마땅히 관음방을 설치하여 둥근 형상의 관음과 푸른 바탕에 1만 관음상을 그려 모시고, 스님 다섯 명이 낮에는 여덟 권의 『금강경』과 『인왕경』, 『반야경』과 『천수 주문』을 읽고, 밤에는 『관음예참』을 외우게 하여 이름을 원통사라고 부를 것이다. 남방은 붉은빛을 맡은지라 남대(기린봉)의 남쪽 면에 지장방을 두어 둥근 형상의 지장과 붉은 바탕에 8대 보살을 우위로 한 1만 지장의 화상을 그려 모시고, 승려 다섯 명이 낮에는 『지장경』과 『금강반야경』을 읽으며 밤에는 『점찰예참』을 외울 것이니 이를 금강사라고 부를 것이다……."

이런 식으로 파랑, 빨강, 하양, 검정, 노랑 오색과 동·남·서·북·중의 다섯 방위와 오대산의 다섯 봉우리, 보살과 불교의 각 종파, 의례, 신앙조직을 배치하고 있다. 이를 표로 요약하면 다음과 같다.

〈표 1〉 오대산 화엄만다라 구성도

오행	오악(五嶽)	절	부처	경전	예참	신앙결사	주요 의미
파랑	동대(만월봉)	관음방	관세음보살	금강경, 인왕반야경	관음예참	원통사	중생 구제
빨강	남대(기린봉)	지장방	지장보살	지장경, 금강반야경	점찰예참	금강사	업장의 소멸 통한 제재초복(除災招福)
노랑	중대(풍로산)	진여원	비로자나불, 문수보살	화엄경, 반야경	문수예참	화엄사	하나가 전체요, 전체가 곧 하나다
하양	서대(장령봉)	미타방	무량수불, 대세지보살	법화경	미타예참	수정사	극락정토 왕생
검정	북대(상왕봉)	나한당	석가모니불	열반경, 불보은경	열반예참	백련사	열반에 이름

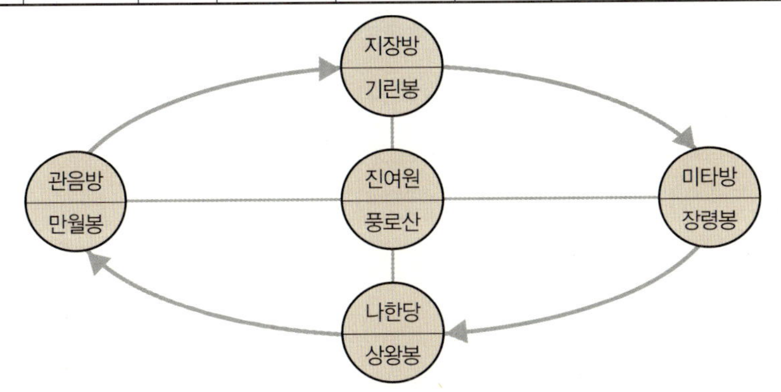

〈표 2〉 오행 체계

	색	방위	위치	계절	소리	감정	내장	몸	맛	도덕	신격	가축	과일	곡식
나무	청색	동	왼쪽	봄	각(角)	분노	간	눈	신맛	인(仁)	청룡	개	오얏	보리
불	적색	남	위쪽	여름	치(徵)	기쁨	심장	혀	쓴맛	예(禮)	주작	양	살구	기장
흙	황색	중	가운데	한여름	궁(宮)	그리움	비장	몸	단맛	신(信)	구진, 승사	소	대추	피
쇠	흰색	서	오른쪽	가을	상(商)	근심	폐	코	매운맛	의(義)	백호	닭	복숭아	벼
물	흑색	북	아래쪽	겨울	우(羽)	두려움	신장	귀	짠맛	지(智)	현무	돼지	밤	콩

<표1>과 <표2>를 비교하면, 화엄사상과 오행사상을 결합한 것임을 대번에 알 수 있다. 동대라는 공간의 주요 의미는『금강경』, 『인왕경』, 『반야경』을 읽고『관음예참』과『천수 주문』을 외우며 참회하고 정진하면 관세음보살의 원력으로 중생을 구제함이다.

남대의 주요 의미는『지장경』과『금강반야경』을 읽고『점찰예참』을 외우며 참회하고 정진하면 지장보살의 원력으로 모든 업장을 소멸시켜 재앙을 없애고 복을 받는다는 것이다.

하얀빛이 서린 서대(장령봉)엔 미타방을 배치하여 아미타불을 모시며『법화경』을 읽고『미타예참』을 하며 수정사라는 신앙 조직을 둔다. 이 공간의 주요 의미는『법화경』을 읽고『미타예참』을 외우면 아미타불의 도움을 받아 극락정토에 왕생한다는 것이다.

검정빛이 어린 북대(상왕봉)엔 나한당을 배치하여 석가와 오백나한을 모시며『불보은경』과『열반경』을 읽고 밤에는『열반예참』을 외우며 백련사라는 신앙 조직을 둔다. 이곳의 주요 의미는『불보은경』과『열반경』을 읽고『열반예참』을 외우며 끊임없이 정진하면 석가와 그 제자의 도움을 받아 열반에 이른다는 것을 이름이다.

노랑빛이 어린 중대(풍로산)엔 진여원을 배치하여 문수보살과 비로자나불을 모시고『화엄경』과『육반야경』을 읽고 밤에는『문수예참』을 외우며 화엄사라는 신앙 조직을 둔다. 이곳의 의미는『화엄경』과『육반야경』을 읽고『문수예참』을 외우며 참회하고 정진하면서 화엄의 요체인 하나가 곧 전체이고 전체가 하나임을 깨달아 모든 신과 신앙과 조직을 하나로 아우름이고, 더 나아가 극락에서도 최상의 곳인 연화장 세계에 왕생한다는 것이다.

앞 장에서 말한 대로, 통일신라는 삼산오악 신앙을 숭상하였다. 위 표에서 소오악이 오대산의 주요 봉우리라면, 대오악은 신라 변경을 상징하는 동−토함산, 남−지리산, 서−계룡산, 북−태백산, 중−팔공산이다.

그리고 이 모든 것, 여러 부처와 경전, 다양한 신앙 의례와 신앙 결사 조직이 월정사의 비로자나불을 중심으로 하나로 아우를 수 있다고 보았다. 『삼국유사』는 이를 증언한다.

> "보천암을 고쳐 화장사(華藏寺)로 다시 세우고 둥근 형상의 비로자나 삼존과 대장경을 모시고, 스님 다섯 분이 『장문장경』을 읽고, 밤에는 '화엄신중'을 외우게 하고 해마다 1백일 화엄회를 베풀고 이름을 법륜사(法輪社)라고 부를 것이다. 이 화장사를 오대산의 본 절로 삼아 튼튼히 부지하고 행실이 깨끗한 스님을 시켜 길이 공양하면 국왕은 천수를 누리고 백성들이 평안할 것이요, 모든 정치가 화평하고 온갖 곡식이 풍성하게 잘 될 것이다."

비로자나불(毘盧遮那佛, Vairocana)은 산스크리트어로 '태양'이라는 뜻으로 무량겁해(無量劫海)에 공덕을 쌓아 정각(正覺)을 성취하고, 연화장(蓮華藏) 세계에 살면서 대광명을 발하여 법계(法界)를 두루 비춘다고 하는, 불법의 지혜가 광대무변함을 상징하는 화엄종의 본존불이다. 모든 봉우리, 부처, 불교 종파, 신앙 조직의 중심에 보천암, 비로자나불, 화엄종, 법륜사가 있다. 신라인은 뭇 별이 태양을 중심으로 돌듯 월정사의 비로자나불을 중심으로 모든 부처와 종파들이 하나로 융섭(融攝)된다고 본 것이다.

성덕왕과 신라인들은 전래의 풍류도에 오행사상과 화엄사상을 결합하여 화엄만다라 세계관을 형성한다. 어디 이것뿐인가? 화엄만다라는 오대의 오봉(五峯)을 중심으로 구성되었으며, 이것은 신라의 오악을 오대산에 축소한 것이니 산신신앙을 포용하는 것이다. 문수보살이 지신(地神), 닭이 낳은 봉황, 푸른 뱀으로 나타난다 하였으니 이런 재래 신격과도 하나로 어우러짐을 뜻한다.

화엄의 세계를 그림으로
나타낸 화엄변상도

화엄만다라의 목표 또한 『삼국유사』는 분명히 제시하고 있다. 이를 길이 공양하면 국왕은 천수를 누리고 백성들이 평안할 것이요, 모든 정치가 화평하고 온갖 곡식이 풍성하게 잘 될 것이라고 한다. 국왕의 권위를 높이고 권력을 강화하는 것이며 백성들을 평안히 하고 정치를 안정시키며 문물을 풍요롭게 하자는 것이다. 현실적·정치적 목표를 강하게 지향하고 있는 것이다.

화엄만다라를 공식적으로 연 성덕왕은 4년에 교서를 내려 신라 전역에서 모든 살아 있는 것들의 살생을 금한다. 화엄만다라의 빛, 비로자나불의 지혜의 빛이 온 신라에 고루 퍼지도록 한 것이다. 이런 이상을 품기도 어렵지만 실천하는 것이 어디 쉬웠겠는가? 그때 신라 땅 전역에는 모든 생명 있는 것들을 부처님과 같이 귀중하게 여기는 불심으로 가득하였으리라. 미물인 벌레도 존귀한 생명을 가진 것이라 죽이지 못하는데 그 누가 사람을 가벼이 여겼겠는가? 이렇게 비로자나불을 중심으로 모든 신앙과 사상을 평화적으로 아우를 수 있었으니 신라는 안으로는 다양한 가치를 지닌 여러 신분의 사람들을 하나로 통합하여 강력한 국가를 형성하고, 밖으로는 고구려와 백제 사람들을 비로자나불이라 할 신라에 하나로 아우를 수 있었던 것이다.

이렇게 하여 선덕여왕 대에서 시작하여 성덕왕 대에서 경덕왕 대에 최고에 이르다가 혜공왕 대에 저무는 화엄만다라 시대는 태평성대이자 신라의 사상과 예술이 지극한 경지에 이르렀던 때다. 백성들이 각자 자신의 토지를 경작하여 격양가를 부르고 가축과 미물까지도 내 목숨처럼 소중하게 여겨 죽이지 않던 때가 바로 이때이다. 온 신라 백성이 한 줌의 흙을 일구면서도 아미타불을 부르고, 정토왕생을 믿고서 현세의 고통을 고통으로 여기지 않고 사소한 일에도 즐거워하던 때이다. 원효와 의상의 화엄철학과 정토사상이 만개하고, 완벽한 원융미의 극치를 이룬 세계 최고의 불상인 석굴암, 깊은 사상과 구조적인 아름다움을 종합한 불국사와 영묘사, 세계에서 가장 큰 절인 황룡사와 9층탑, 세계에서 가장 길고 고르게, 아름다운 소리를 내는 성덕대왕신종(에밀레종), 향가 중 가장 문학성과 서정성이 높은 「제망매가」와 「찬기파랑가」를 비롯하여 「헌화가」, 「안민가」, 「도솔가」 등이 이때 만들어졌다.

【 참고문헌 】

고익진, 「신라중대 화엄사상의 전개와 그 영향 Ⅰ」, 『불교학보』 제24집, 한국불교학회, 1987
고익진, 「신라중대 화엄사상의 전개와 그 영향 Ⅱ」, 『불교학보』 제25집, 한국불교학회, 1988
김상현, 「신라화엄학승의 계보와 그 활동」, 『신라문화』 제1집, 동국대 신라문화연구소, 1984
김상현, 「통일신라시대의 화엄신앙」, 『신라문화』 제2집, 동국대 신라문화연구소, 1985
김영태, 『삼국시대불교신앙연구』, 불광출판부, 1991
이도흠, 『신라인의 마음으로 삼국유사를 읽는다』, 푸른역사, 2000
장원규, 「화엄경의 사상체계와 그 전개」, 『불교학보』 제7집, 한국불교학회, 1970
장원규, 「화엄경의 수성기사 교학사조」, 『불교학보』 제15집, 한국불교학회, 1978
홍윤식, 「한국불교 의례의 밀교신앙적 구조」, 『불교학보』 제12집, 한국불교학회, 1975
홍윤식, 「한국불교의식에 나타난 정토신앙」, 『불교학보』 제13집, 한국불교학회, 1976
홍윤식, 『삼국유사와 한국고대문화』, 원광대출판부, 1985
홍윤식, 「신라시대 화엄신앙의 성격과 그 영향」, 『신라문화』 제6집, 동국대 신라문화연구소, 1989

신라 최고 미인, 수로 부인이
월정사로 오다가 겪은 일

겨우내 얼었던 냇물이 풀리고 온갖 싹들이 움을 트고 꽃들도 하나 둘씩 피어나는 봄날이었다. 성덕왕은 순정공(純貞公)을 강릉 태수로 제수하였다. 당시 강릉 태수가 하여야 할 가장 중요한 일은 성덕왕이 친히 백관을 이끌고 와서 참배한 성소인 오대산과 지금의 월정사와 상원암 등의 암자를 지키고 그곳에 향불과 공양이 끊이지 않도록 하는 것이다. 그는 그 일을 수행하기 위하여 서라벌에서 부인과 시종을 데리고 강릉과 이곳 오대산을 향하여 길을 떠난다.

수로 부인, 순정공을 따라
강릉으로 향하다

태수는 17관등에서 7등급의 일길찬에 해당하는 관직이었고 이는 진골이나 6두품만 오를 수 있었으니 순정공은 일길찬에 해당하는 귀족으로 진골 계층이나 6두품의 신분이다. 그는 경덕왕비 삼모 부인을 낳은 이찬 김순정(金順貞)일 가능성이 크다. 신라인의 이름에 같은 음을 가진 다른 한자를 쓴 예가 많다. 김순정이 성덕왕 25년(726)에 죽었으니 삼모 부인의 출생 년의 하한선이 이때인데 경덕왕 또한 성덕왕 22~23년에 태어났으니 두 사람의 연령이 비슷하다. '부인(夫人)'의 호칭은 아무 지어미에게 쓴 것이 아니라 왕비, 왕의 어머니, 왕비의 어머니, 김유신이나 박제상의 처(妻)처럼 나라에 큰 공훈을 세운 일가의 부인에게 내리는 칭호이니 개연성이 없는 것은 아니다. 순정공과 수로 부인이 혼인하여 딸을 낳았고 그 딸이 경덕왕의 왕비인 삼모 부인이 된 것이다.

그는 당대 최고의 미인인 수로 부인을 대동하였다. '수로'라는 말에는 '태양'과 '미(美)'의 뜻이 담겨 있으니, 수로 부인은 타인과 비교할 수 없을 정도로 미모가 뛰어난 미인이요, 태양처럼 눈부시고 높은 존재이다. 순정공은 아름다운 부인과 시종과 함께 동해변 따라 길을 청했다. 새악시 하이얀 종아리 슬쩍 훔치는 진초록빛 바닷물에 넋을 빼고 혼을 앗기다가 시장기를 느꼈는데, 좌우로는 천길 석벽이 까마득하고, 앞으로는 동해바다의 푸른 물결이 넘실거렸다. 그 새로 금빛 모래사장이 초승달처럼 멋들어지게 꺾어져선 햇빛에 반짝반짝 빛났다. 수로 부인은 그 모습에 반하여 일행을 멈추고 여기서 점심을 먹자고 일렀다.

수로 부인, 동해바다보다도 깊고 봄 햇살보다도 빛나는 눈을 들어 풍광을 살피는데, 거기 하늘로 닿은 절벽 위 바위 새로 연분홍빛 진달

오대산 월정사 이야기

래가 시리도록 파란 하늘 이고 금빛 햇살 안고서 수줍은 듯 자랑스러운 듯 하늘거리고 있었다. 수로 부인은 너무도 탐이 나서 시종들에게 꺾어다 줄 것을 권하였지만, 시종들 상전의 말을 어길 수 없어 절벽을 바라보았지만, 고개를 젓는 시종들과 꽃을 번갈아 보고는 수로 부인 재차 재촉하였지만, 시종들의 입에서 나온 소리는 똑같이 "저 절벽은 사람이 발 붙여 올라갈 데가 못 되옵니다."

소 끄는 노인이
헌화가를 부르다

아쉬움과 안타까움에 마지못해 돌아서는 수로에게 마을의 노인이 새끼를 밴 암소를 끌고 와 잠시만 기다려 달라더니, 희끗희끗한 귀밑머리 날리며 훠이훠이 나는 듯 절벽 올라 한 아름 가득 진달래 꽃 안고 와 「헌화가」를 불렀다.

붉은 바위 가에
잡고 있는 어미소 놓으시고
나를 아니 부끄러워하시면
꽃을 꺾어 바치오리다.

'붉은 바위 가에'란 '성덕왕대의 어느 봄날 성소인 강릉으로 가는 길목인 동해변, 진달래꽃이 흐드러진 어느 절벽 위'를 뜻한다.

화창한 봄날 동해변의 한 촌로가 귀족의 부인이자 미모의 여인 수로 부인에게 꽃을 꺾어 바쳐 '당신을 존경합니다'라는 의사를 전달하고자 하는데 그것이 아무 거리낌 없이 터져 나올 수 없다. 아무리 수로 부인이 원하던 꽃이라지만 나이나 신분상의 격차를 생각하지 않을 수 없다. 견우 노옹의 마음이야 수로 부인에게 자신의 마음을 전하고 싶지만 수로 부인이 거부한다면 위험을 무릅쓰고 행한 자신의 행위는 한갓 웃음거리로 끝나고 마는 것이다. '나를 아니 부끄러워하신다면'은 이런 맥락을 반영한 것이다. '꽃을 꺾어 바치오리다'는, 이런 격차를 상관하지 않는다면 내가 당신을 존경하는 마음을 받아 달라는 말을 완곡하게 표현한 것이다. 이로써 노옹은 미의 화신인 수로와 만남을 이루고, 수로는 수로대로 미의 총체인 꽃과 만난다.

이때 견우 노옹은 신체의 아름다움에 대한 존경심을 예술과 종교로까지 승화시켰던 당대 신라인의 전형이다. 신라인의 미인·미남에 대한 관심은 각별했다. 원래 미모가 탁월한 여성을 화랑으로 삼았다가 이들이 서로 질투를 하자 남자로 바꾸었고, 그 후에도 용모가 빼어난 이를 화랑에 추대하였으며 사람들은 그를 숭앙하였다. 화랑도인 득오가 부산성에 갇혀 그토록 그리워한 것은 죽지랑의 김유신에 버금가는 무술과 용기가 아니라 아름다운 얼굴이었다.

이런 미감을 가진 신라인 가운데 하나인 노옹이기에 미인을 보고 이끌리는 것은 당연하고, 또 자연스러운 것이다. 그러기에 노옹은 자신

오대산 월정사 이야기

이 우러르는 존재가 원하는 꽃을 꺾어 노래를 부르며 바쳤던 것이다. 절벽 위 꽃을 원한 수로 부인은 자신이 미의 화신이기도 하지만 더 높은 미를 지향하는 인물이다. 소가 노동과 생활의 환유라면, 진달래꽃은 미의 은유다. 소를 놓고 꽃을 꺾음은 노동보다 미를 더 중요한 가치로 여김을 뜻한다. 시골의 촌로가 그리 할 정도로 신라인은 높은 탐미심을 가졌다. 그것이 바탕이 되어 미의 극치인 석굴암과 미륵반가상, 남산의 불상들을 빚어낸 것이다.

'꽃을 바치오리다'라는 말을 '나는 당신을 존경합니다'가 아니라 '나는 당신을 사랑합니다'로 해독할 경우 「헌화가」의 의미는 '신분과 처지를 떠나 승화된 지고한 사랑'이다. 시골에서는 감히 쳐다볼 수도 없는 강릉 태수의 아름다운 부인을, 그것도 이미 노쇠한 늙은이가 사랑한다는 것은 불경이자 망령이다. 그러나 견우 노옹은 그런 벽을 넘어 꽃을 꺾어 바치고 연정이 듬뿍 담긴 노래를 부르면서 사랑하는 마음을 전한 것이다. 수로가 신분을 내세워, 노인의 늙고 추한 모습을 꺼려 이를 거부하였다면 역사는 이루어지지 않았다. 수로는 노인의 사랑을 기꺼이 받아들였다. 굳이 살을 섞어야 사랑의 완성인가? 둘은 그날 지극히 승화된 '플라토닉 러브'를 이룬 것이다.

진달래꽃보다도 더 환하게 빛나던 수로의 얼굴, 그 미소가 눈에 밟힌다네. 오래된 느티나무보다도 더 중후한 노옹의 얼굴에서 구르던 열여덟 살 소년의 미성이 귓가에 맴돈다오.

　그 모습 그 소리 가슴에 담고 다시 길을 재촉하는데 이틀이 지났나, 바닷가 정자에서 점심을 먹던 참에 홀연히 용 한 마리가 나타나 부인을 끌고 바다로 들어가 버렸다. 여기서 용의 납치사건은 무엇을 뜻하는가? 성덕왕은 왕권 강화와 화엄만다라 세계관에 의한 사회 통합에 노력한 왕이기에 화엄만다라의 성소인 오대산과 지금의 월정사와 상원암 등을 잘 지키고 관리하여 왕권 강화에 이바지할 적임자로 순정공을 택하여 강릉 태수로 파견한다. 왕이 친히 백관을 거느리고 행차할 정도로 관심이 깊은 곳이자 화엄만다라 시대의 성소인 오대산을 관할하는 강릉군의 수령인 태수이고, 또 그 당시로서는 상당한 양의 곡식과 기름을 매년 맡아 대는 직책을 수행해야 하는데 전혀 화엄만다라와 관계없는 이를 보내지는 않았을 것이다. 당시 지방 관리를 현령까지 중앙에서 임명했고 유학에 기초하여 관료화를 서두르던 때라는 것을 감안하면 이에 관심 깊고 여러 모로 충실히 수행할 만한 관리를 파견하였으리라. 『삼국유사』에서 사람에게 해를 끼치는 용은 불교에 귀의하지 않은 재래 신앙 세력을 상징한다. 즉, 용은 바닷가에 살면서 아직 불교를 받아들이지 않은 채 풍어와 무사고를 용신에게 빌며 용을 믿던 세력을 뜻한다. 이들은 순정공으로 대표되는 중앙의 불교세력에 대하여 저항하고 이 과정에서 순정공의 부인인 수로 부인을 납치하는 것이다.

　순정공 혼절하여 바다를 치고 땅을 치나 바다는 아무 일도 없는 듯 그렇게 잠잠했는데, 아무런 방도가 서질 않아 순정공 망연자실하고 있는데 또 한 노인이 나타났다.

오대산 월정사 이야기

"옛사람의 말에 '여러 사람의 입은 쇠도 녹인다' 하였으니 지금 바다 짐승이 어찌 여러 사람의 입을 두려워하지 않겠습니까? 당장 이 경내의 백성을 불러서 노래를 부르며 몽둥이로 언덕을 두드리면 부인을 볼 수 있을 것입니다."

여기서 노인이 나타나고 경내의 백성이 순정공을 도와 노래를 불렀음은 이들이 중앙의 불교에 귀의했음을 의미한다. 어느 날 오대산 인근의 바닷가의 마을에서 순정공을 중심으로 한 중앙의 불교세력과 용으로 상징되는 용 신앙을 믿는 세력이 갈등을 빚게 되고 용 신앙을 믿는 세력이 그 과정에서 수로 부인을 납치한다. 이에 이미 순정공의 세력에 포섭된 마을사람들은 순정공을 도와 용 신앙을 믿는 세력을 여론으로 압박한다. 그들은 옛날 가야 시대에 수로왕을 맞으며 부른 노래에 자신들의 뜻을 담아 패러디한 「해가(海歌)」를 부르며 몽둥이로 언덕을 두드렸다. 몽둥이로 언덕을 두드림은 일종의 농성이다. 마을사람들 상당수가 순정공의 편에 서서 용 신앙을 믿는 세력을 압박한 것이다.

거북아, 거북아! 수로 부인 내 놓아라.
남의 부녀 약탈한 죄 얼마나 크다 할까?
네가 만일 거스르고 아니 내다 바치면
그물로 잡아내어 구워 먹으리.

한 번 부르고 다시 또 불렀네만 파도만 일렁일 뿐. 또 한 번 고래고래 노래 불렀더니, 몽둥이로 바다를 탕탕탕탕 때렸더니, 갑자기 소용돌이 일며 용 신앙을 믿는 세력의 수장, 곧 마을의 촌주가 부인을 모시고 나와 사죄하며 공에게 바치었다. 중앙에서 파견한 세력과 마을 사람들이 위와 아래에서 압력을 가하니 토착세력 또한 어찌할 수 없었을 것이다. 순정공은 걱정이 되어 달려가서 수로를 맞았다. 납치되었던 사람답지 않게 수로 부인의 얼굴은 깨끗하고 미소마저 감돌았다. 옷에서는 공이 미처 맡아보지 못한, 이 세상의 것이 아닌 듯한 신비한 향기가 났다.

"많이 걱정하였소, 부인! 그동안 무슨 일이 있었던 것은 아니었던가요?"

"칠보 궁전에 음식이 달고 부드러우며 향기가 있고 깨끗하여 이 세상에서 요리한 음식이 아니었더이다."

이것을 어떻게 해석할까. 화엄만다라 세계관에 따라 변용한 것이라면, 재래신앙 세력의 거주처를 신비화한 데서 빚어진 발언이다. 하지만, 실제 역사 현장에서 이런 말을 하였다면, 여러 경우의 수를 생각할 수 있다. 촌주가 중앙 귀족의 위력을 두려워했거나 수로 부인의 용모에 반하여 부인을 잘 접대한 것일 수 있다. 수로 부인이 남편이 걱정할까 보아 거짓말한 것일 수 있다. 아니면, 수로 부인이 촌주에게 살짝 마음을 내준 탓일 수도 있다. 어느 것이 맞는 지 알 수가 없다.

오대산 월정사 이야기

소 끄는 노인은
오대산 문수보살의 화신

「헌화가」는 사랑 노래요, 미의 노래다. 그러나 항상 그랬을까? 「헌화가」는 이 사건 이후에도 수백 년 간 신라 대중들에게 유행하였는데 몇몇 신라 사람들은 다르게 해석하지 않았을까? '수로 부인'조의 설화를 만든 신라인의 속내는 정녕 무엇이었을까?

수로 부인과 노인 사이에 있었던 실제 현실은 구전되면서 설화로 변용한다. 설화로 변용될 때 중요한 것은 설화 담당층의 세계관이다. 설화 담당층들은 세계관에 따라 세계를 다시 해석한다. 또 세계관에 따라 가치관의 준거를 만들어 이에 부합되는 이야기는 확대시키고 그렇지 않은 것은 축소시키거나 삭제한다. 즉, 세계관에 따라 담론을 재구성한다.

화엄만다라의 세계관을 지향한 당대 신라인들은 이에 맞추어 역사적 사실을 변용시킨다. 이때 중요한 것은 종교적 심성이다. 세계관 안에서 종교와 이데올로기 등이 작용하는데 종교적 심성이 강할 경우, 현실은 성스러운 세계와 속된 세계로 이분화한다. 성의 공간과 속의 공간, 신과 인간, 천상계와 지상계, 이상세계와 현실로 구분된다. 이에 따라 '높은 절벽'은 성의 공간이 되어 '사람이 발붙일 수 없는 천길 절벽'으로 과장된다.

그럼 '견우 노옹'은? 그는 화엄만다라의 보살로 변한다. 신라인은 소를 문수보살이나 보현보살, 관세음보살의 화신으로 보았다. 문수보살이 오대산 진여원에 이르러 36종의 형상으로 변하는 데 그 하나가 소이다. 즉, 문수보살이 소로 화불(化佛)한다는 말이다. 이는 '사복이 말하지 않다' 조에서도 마찬가지다. 사복을 연화장으로 이끈 암소는 문수보살이나 보현보살의 화불이다. '노비 욱면이 염불하여 왕생하다' 조에서는 소가 관세음보살의 화불로 나타난다. 화엄에서 비로자나불을 옆에서 모시다가 중생을 화엄법계로 이끄는 이가 바로 문수보살과 보현보살이다. 관세음보살 또한 화엄만다라에서 동대인 만월봉에 상주하는 부처다. 오대산은 문수보살의 성지이니, 그 중에서도 문수보살이 소 끄는 노인으로 변하여 성지를 지키러 오는 이의 아름다운 부인에게 나타난 것이리라.

꽃 '花'자는 『삼국유사』 중 85곳에 나온다. 고유명사로 쓰인 것을 제하고 이를 분류하면 꽃의 의미는 씨와 열매를 맺기 위한 식물의 기관, 공양(供養), 천화(天花), 미(美) 등 크게 네 가지의 의미로 쓰였음을 알 수 있다. 여기에서는 천화의 뜻으로 쓰였다. '아도가 신라에 절터를 잡다(阿道基羅)' 조에서 아도가 흥륜사에서 강독할 때 하늘꽃이 떨어지듯, 천화란 부처가 불법을 수행한 인간에게 내리는 축복이다. 문수보살, 견우 노옹이 성스러운 공간인 사람이 감히 오를 수 없는 절벽에서 꽃을 꺾어 화엄만다라의 성소인 오대산과 진여원을 지키러 가는 순정공의 아름다운 부인을 축복하는 것이다. 더구나 화엄에서의 꽃이란 화엄의 높은 이상이 응축된 소우주이며 화엄을 이루고자 하는 보살의 만행(萬行)이다. 화엄이라는 말 자체가, 아름다운 꽃으로 옥대를 장식하는 것과 같이, 보살이 만행으로 부처님의 세계를 엄숙하게 장식함을 뜻한다. 보살이 꽃을 바침에 따라 수로는 축복을 받고 화엄의 이상을 구현하는 것이다.

'붉은 바윗가'는 수로 부인과 시종, 수로 부인과 절벽 사이에 대립이 존재하는 비천한 세계, 즉 현실이다. 소를 잡고 있는 행위는 이 대립을 유지하는 행위이자 현실에 집착하는 것이다. '나를 아니 부끄러워하신다면'은 이에서 벗어나지 않겠느냐는 요구이자 조건이다. 그러나 천화로 꽃을 바치고 이를 받음으로써 수로와 절벽, 수로와 노옹 사이에 존재했던 모든 대립은 사라진다. 사람이 오를 수 없는 성스런 공간인 바위 절벽이, 그곳의 꽃이 여기 이곳에 내려져 인간의 손에 안겨짐으로 해서 수로와 시종들이 있는 이곳 지상계와 하나가 된다. 신분과 처지, 혹은 중생과 부처로 대립되었던 수로와 노옹과의 관계도 꽃을 주고받으면서 하나로 어우러진다. 꽃을 통하여 공간과 인물 사이의 대립을 원융(圓融)하여 미의 총화와 화엄의 높은 이상이 빛나는 저 높은 깨달음의 세계, 모든 대립과 갈등이 없어진 원융의 세계로 지향하는 것이다.

그렇게 신라인들은 모든 대립과 갈등을 하나로 아울러 만다라를 이루고자 하였다. 지금 여기에서 현실과 이상, 예토와 정토를 하나로 아우르고자 하였다. 언어기호와 이성으로 다다를 수 없는 여래장의 세계를 들여다보고자 하였고 이를 높은 예술로, 종교로 표현하였다. 이런 미의식을 가졌기에 신라인들은 쉬우면서도 새길수록 삶의 깊이가 절절한 향가를, 진리의 원음(圓音)을 내는 신종(神鐘), 봉덕사종을 만들었던 것이다.

【 참고문헌 】

이도흠, 「〈헌화가〉의 문화사회학적 시학」, 『한양어문연구』 제10집, 한양대 한양어문연구회, 1992
이도흠, 『신라인의 마음으로 삼국유사를 읽는다』, 푸른역사, 2000
조영태, 「〈삼국유사〉 수로부인 설화의 신화적 성층과 역사적 실재」, 『고전문학연구』 권16, 고전문학회, 1999

구정 선사, 솥을 아홉 번이나 바꾸어 걸다

낭혜 무염 선사(朗慧無染, 801~888). 교와 선에 모두 통달한 이로 한국 선맥의 태두 중 하나가 된 이. 그는 태종 무열왕의 8대손으로 821년(헌덕왕 13년)에 당나라로 가서 성남산(城南山) 지상사(至相寺)의 화엄강석(華嚴講席)에 참여하였고, 불광사(佛光寺)의 여만(如滿)을 찾아가 선법(禪法)을 배우고, 마곡산(麻谷山) 보철(寶徹)에게서 법맥(法脈)을 이어받았다. 그 후 20여 년 동안 '동방의 대보살'이라 불릴 정도로 당나라의 이곳저곳을 다니면서 보살행을 실천하다가 845년(문성왕 7년)에 귀국하였다. 지금의 총리에 해당하는 시중(侍中)을 지내던 김양(金陽)과 김흔(金昕)의 지원을 받아 충남 보령에 성주사를 개창하였다. 이후 성주사는 신라 말에서 고려 초에 이르기까지 한국 불교의 선맥을 주도하였다.

비단 행상이 무염 선사를 따라
스님이 되다

무염 선사가 월정사의 동대 관음암에 주석할 때 일이다. 무염 선사가 누더기 가사를 입고 길섶에서 가만히 서 있는데 저 멀리 한 사람이 다가왔다. 그는 비단 행상을 하여 홀어머니를 모시는 효성이 지극한 청년이었다. 그는 강원도 오대산 고갯길을 힘들게 넘어가다가 잠시 쉬고 갈 요량으로 등짐을 내려놓았다.

"아이고! 힘들어라. 여기 널찍한 바위가 있으니 좀 쉬어야겠다."

무염 선사가 주석하셨던 동대 관음암 ©이도흠

오대산 월정사 이야기

청년은 등짐을 내려놓고 흐르는 땀을 닦았다. 잠시 쉰 후 여유가 생겨 주변을 돌아보니, 행색이 남루한 노스님이 보였다. 무염 선사였다. 무염 선사는 누더기 옷을 입은 채 길섶에서 꼼짝도 하지 않고 가만히 있었다. 그 자태에 의문이 들어 청년은 조심스레 스님에게 여쭈었다.

"스님, 지금 길섶에 앉아 무엇을 하고 계신지요?"

무엇인가에 몰두하고 있던 스님은 갑자기 정적을 깨는 소리에 놀라 소리가 나는 쪽을 쳐다보고는 대답했다.

"젊은이, 나는 지금 중생들에게 공양을 베풀고 있는 중이네."

"네? 공양이라구요. 제가 보기에는 가만히 앉아 계시는 것 같은데요."

스님은 자비로운 얼굴에 미소를 띠며 다시 입을 열었다.

"지금 누더기 옷 속에 있는 이와 벼룩에게 신선한 피를 먹이고 있는데, 겉모양만 보는 자네는 알 길이 없겠지."

"스님, 그런데 왜 꼼짝도 않고 그렇게 좌정해 계시는 것이지요?"

"이 사람아, 내가 움직이면 이와 벼룩이 피를 먹는데 힘들 것이 아닌가. 그러니 이렇게 움직이지 않고서 이와 벼룩이 배를 채울 때까지 기다리고 있는 중이야."

청년은 스님의 말에 큰 감화를 받았다.

"아! 벼룩과 이에게도 저리 자비를 베풀며 사는 이가 있는데, 나는 오로지 나와 어머니만을 위해서만 살아온 것이 아닌가. 나도 저 스님처럼 수행을 하며 살아간다면 얼마나 좋을까?"

하지만 청년의 이런 생각도 잠시뿐이었다. 집에 계신 어머니를 생각하면 감히 출가는 꿈도 못 꿀 일이었다. 그렇지만 청년의 몸과 마음은 어느새 노스님을 따라 가고 있었다. 노스님이 일어나 훠이훠이 걸어가자 자신도 모르게 그를 따라갔다.

물을 건너고 산을 넘어 스님의 뒤를 따라가자 마침내 도착한 곳이 월정사 산내 암자인 동대 관음암이었다. 청년이 따라오고 있는 것을 알고도 모른 척하였던 무염 선사는 암자에 도착하자마자 뒤를 돌아보며 소리를 내질렀다.

"그대는 왜 내 뒤를 따라오는가?"

깜짝 놀란 청년은 자신의 생각을 또박또박 이야기했다.

"스님! 소인은 비단을 사서 여기저기 돌아다니며 팔아서 생계를 연명하고 노모를 봉양하는 장사치에 지나지 않습니다. 그러다가 미물에까지 자비심을 베푸시는 스님을 뵙고 깨달은 바가 있어 저도 평생 스님 곁에서 스님처럼 수행하며 살고 싶으니 부디 저를 거절하지 마시고 받아 주시기 바랍니다."

무염 선사는 빙그레 미소를 지으며 말했다.

"이 길이 쉬운 길은 아니니라. 내가 시키는 것이면 무엇이든지 다 할 자신이 있겠는가? 그렇다면 몰라도 그렇지 않다면 아예 엄두조차 내지 말거라."

청년은 자신 있게 대답했다.

"속세와 인연을 끊기로 한 사람이 무엇인들 못하겠습니까? 스님이

오대산 월정사 이야기

시키시는 일은 무엇이든지 하겠으니 분부만 내려 주십시오.”

“그럼, 네 어머니와 작별할 수 있겠느냐?”

어머니라는 낱말을 듣자 청년은 얼굴이 굳어졌다.

“스님, 그럼 며칠 말미만 주십시오. 어머니께 인사를 드리고 오겠습니다.”

청년은 그 길로 바로 집으로 달려가서 어머니를 뵙고 자초지종을 이야기했다. 그러면서 어머니께서 임종을 한 이후에 출가하겠다는 말도 덧붙였다. 그러자 그의 어머니는 단호하게 말하였다.

“아들이 이제야 큰 깨달음에 이르러 장사를 그만두고 큰일을 한다는데, 그 길을 막는다면 어찌 어미라 할 수 있겠느냐?”

청년이 눈물을 흘리며 지체하자 어머니는 짐을 싸 주며 아까보다 더 단호한 표정으로 말하였다.

“네가 나를 위해서 출가를 하지 못한다면, 나를 지옥에 떨어지게 하는 것이다. 비록 생전에 비단을 팔아 지극한 효성으로 봉양하더라도 그것이 극락왕생을 하는 것만 같겠느냐? 어찌 너는 작은 일로 큰 효도를 거부하느냐? 내가 아직 몸이 성하여 의식을 해결할 수 있을 것이니, 네가 진정 어미에게 효도를 하고자 한다면, 한시라도 빨리 출가를 하거라.”

청년은 어머니께 큰절을 하고서 무염 선사가 있는 관음암으로 향하였다. 자초지종을 짐작한 무염 선사는 청년을 행자로 받아들였다.

무염이 구정에게 솥을 아홉 번이나
바꾸어 걸게 하다

날이 밝자 무염 선사는 청년에게 가마솥을 거는 일을 시켰다.

"행자야, 오늘 안으로 저기 부엌 가마솥을 바깥마당으로 옮겨서 걸도록 해라. 시간에 늦지 않도록 해야 하느니라."

행자는 돌을 쌓고 진흙을 퍼서 발라 새로운 아궁이를 만들었다. 아궁이의 진흙이 마르기를 기다리며 부엌의 부뚜막을 허물고 솥을 꺼내었다. 아궁이의 진흙이 마르자마자 굴대를 만들어 가마솥을 옮겼다. 간신히 들어 아궁이 위에 걸었다. 비지땀을 쓱 훔치며 서산을 바라보니 해가 뉘엿뉘엿 넘어갔다. 온몸이 쑤셔댔다. 행자는 무염 선사를 찾아가서 말하였다.

"스님, 어제 시키신 일을 오늘 다 마무리하였습니다."

"어디 보자. 으음, 잘 했구나. 잘 걸긴 걸었다만 이 아궁이에는 이 솥이 어울리지 않는구나. 다시 옮겨야겠다. 그럼 내일은 이 솥을 다시 안으로 옮겨다 놓도록 해라. 시간이 늦

솥을 아홉 번이나 바꾸어 걸었던 구정 (九鼎) 선사. 그래서 법명이 구정(九鼎)이다.

오대산 월정사 이야기

지 않도록 말이다."

다음날 행자는 불평 한마디도 하지 않고 어제 하던 일을 거꾸로 하였다. 한 번 해 본 일이라 어제보다 쉬웠지만, 팔다리를 움직일 때마다 통증으로 고통스러웠다. 겨우 솥을 옮겨 놓자 노스님이 갑자기 나타나서 나무라기 시작했다.

"아니! 일을 어떻게 하는 거냐? 이걸 솥이라고 걸어 놓았느냐? 한쪽으로 기울어도 한참은 기울었구나. 다시 걸어라."

노스님은 짚고 있던 지팡이로 솥을 밀어 넘어뜨려 버렸다.

"이상하다. 아무리 보아도 기울어진 데가 없는데, 우리 노스님께서 왜 저러시지? 어쨌거나 스님이 시키시는 일이니까 다시 해야지."

청년은 다시 솥을 옮겼다. 청년 행자는 이런 식으로 솥을 옮기고 거는 일을 아홉 번이나 반복했다. 무염 선사는 행자의 인욕심을 시험했던 것이다. 한 마디 불평 없이 아홉 차례나 솥을 바꾸어 걸자 무염 선사는 그를 제자로 삼기로 작정하고 말하였다.

"그래, 그동안 나는 너의 인내심이 어느 정도인지를 시험해 보았느니라. 오늘 너에게 새로운 이름을 주겠다. 너는 그동안 아홉 번의 솥을 옮긴 고로 법명을 '구정(九鼎)'이라 지었으니 잘 간직하도록 하여라."

법명을 받은 구정 행자는 뛸 듯이 기뻤다. 무엇보다도 이 일을 고향에 계신 어머님께 알려 드려야겠다고 하고 노스님께 말했다.

"고향에 계신 노모를 만나고 오겠습니다."

구정 행자는 고향으로 달려가 어머니를 찾아뵙고 인사를 올렸다.

어머니는 기뻐하며 말하였다.

"잘 오시었습니다, 구정 스님! 전에 말씀 드린 대로 이 어미 걱정을 하지 마시고 부디 만 중생을 제도하시는 큰스님이 되어 주세요."

구정 행자는 눈물을 흘리며 말하였다.

"어머니, 소자 열심히 정진해 만인에게 존경받는 수행자가 되어 널리 부처님 가르침을 전하겠습니다."

수행처로 돌아온 구정 행자는 정식으로 계를 받아 구정 스님이 되었다.

짚신을 이고 다니다가
확철대오하다

관음암 위로 두리둥실 보름달이 맑게 떠오른 날, 구정 스님은 무염 선사에게 물었다.

"스승님, 부처란 무엇인가요?"

무염 선사는 "즉심시불(卽心是佛)"이라는 글을 써서 주고는 글을 모르는 제자를 배려하여 "즉심이 곧 부처다"라고 읽어주었다. 글을 모르는 구정 스님은 이를 "짚신이 곧 부처다"라고 들었다. 그날부터 구정 스님은 짚신을 머리에 이고 다니면서 오나 가나, 앉으나 서나, 일을 할 때에도, 수행을 할 때에도 "이 짚신이 어째서 부처인고?"라는 생각만 하였다. 어느 날 하루, 오대산으로 올라가서 나무를 하여 한 짐을 지게에 받쳐 놓았다. 능선 위로 해를 보니 아직 해가 지려면 멀었다. 구정 스님은 짚신을 벗어서 그를 부처님인 양 바위 위에 소중히 모시고는 수행에 들었다. 깊은 삼매에 들어 자신도 모르게 "짚신아, 네가 어찌 하여 부처란 말이냐?"라고 소리쳤다. 그 순간 짚신의 끈이 툭 하고 끊 어졌다. 그 소리를 들으며 구정 스님은 확철대오하였다.

훗날 구정 스님은 수행자로 큰 명성을 얻게 되었다. 사람들은 그를 '인욕보살'로 부르며 사찰 벽화에 즐겨 그렸다.

【 참고문헌 】

조범환, 「朗慧無染의 聖住寺 創建」, 『한국고대사연구』 제14집, 한국고대사학회 1998
한상길, 『월정사』, 대한불교진흥원, 2009

문수동자가 세조의 등을 밀어주다

월정사에서 길을 따라 오르면 상원사다. 상원사 앞 주차장에서 상원사를 향해 오르려 하면 세조가 목욕을 하려고 의관을 벗어놓았던 자리라 하여 '갓걸이', 혹은 '관대걸이'라 부르는 곳이 있다. 이 터에도 기억들이 전설의 형태로 쌓여 있다.

문수동자가 세조의 등을 밀어주고
종기를 낫게 하다

조카인 단종을 죽이고 왕위를 찬탈한 세조는 1457년 가을 어느 날 잠을 이루지 못하다가 설핏 잠이 들었다. 단종의 어머니인 문종비 현덕왕후가 꿈속에 나타났다. 세조에게는 형수인 현덕왕후는 세조를 향하여 눈을 부릅뜨고 소리쳤다.

세조대왕이 목욕을 하기 위하여 관(冠)과 띠를 벗어서 걸었다고 하는 관대(冠帶)걸이와 비석.

"네 이놈! 권력이 그리 좋다더냐? 어찌 어린 조카를 내치는 것으로도 모자라 사약을 내려 죽게 했단 말이냐? 인륜을 저버린 악독하기 그지없는 놈!"

말을 마친 현덕왕후는 세조를 향해 침을 뱉었다.

"에이, 퉤!"

놀라서 일어나니 현덕왕후가 침을 뱉은 자리에 종기가 돋았다. 날이 갈수록 종기는 온몸으로 퍼져나갔다. 갖가지 명약을 먹고 어의들이 백방으로 손을 써보았지만 도시 차도가 없었다. 예로부터 약수나 온천욕을 한 후 피부병이 나은 예가 많았기에 세조는 좋은 약수와 온천을 찾아다녔다. 금강산으로 갔다가 효험이 없어 오대산을 찾았다.

상원사에 머무를 때였다. 법당에 들어가려는데 절에서 기르는 고양이가 세조의 곤룡포 자락을 물고 늘어지는 것이 아닌가.

"어허, 미물이 이 무슨 해괴한 짓이더냐? 어서 옷자락을 놓거라."

부처님 앞에서 큰소리를 칠 수 없어 조용한 목소리로 달래었으나 고양이는 옷자락을 놓지 않았다. 그러던 사이에 맞은편 법당문의 주렴을 젖히고 두 사람이 바람처럼 빠져나갔다. 이들은 왕위를 찬탈한 세조에게 비수를 꽂으려고 기다리고 있던 자객들이었다. 세조는 이에 사례하는 뜻으로 동산리와 간평리 일대의 대지를 고양이 양식으로 쓸 농사를 지을 수 있도록 헌사했다고 한다.

어느 날 세조는 상원암으로 향하다가 날씨가 더워 오대천에서 몰래 땀을 씻고 부처님을 뵙고자 하였다. 종기 범벅인 몸을 남에게 보이고 싶지 않았던 세조는 주위를 물린 채 혼자 계곡 물에 몸을 담그고 목욕을 하였다. 그때 숲속에서 동자승이 나타났다. 세조는 그에게 이미 몸을 보인 터라 등을 밀어 달라고 하였다. 동자승은 종기를 아랑곳하지 않은 채 등을 밀었다. 시원하였다. 등을 다 밀자 세조는 고맙다는 말과 함께 단단히 부탁하였다.

"등을 시원하게 밀어주어 고맙다마는, 어디 가서든 임금의 옥체를 보고 또 만졌다고 말하지 말라."

"대왕도 어디 가서 문수보살이 등을 밀어 주었다고 말하지 마시오."

이렇게 응수한 동자는 홀연히 어디론가 사라져 버리고 말았다. 왕은 놀라 주위를 살피다가 자신의 몸을 보니 종기가 씻은 듯이 다 나은 것

오대산 월정사 이야기

세조대왕의 등을 밀어주어서
종기를 고치게 했다는 문수동자.
이 문수동자상은 국보 221호로
상원사에 모셔져 있다.

이 아닌가. 그제서야 왕은 그 동자승이 보통 사람이 아니라는 생각이
들었다. 왕은 크게 감격하여 환궁하자마자 화공을 불러 자신이 본 동자
를 그리게 하였다. 모두들 그리지 못하는데 어느 노인이 나타나 동자상
을 그리고는 홀연히 사라졌다. 세조는 그가 바로 문수보살이라는 예감
이 들었다. 이를 목각상으로 만들어 상원사에 봉안토록 하였다.

왕자 때부터 불교에 관심이 많던 세조는 불심에 감동하여 깊이 참회
하고 불법의 외호자가 된다. 세조는 경상감사에게 명하여 쌀 5백석을
강릉부로 가져오고 공사비로 비단 1천 필을 충당하여 상원사를 중창하
였으며, 더 나아가 수많은 절을 짓고 불경을 비롯하여 『석보상절』 등
불교서적을 펴내게 하였다. 그는 성리학을 국가 이념으로 하는 관료들
과 사대부들의 반대에도 불구하고 궁궐 안에 내불당을 크게 일으키고,
원각사와 신륵사, 수종사, 보광사, 용문사, 해인사 등의 사찰을 지원

제1장＿오대산 월정사, 화엄의 으뜸 도량

하였다. 『조선왕조실록』에도, 세조 8년(1462)에 "임금이 상원사(上元寺)에 거동할 때에 관음보살이 현상(現相)하는 이상한 일이 있었기 때문에 백관들이 전(箋)을 올려 진하(陳賀)하고, 교서(敎書)를 내려 모반(謀叛) 대역(大逆) 모반(謀反), 자손이 조부모와 부모를 모살(謀殺)하거나 구매(毆罵)한 것, 처첩(妻妾)이 남편을 모살한 것, 노비가 주인을 모살한 것, 고의로 사람을 모살한 것, 다만 군령(軍令)과 강도(强盜)를 범한 외에는 죄를 용서하도록 하였으며," 왕 11년(1465)에는 "중 신미(信眉)가 강원도 오대산(五臺山)에 상원사를 구축(構築)하려 하니, 승정원(承政院)에 명하여, 경상도 관찰사에 치서(馳書)하여 정철(正鐵) 1만 5천 근(斤), 중미(中米) 5백 석을 주고, 또 제용감(濟用監)에 명하여 면포(綿布) 2백 필(匹), 정포(正布) 2백 필을 주게 하고, 내수소(內需所)는 면포(綿布) 3백 필, 정포 3백 필을 주게 하였다."라 기록하고 있다.

효소왕 대에 부처님이 거지의 모습으로 잔치에 나타나다

이 이야기는 『삼국유사』의 「진신 석가가 공양을 받다」조 및 『장아함경』의 「사문과경」 편의 아사세왕 설화와 유사하다.

효소왕은 재위한 지 8년인 699년 친히 납시어 망덕사의 낙성연을 성대히 열었다. 효소왕이 막 부처님께 공양을 올리려는데 어떤 비구가 남루한 옷을 입고 나타나서는 뜰에 서서 간곡한 어조로 청하는 것이었다.

"대왕마마! 미천한 저도 이 재에 참여하기 바라옵니다."

미천한 이를 성스러운 자리에 참석시키는 것도, 단지 미천하다는 이유로 부처님의 자비심을 베풀지는 못할망정, 내쫓는 것도 옳지 않은 듯 싶어 왕은 잠시 생각을 하다가 "저 자리 끝에 앉으라"라며 허락하였다.

그렇게 재가 끝나고 파할 때에 왕은 조롱의 빛을 담고 "어디서 사는가?"라고 물었다. 그러자 스님은 "비파암입니다"라고 대답하였다.

왕은 조소의 웃음을 띠고 "돌아가는 길에 사람들을 만나거든 '국왕이 친히 올리는 재에 갔더라'라고 말하지 말라"라고 하였다. 스님은 빙그레 웃으며 "'폐하께서도 역시 남에게 진신석가를 공양했다'라고 말씀하지 마십시오" 하고는 공중으로 솟아 남쪽으로 날아서 가버렸다.

왕은 깜짝 놀랐다 정신을 차리고는 서둘러 동쪽 산으로 달려갔다. 한참을 따라가다가 사라진 방향을 멀리 보며 예배하였다. 그러고는 주위에 있던 신하 가운데 몇몇을 사자로 보내 더 따라가게 하였다. 스님은 반월성 동쪽에 있는 남산 삼성골 방향으로 날아갔다. 사자들은 허겁지겁 그 뒤를 따랐다. 지금의 비파마을 비파골에 있는 비파암에 이르러 스님은 바위 위에 지팡이와 발우만 남긴 채 사라졌다.

사자가 와서 그대로 아뢰었다. 왕은 석가모니를 알아보지 못한 것을 애통해 하며 참회의 마음으로 석가모니의 분신이라 할 지팡이와 발우가 있었던 비파암 아래에 석가사(釋迦寺)를, 석가모니의 그림자가 사라지던 곳에는 불무사(佛無寺)를 세웠다.

아사세왕, 부처님 친견 후 종기를 치료하고
불법의 외호자가 되다

『장아함경』의 「사문과경」 편의 아사세왕 설화는 시공간을 건너뛰어 다시 조선 땅에 재현되었다고 생각될 정도로 세조와 동자승에 얽힌 전설과 더욱 유사성을 갖는다. 『관무량수경』은 전체 내용이 아사세왕과 어머니 위제희〔韋提希〕에 관한 이야기다.

중인도 마갈타국의 빈비사라왕은 나이 마흔이 넘도록 아들이 없었다. 유명한 관상쟁이를 불러 그 까닭을 물었다.

"대왕마마, 걱정을 하지 마십시오. 저기 비부라 산에서 수도하고 있는 선인이 있는데 그가 죽으면 대왕의 아들로 다시 태어날 것이니 그때까지만 기다리십시오."

며칠 기다렸지만, 태기가 없었다. 마흔이 넘은 왕은 하루가 갈수록 조바심이 났다. 왕은 어느 날 흰 눈이 덮인 비부라 산을 찾았다. 찬바람이 단단하게 언 볼을 때렸다. 여기저기 수소문하며 돌아다닌 끝에 절벽 아래 동굴을 찾았다. 동굴에 들어가니 수염과 머리를 땅까지 늘어뜨린 선인이 수도를 하고 있었다. 왕은 그에게 간청하였다.

"선인이여, 그대는 이제 살 만큼 살지 않았는가? 이리 추운 곳에서 고생을 하시느니, 이 고생을 멈추고 좋은 곳에 다시 태어남이 더 좋은 길이 아닌가요?"

왕은 선인에게 자살을 권하였던 것이다. 선인은 대답하였다.

"대왕이시여, 제가 도를 깨우치고자 이리 고행을 마다하지 않고 있는 터, 이제 3년만 지나면 도를 터득할 터이니 더도 덜도 말고 3년만 기다려 주시기 바라나이다."

왕은 궁으로 돌아와 고민하였다. 며칠이 지나지 않아 왕은 가장 충직한 신하를 불렀다.

"자네, 비부라 산의 동굴로 가서 선인을 몰래 죽이고 오게나."

신하가 떠나고서 며칠이 지나지 않아 왕비는 회임을 하였고 한 아이를 낳았다. 당시 풍습에 따라 관상쟁이를 불러 아이의 관상을 보았다.

"이 아기는 태어나기 전의 일로 인하여 원한을 품었으니 자란 뒤에는 부왕을 해칠 것입니다."

빈비사라왕은 그 말을 듣자 온몸에 소름이 끼쳤다. 자신의 아들이 자신이 죽인 선인의 원한을 품고 태어났다니! 두려움에 사로잡힌 왕은 아기를 높은 곳에서 떨어트렸다. 아기는 기이하게도 손가락만 부러진 채 다른 곳은 조금도 다치지 않았다. 시녀들이 몰래 길렀다. 얼마 뒤 소문을 듣고 아기를 찾은 왕은 하늘의 뜻이라 여겨 그냥 기르기로 하였다. 그런 결심을 알아챘는지 아기는 자신을 보고 방긋 웃었다. 늘그막에 얻은 아이가 예쁜 얼굴을 하고 웃으니 온몸이 녹아내리는 듯하였다. 왕은 아기를 죽이려던 자신을 뉘우쳤다. 아기의 재롱을 지켜보면서 정도 따라 들었다. 아기의 이름을 아사세라 하였다.

어느덧 아사세는 스무 살 청년이 되었다. 빈비사라왕은 그를 태자로 삼았다. 아사세는 덕치를 베푸는 부왕을 존경하면서도 마음속에서 왠지 모를 반발심이 싹트고 자라는 것 때문에 괴로워했다.

어느 날 새로운 교단을 세워 그 수장이 되려는 야심을 품고 있는 부처님의 제자, 데바닷타가 찾아왔다.

"태자마마, 저는 부처님을 죽이고 새 부처가 되고, 마마는 대왕을 죽이고 새로운 왕이 되어 이 세상을 새로운 세상으로 거듭나게 하지 않으시렵니까?"

아사세는 부왕에 대한 존경심이 가득하던 때라 그의 제안을 거절하였다. 데바닷타는 달랐다. 그는 부처님을 죽이고 자신이 그 자리를 차지하려는 시도를 여러 차례 하였다.

날이 맑은 날, 빈비사라왕은 부처님을 친견하고자 영축산으로 떠났다. 아사세는 호기심으로 왕궁의 한 지하 감옥을 찾았다. 빈비사라왕의 덕치로 죄를 짓는 자가 없어 감옥은 텅 비었다. 그냥 나오려는데 저 멀리 온통 어두컴컴한 곳에서 쇠사슬을 끄는 소리가 들려왔다. 옥졸에게 물었다.

"저 소리가 무슨 소리냐?"

"예, 지하 제일 깊은 감옥에 갇혀 있는 죄수의 쇠사슬 소리입니다."

"그 죄수가 누구이고, 어떤 중죄를 지었기에 가장 깊고 어두운 감옥에 갇혀 있단 말이냐?"

"소인도 전혀 모릅니다."

아사세는 그곳으로 내려갔다. 거기 짐승 같은 사람이 있었다. 온 몸에서 구린내가 진동을 하였고, 어느 것이 머리카락이고 어느 것이 수

오대산 월정사 이야기

염이고 어느 것이 털인지 구분을 할 수 없을 정도로 온몸이 털로 뒤덮였는데 눈만 반짝였다. 코를 막고 말을 붙여보았으나 무엇인가 말하려애는 쓰는데 소리는 입 밖으로 터져 나오지 않았다. 입을 벌리라고 해보니 혀가 반이 잘려나갔다. 종이와 붓을 가지고 와 글을 쓰라 하니, 바로 그는 빈비사라왕의 명을 받고 선인을 죽인 신하였다. 부왕이 온 백성의 칭송을 받는 성군인 줄 알았더니 이런 야비하고 잔혹한 일면이 있었다니! 아사세 마음 속에서 부왕에 대한 존경심이 일순간에 사라졌고 그 자리를 이제는 이유 있는 불만이 차지하였다. 그 순간 데바닷타의 말이 떠올랐다. 아사세는 충복을 부왕의 방에 대기시켜 놓았다가 아무런 무장을 하지 않은 부왕을 결속하여 지하 감옥에 집어넣었다. 그러고는 왕위에 올랐다.

아사세왕은 빈비사라왕에게 음식은 물론 물도 주지 못하도록 명령을 내리고, 개미 한 마리 주변에 얼씬거리지 못하게 하였다. 왕비만이 왕을 만날 수 있었다. 왕비 위제희는 매일 목욕을 한 후 몸에 꿀반죽을 붙인 후 포도주를 몸에 품고 가서 주었다.

아사세왕은 부왕이 굶어 죽었으리라 생각하고 감옥을 방문하였는데 부왕은 전혀 굶주린 사람의 얼굴이 아니었다. 아사세왕은 문지기에게 그 까닭을 물어 자초지종을 들었다. 그는 몹시 화를 내며 어머니를 죽이려 하였다. 월광이라는 신하와 시의(侍醫)인 기바(耆婆)가 간신히 설득하여 말렸다. 아사세왕은 왕비를 옥에 가두었다. 결국 왕이 죽고, 얼마 후 왕비도 죽었다.

이후 아사세왕은 점점 우울증에 빠지게 되고 신경이 극도로 쇠약해졌다. 또 온 몸에 종기가 생겨 사라지지 않았다. 왕의 시의이자 부처님의 주치의이기도 한 기바가 말했다.

"대왕의 병은 의술로 고칠 수 없습니다. 오직 부처님만이 낫게 해 주실 것입니다. 부처님께 귀의하시지요."

왕은 망설이다가 부처님께 귀의하기로 결심하고 영축산으로 갔다. 그는 부처님을 친견하자 참회의 눈물을 펑펑 흘렸다. 대자대비한 부처님은 부왕을 죽인 패륜아이건만 자광삼매로 비추었다. 이 빛이 아사세왕의 몸을 감싸자 순식간에 종기가 사라졌다.

이후 아사세왕은 교단의 외호자(外護者)가 된다. 그는 불전 제1결집의 산파 역할을 맡는다. 이에 부처님은 "아사세왕은 이제 스스로 참회하여 죄를 감함으로써 무거운 재앙에서 빠져 나왔다"라고 말씀하신다.

두 이야기는 반복되어 재현된 것이든 아니든, 시공을 뛰어넘어 업(業)의 진리가 왕에게도 예외가 없이 작용함을, 부처님은 가난한 이나 어린이의 모습을 하고 언제 어디서든 나투신다는 메시지를 전한다.

지금도 상원사에 가면 문수동자상이 있다. 옛날 상원사 화재 때에도 선객들이 이 동자상을 불길로부터 구해내는 데 온 힘을 쏟았다. 현재 상원사에는 당시의 문수동자 그림은 사라지고, 크기는 98센티미터이고 국보 제221호로 지정된 목조 문수동자상이 모셔져 있다. 문수동자상은 나무로 조성된 불상으로, 보관이 없는 머리는 양쪽으로 묶어 올리고 앞머리는 자연스럽게 내려 이마를 가렸으며 얼굴은 양 볼을 도톰하게 하

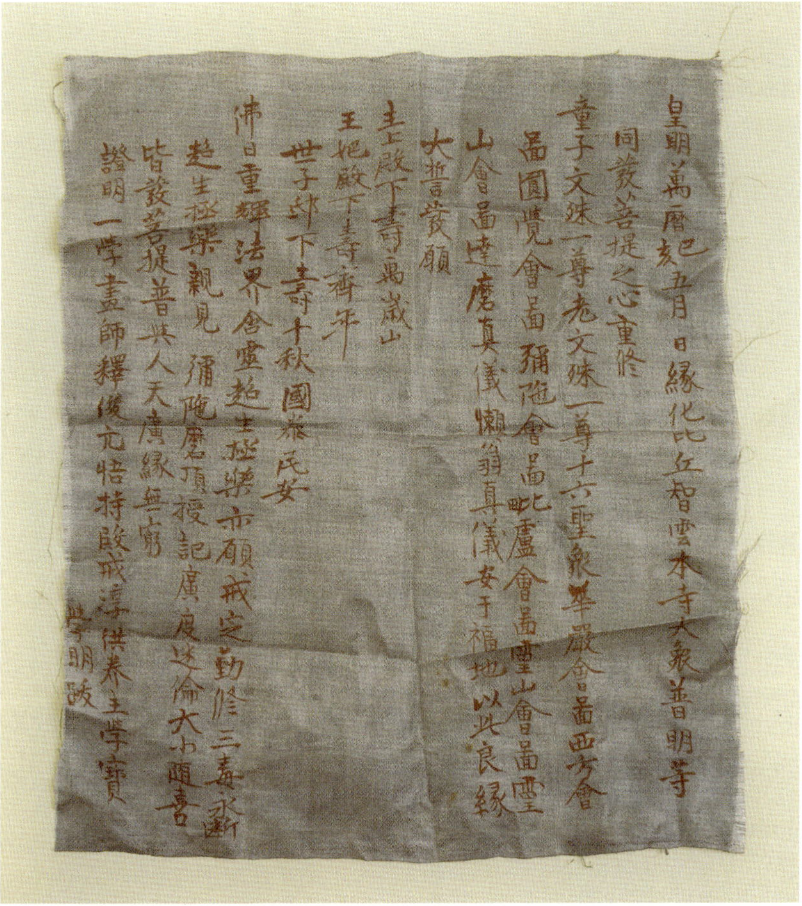

皇明萬曆己亥五月　日緣化比丘智雲本寺大眾普明等
同發菩提之心重修
童子文殊一尊老文殊一尊十六聖衆華嚴會圖西方會
圖圓覺會圖獮陁會圖毗盧會圖靈山會圖靈
山會圖達磨真儀懶翁真儀安于福地以此良緣
大誓發願
主上殿下壽萬歲山
王妃殿下壽齊年
世子邸下壽十秋國泰民安
佛日重輝法界含靈超生極樂亦願戒定勤修三毒永斷
超生極樂親見彌陁摩頂授記廣度送倫大小隨喜
皆發菩提普共人天廣緣無窮
證明一學畵師釋儂元悎特殿戒淳供養主學寶學明䟦

문수동자상 복장에서 나온 세조의
홑저고리와 의숙공주발원문.
사진 자료, 문화재청 제공

제1장＿오대산 월정사, 화엄의 으뜸 도량

여 천진하게 보이면서도 위엄이 있다. 전반적으로 얼굴 표정은 온화하고, 삼도가 그려진 가는 목에 걸린 영락(목걸이)은 화려하다. 통견이면서도 가슴의 반쯤 내놓고 흘러내린 천의의 곡선은 아름답고 옷주름이 독특하다. 오른손을 들어 엄지와 중지를 맞대고 왼손을 내려서 엄지와 약지를 맞댄 아미타구품인을 하고 있는 손모양은 날렵하면서도 맵시가 있다. 반가부좌를 하고 있는 다리가 이들을 안정감 있게 받치고 있다.

1984년 7월 문수동자상의 몸에서 세조의 딸인 의숙공주의 발원문을 비롯하여 23점의 복장유물이 쏟아져 나와 이 불상이 조선 세조 12년(1466)에 조성된 것이 확인되었으니 이 이야기를 전설로만 치부할 수는 없다. 복장 유물은 세조의 딸인 「의숙공주의 발원문」, 「문수상등중수발원문」, 「백지묵서진언집」, 두루마리 『대방광불화엄경』, 「오대진언」, 『묘법연화경』, 『대방광원각수다라요의경』, 『육경합부』, 명주적삼, 생명주적삼, 금동제 사리함, 사리, 수정구슬, 백색 수정 사리병, 세조의 어의를 싼 노랑색 명주 보자기 등이다. 이들 유물은 보물 제793호로 지정되었다.

【 참고문헌 】

『관무량수경(觀無量壽佛經)』
『조선왕조실록』
『세조실록』
이연숙, 『새아함경』, 인간사랑, 1992
이도흠, 「찬기파랑가의 새로운 語釋과 의미 해석」, 『文兼 全英雨 博士 華甲紀念 國語國文學論叢』, 1994
이도흠, 『신라인의 마음으로 삼국유사를 읽는다』, 푸른역사, 2000

제 2 장

월정사를 장엄하신 조사들

한 마디 말로 북대의 나한상을 옮긴
나옹 화상 혜근

나옹 화상 혜근(懶翁和尙 惠勤, 1320~1376), 그는 기울어 가는 국운과 더불어 불교마저 쇠퇴해가던 고려 말기에 선과 교를 회통시켜 불교 혁신과 중흥을 꾀하여 한국 불교의 법통인 조계종을 있게 한 위대한 선사이다. 그는 공민왕의 왕사로서 고려 말의 불교를 중흥시키고 태조 이성계의 멘토인 무학 대사의 스승으로서 조선 초기 불교의 기초를 다진 위대한 고승이다. 그는 오대산에 주석하면서 오대산 불교를 혁신하는 데도 크게 기여하였다.

나옹 화상, 무상의 의미를 알고자
출가하다

하늘의 별이 몹시도 아름답게 반짝이던 날, 금빛으로 찬란하게 빛

고려말의 대표적인 선승
나옹 화상

나는 매〔隼〕한 마리가 하늘 저 멀리서 정씨(鄭氏) 부인을 향하여 오더니 그녀의 가슴에 앉았다. 부리로 그녀의 머리를 쪼아대더니 알 하나를 품에 떨어뜨리고는 푸덕푸덕 다시 날갯짓을 하며 하늘 저 멀리로 날아가 사라졌다.

꿈이었다. 정씨 부인이 꿈을 꾼 지 며칠 후에 태기가 있었다. 그 이듬해(1320) 정월 십오일 보름달이 능선 위로 떠올라 온 삼라만상을 환하게 비추던 날에 아기가 태어났다. 하늘로부터 으뜸의 은혜를 받은 아이라 생각하여 원혜(元惠)라 하였다.

아버지는 고려 충숙왕 7년(1320)에 궁중의 음식을 관리하는 선관서

오대산 월정사 이야기

령(善官署令)을 지낸 아서구(牙瑞具)였다. 영해부, 오늘의 경북 영덕군 창수면 사람인 것으로 보면 나옹 화상은 영덕, 혹은 아버지가 벼슬을 살던 개경에서 태어났으리라. 아씨는 매우 찾아보기 힘든 희성이고, 그의 본관이나 계보는 알 수가 없다. 호는 나옹(懶翁)이었으며, 입적 시에 머문 강월헌(江月軒)으로 부르는 이도 있었다. 법명은 혜근(惠勤), 혹 혜근(彗勤)이라고도 쓴다. 왕사가 된 후 보제존자(普濟尊者)라는 존칭으로 불리기도 하였다.

나옹 화상은 어려서부터 보통 아이들보다 총명하였다. 무엇보다도 한 가지 일에 의심을 품으면 침식을 잊고 몰두하는 버릇이 있었다. 8세 때였다. 석가의 환생, 달마의 화신이라는 인도 출신의 승려인 지공 선사(指空禪師)가 원나라에서 고려로 왔다. 그의 말씀을 들으려고 구름 떼처럼 사람들이 몰려들었다. 민지(閔漬)의 『지공선요록(指空禪要錄』에 의하면, "성중의 사녀(士女)들이 모두 석존이 다시 출현하였다며 문전 성시를 이루었다. 왕족들과 공경대부, 선비들과 서민들, 그리고 일반 백성에 이르기까지 앞을 다투어 몰려들어 하루에 천 명, 만 명을 헤아렸다"고 한다.

그 수많은 사람 가운데 이제 겨우 여덟 살인 나옹 화상도 있었다. 그때 나옹 화상은 지공 선사로부터 세속 신도에게 내리는 보살계첩(菩薩戒牒)을 받았다. 이후 어린 나옹 화상은 출가할 뜻을 전하였으나 아서구와 어머니 정씨 모두 허락하지 않았다.

스무 살 때 절친했던 벗이 느닷없이 죽었다. 그 따스한 살과 그 온화한 미소, 그와 더불어 놀았던 기억들이 생생한데 영영 다시 만날 수 없는 곳으로 가버리다니! 무상감이 엄습하였다. 나옹 화상의 뇌리로 질문들이 떠오르고는 사라지지 않았다.

"인간은 왜 죽는 것일까? 죽음 뒤에는 과연 무엇이 있을까? 어찌하여 인간의 삶은 유한한 것인가?"

아버지를 비롯하여 주변 사람들에게 물어도 답을 들을 수 없었다. 그때 한 스님이 탁발을 왔다. 스님에게 물었다.

"죽음을 알지 못하면서 어찌 삶을 안다고 하는가?"

스님의 일갈에 눈이 번쩍 뜨였다. 그렇다! 죽음을 모른다면 삶도 모르는 것이며, 그 답을 찾지 못한 채 생을 이어간다는 것은 무의미하다. 죽음의 의미, 생사의 문제, 무상의 의미를 찾고자 나옹 화상은 출가를 결심한다.

나옹 화상이 처음 찾아간 곳은 경북 문경의 묘적암이었다. 당시 묘적암에는 요연 선사(了然禪師)가 머물고 있었다. 요연 선사는 나옹 화상의 청에 따라 그의 머리를 깎아 주고 사미계를 주었다. 묘적암에 여러 해를 머물다 나옹 화상은 문득 의문이 들어 요연 선사에게 물었다.

"본체가 없는데 볼 수 있는 것을 보려고 하고 사물이 없어도 찾을 수 있는 것을 찾고자 한다면, 어찌 수도하여야 터득하겠습니까?"

겸허한 요연 선사는 답하였다.

"나도 너처럼 모를 뿐이다. 이를 찾아볼 만한 곳에 가서 알아 보거라."

오대산 월정사 이야기

보고 듣는 것이
바로 옛날 주인이다

　나옹 화상은 묘적암을 떠나 전국의 명산 고찰과 선지식들을 찾아다니며 생사의 인연에서 벗어나는 진리의 길을 찾아 헤매었다. 그렇게 하다가 출가한 지 4년 뒤인 충혜왕 5년(1344)에 오늘의 양주군 회천읍 천보산 기슭의 회암사(檜巖寺)에서 머물렀다. 밤낮을 가리지 않고 혼신을 다하여 수행 정진하였다. 어느 날 그곳에 머물던 일본 승려 석옹(石翁)이 사부대중 앞에서 물었다.

　"듣느냐?"

　길고도 무거운 침묵이 경내를 덮었다. 출·재가를 가리지 않고 아무도 대답하지 못하였다. 그때 침묵을 깨고 나옹 화상이 답하였다.

　"보고 듣는 것이 바로 옛날 주인이다."

　나옹 화상은 이를 게송으로 짓는다.

　　　나홀로 선불장에 한가운데 들어앉아

　　　화두를 꺼내어서 뚜렷하게 바라보니

　　　보고또 듣는것은 다른물건 아니라네

　　　그것은 다름아닌 옛날주인 바로그이.

　　　選佛場中坐

　　　惺惺着眼看

見聞非他物

元是舊主人

　　나옹 화상은 보고 듣고 말하는 자신에게 있다는 그 하나〔一着子〕를 화두로 삼아 오랜 동안 참구하였다. 선방에 앉아 화두를 들고 밤낮으로 참구해 보니, 보고 또 듣는 그 정체란 다른 물건이 아니라 옛날부터 생각해 오던 그것, 바로 일착자였다. 나옹 화상의 법문에 따르면, 이는 하늘에도 두루하고 땅에도 가득하지만 삼세의 모든 부처도 역대의 조사도 천하의 선지식들도 감히 바른 눈으로 보지 못하니 중요한 것은 그 당사자가 그 자리에서 당장 깨닫는 길이다. 진여자성이 바로 자신의 마음자리에 있고 이것은 당장 깨닫는 수밖에 달리 없다는 것이다.

　　나옹 화상은 이 절에서 4년을 머물며 수행에 더욱 정진하였다. 어느 날 홀연히 깨달은 바가 있었다. 깨달음의 경지에 오르기는 했지만 나옹 화상은 더욱 정진해야 한다고 생각했다. 그는 자만하지 않고 보다 깊은 불법의 진리를 터득하기 위해 중국행을 결심했다. 보다 넓은 세계로 나아가 선지식들을 찾아다니며 배우고 싶었던 것이다. 그해 11월에 고려를 떠난 나옹 화상은 이듬해 3월에 당시 원의 수도 대도(大都, 연경)로 건너갔다.

　　그때 연경 법원사에는 인도에서 온 유명한 고승 지공 선사가 주석하고 있었다. 대선사에게 큰절을 올리고는 여덟 살 때 받은 보살계첩을 신표로 보여주었다.

오대산 월정사 이야기

"네가 그때 개경에서 본 그 소년이 맞느냐?"

지공 선사는 반가워하며 나옹 화상을 문하에 거두어들였다. 그렇게 해서 나옹 화상은 뒷날 지공의 법맥을 잇게 된다. 어느 날 나옹 화상은 게송을 지어 스승께 보인다.

산하대지 모든것이 내눈속의 헛꽃이며
삼라만상 그것또한 다름없이 그러하네
본래부터 자성이란 맑고도또 깨끗하니
티끌마다 세계마다 법왕법신 두루하네.
山河大地眼前花
森羅萬象亦復然
自性方知元淸淨
塵塵刹刹法王身

산과 물과 돌과 흙, 더 나아가 우주의 삼라만상이 분명히 존재한다고 생각한 것이 망상이다. 이는 눈에 다래끼가 끼면 공중에 헛꽃이 보이는 것과 다름이 없는 것이다. 본래부터 우리 마음은 청정하니, 유리창에 먼지를 닦으면 원래 맑고 푸른 하늘이 드러나듯, 무명(無明)을 없애고 본래 맑은 마음으로 바라보니, 티끌마다 세계마다 법왕의 청정법신이 두루 자리하는 것이다. 현상계란 분별심이 빚어낸 망상임을, 그럼에도 무명만 없애면 바로 그곳이 청정세계임을 깨닫고서 그 경지를 노래한 것이다.

나옹 화상은 이밖에도 몇몇 게송을 더 지었다. 그 게송 가운데 깨달음의 경지가 거의 스승의 경지에 이른 것을 나타내는 게송이 있다.

미혹할땐 온산하가 오로지 경계더니
깨달은즉 온티끌이 곧바로 내몸일세.
미혹함과 깨달음을 모두다 물리치니
아침마다 온닭들이 오경에 울고있네.
迷則山河爲所境
悟來塵塵是全身
迷悟兩頭俱打了
朝朝鷄向五更啼

깨닫지 못하였을 땐 분별상과 망상에 사로잡혀 있으니 눈에 보이는 삼라만상이 모두 객관적 대상이자 나와 너, 주와 객의 경계를 가르는 대상물이다. 하지만, 깨닫고 보니 공중에 떠다니는 저 하찮은 티끌조차 내 몸이 아닌 것이 없다. 너와 나, 주와 객의 경계가 무너지고 내가 티끌이고 티끌이 바로 나인 경지에 이른 것이다. 하지만, 이 또한 분별심이다. 깨달음과 깨닫지 못함, 진여문과 생멸문, 부처와 중생조차 넘어서고 보니, 매일 새벽에 닭이 우는 소리를 듣는다. 진정한 깨달음은 밥 먹고 잠을 자는 일상에 있었던 것이다. 이 게송을 듣더니 지공이 답한다.

"나 또한 아침마다 징소리를 듣는구나."

지공 선사 또한 아침마다 징소리를 들으며 일상에서 도를 깨우치고 있다는 말이다. 지공이 자신의 제자가 자신이 이룬 경지에 이르렀음을 인정하는 발언이다. 지공은 나옹 화상에게 10년간 판수(板首)의 소임을 맡긴다.

계정혜 삼학을
지공 선사로부터 전수받다

그로부터 5년간 지공 화상의 문하에서 수행하던 나옹 화상은 충정왕 2년(1350)에 법원사를 떠나 중국 각지의 선지식을 탐방하기 시작했다. 그 중에서도 대표적인 것이 임제선의 법맥을 잇고 있는 평산 처림(平山處林)과의 만남이다. 나옹 화상이 평산 선사를 처음 뵈러 갔을 때 그는 마침 승당에 있었다. 나옹 화상이 승당에 들어가 이리저리 걷고 있으니 그가 물었다.

"스님은 어디서 오시오?"

"대도(大都)에서 옵니다."

"어떤 사람을 보고 왔는가?"

"서천의 지공을 보고 왔습니다."

"지공은 날마다 무슨 일을 하던가?"

"지공은 날마다 천 개의 검을 씁니다."

"지공의 천 검은 그만두고 그대의 한 칼을 가져 오시게."

지공 화상은 인도의 스님으로
중국과 한국불교에 많은 영향을 준
선승이다. ⓒ국립중앙박물관

　나옹 화상은 대뜸 좌복으로 평산 선사를 후려쳤다. 평산 선사는 선
상(禪床)에 거꾸러지면서 크게 외쳤다.

　"이 도적놈이 나를 죽이는구나."

　나옹 화상은 곧 붙들어 일으켜주면서 말하였다.

　"내 칼은 사람을 죽이기도 하지만 살리기도 합니다."

　평산 선사는 이 말을 듣고 "하, 하!" 크게 웃고는 곧 나옹 화상의 손
을 잡고 방장실로 들어가 차를 권하였다. 이후 나옹 화상은 여기서 몇
달을 묵었다.

　어느 날 평산 선사가 손수 글을 적어 주었다.

　"삼한(三韓)의 혜근 수좌가 이 노승을 찾아왔는데 그가 하는 말이나
토하는 기운을 보면, 붓다와 걸맞다. 사물을 보는 눈은 분명하고 바라

오대산 월정사 이야기

보는 곳은 아주 높으며 말 속에는 메아리가 있고 글귀마다 칼날을 감추었다. 여기 설암(雪菴)이 전한 급암 선사(及菴 禪師)의 법의(法衣) 한 벌과 불자(拂子) 하나를 주어 믿음을 표한다.”

이를 보면 평산 선사는 나옹 화상을 사제지간이 아니라 도반으로 대우를 한 것이고, 법의와 불자를 주었으니, 설암-급암-평산으로 이어지는 임제선풍의 법맥을 나옹 화상이 계승한다는 사실을 인정한 것이다.

3년 동안 평산 선사를 비롯하여 중국의 고승들을 만나 견문을 넓히고 지혜를 겨루기도 한 나옹 화상은 1350년 3월 다시 법원사로 돌아왔다. 지공 화상은 한껏 더 내공이 깊어진 나옹 화상을 정안방장(正安方丈)으로 맞아들이고 차를 권하였다. 지공 화상은 나옹 화상에게 법의 한 벌, 불자 한 자루, 그리고 범자(梵字)로 쓴 서신 한 장을 주면서 말하였다.

“나를 대신하여 교화하도록 천 개의 검을 주노라.”

의발은 정(定), 불자는 계(戒), 서신은 혜(慧)로 해석한다면, 계정혜(戒定慧)의 삼학(三學)을 지공 화상으로부터 계승하였음을 의미한다. 이처럼 나옹 화상은 지공 화상으로부터 삼학을 갖춘 반야선을, 평산 선사로부터 임제선의 종풍(宗風)을 받은 동시에 그들로부터 법맥을 잇는 선사로 인가를 받았다. 이즈음 처음으로 무학(無學) 대사를 만났고 나옹 화상은 그가 큰 그릇임을 한눈에 알아보았다.

나옹 화상은 1355년에 원나라 순제(順帝)의 명에 따라 광제선사(廣濟禪寺)에 주석한다. 이듬해 10월 15일 이곳에서 지공 화상의 법맥을 잇는 개당법회를 당당하게 열었다. 순제와 태자를 비롯한 원의 황실과 조정의 고관대작들이 금란가사를 비롯하여 수많은 귀중품을 보내 축하하였다.

다음해 주지를 그만두고 법원사로 돌아와 마지막으로 지공 화상을 만났다. 나옹 화상은 지공 화상을 찾아뵙고 하직인사를 올리며 물었다.

"제자가 어느 곳으로 가는 것이 옳겠습니까?"

지공 화상이 미소를 지으며 답하였다.

"귀국하여 삼산양수지간(三山兩水之間)에 거주하면 불법이 자연스레 일어나리라."

북대의 나한상을 상원사로 옮기다

공민왕 7년(1358) 봄, 나옹 화상은 중국 땅에서 고려국 승려로서 적지 않은 선풍을 일으킨 후 10년 만에 귀국한다. 나옹 화상은 요양과 평양을 거쳐 귀국한 뒤 평양과 동해안 지방에서 설법·교화하다가, 공민왕 9년(1360) 가을에는 강원도 평창 오대산 상두암(象頭菴, 지금의 북대)에 머물렀다. 그즈음 승려들이 북대에 있는 16나한상을 상원사로 옮기기로 결의하였다. 그러나 무거운 나한상을 십리도 더 떨어진 곳으로 옮기는 것이 보통 어려운 일이 아니었다. 나옹 화상이 나서며 말하였다.

"나 혼자서 나한상을 옮길 터이니 걱정일랑 하지 마시게."

땅거미가 지도록 나옹 화상은 옮길 준비도 하지 않고 좌선만 하고

오대산 월정사 이야기

있었다. 주위의 스님들은 은근히 걱정 어린 말을 하였다. 나옹 화상은 묵묵히 좌선에만 몰두하였다. 이윽고 해가 지자 나옹 화상은 나한전으로 들어갔다. 지극한 마음으로 예배하였다. 절을 올리더니 나한상을 향하여 버럭 소리를 질렀다.

"이 화상이 업어서 옮겨 주기를 기다리시는 것입니까?"

그러자 나한상들이 스스로 일어나더니 위에 있는 분부터 차례로 전각을 나오더니 상원사로 날아갔다. 스님들이 놀라서 다음날 아침에 상원사로 달려가 보니 나한상이 그곳에 예전부터 있었던 것처럼 자리하고 있었다. 헌데 세어보니 열다섯 분만 정좌하고 계시고 한 나한상이 보이지 않았다. 스님들이 상원사 주변을 찾아보았다. 숲 속에 한 나한상이 칡넝쿨에 걸려 있었다. 스님들이 칡넝쿨을 풀고 모셔 왔다. 이를 전해들은 나옹 화상은 산신각으로 들어가 예배하고는 오대산 산신에게 큰소리로 말하였다.

"산신령이시여! 지극한 마음으로 바라옵나니, 나한상의 이운불사를 방해한 칡넝쿨을 오대산에서 모두 몰아내 주소서."

그 뒤로 오대산에서 칡넝쿨이 없어졌다고 한다.

이와 유사한 설화가 한 수 더 전한다. 나옹 화상이 북대암에 머물며 월정사로 내려와 비지를 가져다가 매일 미륵불께 공양하였다. 밤새 눈이 많이 내렸다. 무릎까지 빠지는 눈길을 몇 번이고 넘어지면서 어렵게 걸어 나옹 화상은 월정사 공양간으로 갔다. 두부를 만들고 남은 비지를 발우에 가득 담아 미륵불을 향하여 갔다. 공양간을 나서서 미륵전을 향하여 길을 재촉하였다. 숲 속에서 껑껑 하며 눈덩이의 무게를 이기지 못하고 제 팔을 부러트리는 소나무의 울음이 간간히 이어졌다. 길 모퉁이를 도는데, 소나무가 햇빛에 살짝 녹은 물이 아래 쪽을 적신 것을 틈타서 눈덩이를 쏟아내었다. 눈덩이가 갑자기 발우에 떨어지는 바람에 발우는 길가에 내동댕이쳐지고 비지도 모두 눈밭에 엎질러졌다. 나옹 화상은 소나무를 향하여 꾸짖었다.

"이놈, 소나무야! 너는 부처님 진신께서 계신 이 산에 살면서 큰 은혜를 입고 있거늘, 어찌 감히 네 마음대로 움직여 공양물을 버리게 하느냐?"

이때 마침 산신령이 소리를 듣고 오대산 소나무들에게 말하였다.

"소나무야, 너희는 큰스님도 몰라보고 부처님께 죄를 지었으니 이 산에 살 자격이 없으니, 이제 멀리 떠나거라. 이제부터는 전나무가 이 산의 주인이 되어 오대산을 번창케 하리라."

이후 소나무는 오대산에서 쫓겨났고, 오대산에는 대신 전나무가 번성했다고 한다. 일주문부터 천왕문에 이르는 1킬로미터 남짓 되는 숲 길도 전나무들이 드나드는 사람들을 호위하며 서 있다.

북대인 상두암에서 얼마 떨어지지 않은 곳에 나옹대가 있는데, 나옹 화상이 공부하던 곳이다. 자연 석축에 돌을 쌓아 평평하게 하고 그 위에 판자를 깔았다. 이곳에서 바라보면 부처님이 계시는 적멸보궁의 지붕이 보인다. 나옹 화상은 이곳에서 날마다 부처님께 마지를 올리고는 공양을 드셨다.

오대산 월정사 이야기

　　그때 오대산의 신성암(神聖菴)에 머물던 환암 혼수(幻庵 混脩, 1320~1392)가 근처의 고운암(孤雲菴)에 머물던 나옹 화상을 자주 찾아와 도(道)의 요체를 물었다. 나옹 화상은 그를 제자로 인정하여 금란가사와 상아불자와 지팡이를 물려 주었다.

공민왕의 부름을 받고
개경과 절을 오고 가다

　　이듬해인 1361년에 공민왕은 왕실의 말을 보내 그를 개경으로 모셔와 대궐에서 설법할 것을 청하였다. 공민왕은 이를 듣고 감탄하며 비단으로 수놓은 가사와 수정으로 만든 불자를 보시하였다. 왕이 해주 신광사에 주석할 것을 청했다. 나옹 화상은 완곡하게 사양하며 말하였다.

"산승(山僧)은 다만 산으로 돌아가서 국왕을 축수(祝壽)하기에 전념할 터이니 자비로운 조처를 바랄 뿐입니다."

공민왕은 매우 실망한 표정으로 말하였다.

"대사께서 저를 버리신다면 과인도 이젠 불법에서 손을 뗄 것입니다."

왕의 용안을 살피니, 단호한 빛이 역력하였다. 허투루 하는 말이 아니었다. 공민왕은 거절하지 못하도록 근신(近臣) 김중원(金仲元)에게 나옹 화상을 모시고 떠나라 일렀다. 나옹 화상은 하는 수 없이 주지 소임을 맡았다. 다시 찾아온 무학을 문도로 맞았으나 이를 반대하는 자가 있었다. 나옹 화상은 무학을 불러 "의발(衣鉢)이란 언구(言句)만 못하다"라며 시를 주며 말하였다.

"너와 나의 사리를 떼어놓은 자들이 나의 마음을 충동해서 쓸데없는 잘못을 따지게 하니 사실과는 다르다. 내가 네 구의 송(頌)으로서 뒷날의 의심을 없애고자 한다."

홍건적이 침략하였을 때는 모든 대중이 피난가기를 청하였으나 절을 굳게 지켰다. 홍건적도 절에 들어오기는 하였으나 나옹 화상이 아무런 두려움 없이 그들을 대하자 적의 우두머리는 심향을 바친 다음 예배하고 돌아갔다.

하지만, 모든 권력과 명예와 물질의 욕망에서 벗어난 나옹 화상이 주지직을 달가워할 리 없었다. 소임을 하는 내내 마음이 편하지 않았다. 여러 차례 공민왕에게 주지직을 그만둘 것을 간청하였지만, 공민

오대산 월정사 이야기

왕도 완강하였다. 나옹 화상은 공민왕 12년(1363) 7월에 신광사를 몰래 빠져나와 9월에는 구월산 금강암으로 들어갔다. 공민왕은 여러 차례 신하들을 보내 돌아올 것을 청했다. 왕의 거듭된 청에 나옹 화상은 신광사로 돌아왔지만 마음은 계속 불편하였다.

2년을 머문 뒤에 스님은 왕의 허락을 얻어 개경을 떠났다. 자유로운 몸이 된 나옹 화상은 용문산과 원적산을 비롯하여 여기저기 명산을 돌아다니며 수행하였다. 공민왕 15년(1366) 3월에 금강산 정양암에서 1년을 넘게 머물다가 이듬해 가을부터는 공민왕의 요청으로 춘천 청평사에 주석하였다.

1367년 겨울 스승인 지공 화상의 입적 소식을 들었다. 원나라 유학을 마치고 돌아온 보암(普菴)이 1363년 11월 29일에 지공 화상이 입적하기 전에 부탁한 가사 한 벌과 편지 한 통을 전해 와서 뒤늦게 안 것이다. 그는 이 가사를 입고 정향한 다음 이를 널리 알렸다.

공민왕 18년(1369)에 나옹 화상은 병으로 청평사 주지직을 사퇴하고 다시 오대산으로 들어와서 영감암(靈感菴)에 머물렀다. 1370년 1월 지공 화상의 정골사리가 개경에 도착하였고, 나옹 화상은 3월에 회암사로 찾아가 스승의 사리에 참배하고 사리탑을 만들어 모셨다.

이어 공민왕의 청으로 개경으로 올라가 광명사에서 하안거를 한 뒤 회암사에 주석하기 시작했다. 회암사에 주석하며 나옹 화상은 공부선(功夫選)의 시관(試官)이 되었는데, 이는 선종과 교종의 승려들이 한자리에 모여 자신이 터득한 경지를 토로하면 그 경지를 살펴 인가해 주는 최고 시험관 격이었다.

공민왕은 재위 21년(1371)에 나옹 화상을 왕사로 책봉하고 순천 송광사에 주석토록 했다. 1371년 왕으로부터 금란가사와 내외법복(內外法服), 바리를 하사받고 왕사 대조계종사 선교도총섭 근수본지중흥조풍복국우세 보제존자(王師 大曹溪宗師 禪敎都摠攝 勤修本智重興祖風福國祐世 普濟尊者)에 봉해졌다.

그러나 만년에 이르러 나옹 화상은 송광사 주지직을 사임하고 회암사로 올라왔다. 자신이 살아 있는 동안 스승인 지공 화상의 유지를 받들어 '삼산양수지간'인 이곳 회암사의 중창불사를 마무리하기 위한 속뜻이 있었기 때문이다. 1372년 9월 26일에 나옹 화상은 지공 화상의 영골사리를 회암사의 북쪽 봉우리에 탑을 세워 안치하였다. 왕실의 지원을 받아 회암사의 중창을 서둘렀다. 중창에 진력하던 1374년 그의 든든한 후원자였던 공민왕이 훙거하였다.

회암사 중창불사가 끝난 것은 우왕 2년(1376) 4월이었다. 공민왕은 자리에 없었지만, 성대한 낙성법회를 열어 회향하였다. 이로써 회암사는 지공 화상, 나옹 화상 사제의 중창불사에 의해 고려 말 전국 사찰의 총본산 격이 되어 불교 중흥의 중심 도량 구실을 한다. 그러자 나옹 화상에 의한 불교의 중흥, 융성을 시기한 유생들의 참소가 끊이지 않았다. 대간이 이들 유생의 뜻을 대변하여 임금에게 상주하기를, "회암사는 서울(개경)과 매우 가깝고, 남녀 신도들의 왕래가 밤낮으로 끊임없이 이어져 이로 인해 생업을 폐하는 지경에 이르니 금하는 것이 좋겠

오대산 월정사 이야기

다”고 했다. 이에 우왕도 할 수 없이 나옹 화상에게 개경에서 멀리 떨어진 밀양 영원사로 거처를 옮기도록 명했다. 사실상 귀양이었다.

여주 신륵사에서
열반에 들다

떠날 때 즈음 나옹 화상은 병을 앓고 있었다. 명을 받은 관리들은 사정없이 길을 재촉했다. 나옹 화상을 태운 가마가 열반문을 통해 회암사 밖으로 나가자 영문을 모르는 신도들이 대성통곡하면서 앞길을 가로막았다. 그때 나옹 화상이 구슬프게 울부짖는 대중들을 둘러보며 일렀다.

“노력하고 또 거듭 노력하라. 나로 인하여 중도에 그만두는 일이 없도록 하라. 나는 가다가 마땅히 여흥(여주)에서 멈출 뿐이다.”

이는 자신이 세상을 떠나고 없더라도 실의에 빠져 수행·정진을 멈추어서는 안 된다는 뜻이었다. 그는 아마도 자신의 병이 깊어 많이 가야 여주까지밖에는 못 갈 것을 이미 예측했던 모양이다. 길을 떠나 한강에 이르렀을 때 나옹 화상이 호송관에게 말하였다.

“내 병세가 심해 가마를 탈 수 없으니 배로 가자.”

이에 배로 갈아타고 7일간 한강을 거슬러 올라갔다. 그때 문도 1천여 명이 나옹 화상의 귀양 아닌 귀양길을 따랐다. 마침내 여주 땅 여강에 이르렀을 때 나옹 화상이 다시 호송관에게 일렀다.

“내 병세가 중하니 이곳에서 며칠 쉬었다 가자.”

그렇게 하여 신륵사에 머물고 있는데 병세가 호전되기도 전에 관리들이 다시 출발할 것을 재촉했다. 그러자 스님은 관리들에게 말하였다.

"그것은 어렵지 않다. 내가 곧 이 세상을 떠날 것이니라."

이어서 시자들에게 말하였다.

"너희를 위해 이제 열반불사를 마치겠노라."

그 말을 끝내자마자 법상에 좌정한 채 영원한 선정에 들었다. 당시 화상의 법랍 37년, 세수 57세였다. 입적 순간에 오색구름이 봉미산 산정을 뒤덮는 것이 아닌가. 이 신기한 광경을 그를 따르던 수많은 제자들과 신도와 여주 사람들이 보았다. 스님이 타고 다니던 백마가 사흘 동안 먹지도 마시지도 않고 구슬피 울었다.

신륵사 앞 여강 가에서 다비를 했다. 두골 다섯 조각과 치아 40개가 타지 않고 남았다. 향수로 유골을 씻는데 구름 한 점 없는 맑은 하늘에서 갑자기 사방 300보 정도 되는 구역에 비를 뿌려 뼈를 적시었다. 사리 155과가 나왔다. 제자들이 계속해서 염불하니 사리는 558과로 나누어졌다. 나옹 화상의 사리에서는 사흘 동안 신기한 빛이 나왔으며, 그때 불자들이 잿속에서 사리를 수습해 몰래 지니고 간 것도 부지기수라고 이색의 비문은 전한다.

또한 당시 신륵사에 있던 달여(達如) 스님이 꿈에 다비장 밑에 서려 있는 용을 보았는데 그 모양이 마치 말과 같았다고 한다. 그 용은 다비장 주변을 돌다가 강물 속으로 들어가 버렸다. 이튿날 사리를 배에 싣고 회암사로 모시고 가려는데 마침 수심이 얕아 배를 띄울 수 없었다. 그런데 비도 오지 않았는데 갑자기 강물이 불어나 무사히 배를 띄울 수 있었다. 사람들은 모두 달여 스님이 꿈에 본 신룡(용마)의 조화라고 찬탄했다.

7월 29일 회암사에 옮겨진 화상의 사리는 8월 15일에 완공된 부도에 모셔졌다. 또 그의 정골사리는 입적한 신륵사에서 우왕 5년(1379)에 따로 부도를 만들어 모셨다. 나옹 화상의 입적 사실을 보고받은 우왕은 그에게 선각왕사라는 시호를 추증하고 목은 이색(牧隱 李穡, 1328~1396)으로 하여금 비문을 짓게 했다. 또 우왕 10년(1384)에는 평안북도 영변군 북신현면 하행리 묘향산 안심사에도 지공 화상과 나옹 화상의 부도인 사리석종을 만들어 세웠는데, 그 비문 역시 목은 이색이 지었다. 그의 사상과 문학은 당시 동아시아의 불교계에 적지 않은 영향을 미쳤다. 그의 문집은 명(明)에서도 간행되었고 임란 중에는 그의 어록이 명나라에 알려져서 중국의 고승이 이를 자신의 저술에 인용하였다. 조선조 태종조에 일본승이 대장경 인본과 나옹 화상의 초상화를 두 차례나 구하고자 청하였다. 척불에 앞장선 태종도 "나옹 이후로는 도력이 높은 고승이 없다"라고 단언하였다.

나옹 화상은 지공 화상의 반야공에 바탕을 둔 선 사상과 평산 선사의 임제종의 법맥을 잇는 고승이다. 그는 지공 화상의 반야선과 평산 선사의 임제종의 영향을 받았으면서도 어떤 사상이나 종파에 치우치지 않고 전통적인 간화선의 입장을 취하였으며, 자신의 사상 안에서 교와 선, 삼학과 정토사상을 회통(會通)하였다. 그는 자기 본래성, 일상성, 본래 면목을 강조하였다. 그는 백성의 편에 서서 대중의 구제에 힘썼으며, 이는 조사선 안에서 정토사상을 회통하려는 것으로 나타났다. 그는 무념, 유심, 정토관과 칭명, 관상염불관을 함께 제시하였다. 그러기에 그는 조선조에 와서 석가모니불의 후신으로 숭앙되었다.

조계법통을 태고법통설로 보는 것이 정설이다. 하지만, 태고법통설은 명이 멸망하고 청이 들어서게 됨에 따라 소중화 의식에 집착하여 중국 선종 계보의 전승이라는 측면에서 파악한 데 힘입은 것이다. 나옹 화상은 혜능(慧能)에서 시작하여 임제와 평산으로 이어진 임제선풍과 지공의 반야선을 이어받았으나 이에 국한하지 않고 보조 지눌(普照知訥)로부터 정립된 조계선을 계승한 토대 위에 자신의 선 사상을 전개한 고승이다. 그의 법통은 해동의 2조이자 그의 제자인 환암 혼수로 이어지며 한국 조계종의 법맥을 형성한다.

【 참고문헌 】

고혜령, 「나옹 선사와 목은 이색의 사상적 만남」, 『나옹 선사의 생애와 사상』, 동국대학교 사찰조
      경연구소, 2001
김영욱, 「한국 간화선의 개화 – 태고와 나옹을 중심으로」, 『한국사상과 문화』 제34집, 한국사상
      문화학회, 2006
김윤곤, 「나옹 혜근의 회암사 중창과 반불본의 제압기도」, 『대구사학』 제62집, 대구사학회, 2001
남동신, 「목은 이색과 불교 승려의 시문(詩文) 교유」, 『역사와현실』 제62집, 한국역사연구회,
      2006
이색, 『목은문고』 권14, 「보제존자시선각의 탑명병서(普濟尊者諡禪覺塔銘)」
이철헌, 「나옹 혜근의 미타정토관」, 『한국불교학』 제18집, 한국불교학회, 1993
이철헌, 「나옹 혜근의 법맥」, 『한국불교학』 제19집, 한국불교학회, 1994
주호찬, 「태고 보우와 나옹 혜근의 오도송」, 『어문논집』 제46집, 민족어문학회, 2002
허흥식, 「나옹 사상의 생애와 계승-上-下」, 『한국학보』 제16집, 일지사, 1990
효탄 스님, 「나옹 혜근의 불교사적 위치」, 『나옹 선사의 생애와 사상』, 동국대학교 사찰조경연구
      소, 2001

아홉째 마당

월정사를 중창한 종마루, 사명 대사

사명당 유정(惟政, 1544~1610). 그는 국가의 위기를 맞자 의승(義僧)을 이끌고 싸웠으며 적장을 감화시켜 백성을 죽이지 않도록 하였으며, 임란이 끝나자 강화사(講和使)로 적지에 가서 최고 권력자인 도쿠가와 이에야쓰를 만나 담판을 짓고 강화의 결정적 계기를 마련하고, 그 후 260년간 양국 선린과 교류의 물꼬를 텄으며, 우리 포로 2천 800명을 데리고 왔다. 무엇보다도 그는 조선과 일본의 지식인과 시문을 주고받으며 양국의 지식사회에 적지 않은 영향을 미친 지식인이자 지눌에서 혜근, 청허로 이어지는 조선 선맥의 대선사다. 그도 월정사와 깊은 인연이 있다.

사명당의 속명은 응규(應奎)이며, 자는 이환(離幻), 호는 송운(松雲) 또는 종봉(鍾峯), 사명당(四溟堂)이라 불렀으며, 유정은 그의 법명이다. 스님은 경상남도 밀양군 괴나리의 사대부가에서 아버지 임수성(任守成)

과 어머니 달성서씨(達成徐氏) 사이에서 태어났다.

번뇌 없는 학문을 하고자
출가하다

어느 날 저녁 유정의 어머니 서씨 부인은 부엌에서 일을 하다가 슬 몃 잠이 들었다. 노란 수건을 쓴 금인(金人: 부처)이 나타나 흰 구름을 타고 하늘로 날아올랐다. 하늘 위에 높은 누대가 있어 그 위로 올라갔 다. 누대에는 늙은 신선이 머물고 있었다. 금인은 그에게 절을 하였다. 그러자 그 신선은 미소를 지으며 말하였다.

"저는 고해(苦海)에 사는 늙은 삼로(三老)인데, 어찌하여 예까지 찾아 와서 절을 하시는 게요?"

이 소리에 서씨 부인이 놀라서 꿈에서 깨어났다. 그런 후 열 달이 지 나 1544년(중종 39년) 10월 17일에 아기를 낳으니, 그가 바로 사명당이 다.

유정은 어려서부터 총명하고 자비심이 깊었다. 놀이를 하는 것도 예사 어린이와 달랐다. 냇가에서 모래장난을 할 때면 모래를 둥글게 뭉쳐서 탑을 만들고 돌 장난을 할라 치면 돌을 세워 부처라 하였다. 그 에서 그치지 않고 탑과 부처 앞에 들꽃을 꺾고 바치기도 하고, 가을이 면 밤을 주어 공양을 올렸다. 하루는 어떤 어른이 지나가는데, 그의 오 른손에는 냇가에서 잡은 자라가 새끼줄 사이에서 버둥거리고 있었다.

오대산 월정사 이야기

유정은 어른에게 간청하였다.

"저, 어르신! 이 밤이 제가 가진 전부입니다. 부디 이 밤을 받으시고 자라를 놓아 주세요."

어른은 처음엔 거절하였지만, 집요하게 따라오며 간청하는 바람에 결국 자라를 밤과 바꾸고는 내 주고 말았다. 유정은 자라를 받자마자 냇물로 달려가서 놓아 주었다. 자라는 바로 물속 깊은 곳으로 헤엄쳐서 사라졌다.

그의 집안은 풍천의 명문이었고, 증조부 효곤(孝昆)은 문과에 급제하여 장악원장에 이르렀고 대구 수령을 지내던 인연으로 밀양으로 옮겨 살았다. 조부는 종원(宗元)이었다. 그는 이미 7세 때 조부로부터 『사략(史略)』을 배우면서 대화를 나누었다.

"할아버님, 배우는 길이 귀한 것입니까? 만일 귀한 것이라면 게을리하지 않고 배우겠습니다."

"이 세상의 일에 학문보다 귀한 것이 없다. 고금의 성현들도 모두 학문으로 말미암아 성취된 것이니 어찌 감히 소홀히 할 것인가?"

"만일 성현의 마음으로서 업(業)을 삼는다면 그것은 귀하거니와 여기에 어긋나면 천한 것입니다. 세상의 학문에는 사람을 해치는 말이 많고 사람을 만드는 말이 적은데 그래도 귀하다 하겠습니까?

"사람을 만들고 해치는 것은 빈말에 있는 것이 아니라 오직 그 마음이 착하냐 아니냐에 달린 것이니, 네 말이 옳다."

그 후 유정은 "학문이 성현의 마음을 배우는 데 있다"라는 할아버지의 가르침에 따라 정진하여 잠시도 게을리 하는 법이 없었다. 열심히 유학을 배우던 유정은 어느 날 『맹자(孟子)』를 읽다가 책을 덮고 긴 한숨을 내쉬며 말하였다.

"세속의 학문은 비루하고 미천하여 시끄러운 세상 인연에 얽매여 있으니, 어찌 번뇌 없는 학문을 배우는 것만 같겠는가?"

이때부터 불가에 귀의할 뜻을 가졌다고 하지만, 13세 소년이 『맹자(孟子)』를 읽다가 이런 생각을 하였다는 것은 조금 과장된 듯하다. 자신의 집안이 사화(士禍)를 입어 영락한 것을 알고 난 후 유학을 배워 출세하는 것에 회의가 들었고 이때 부모마저 한꺼번에 잃자 무상감을 느끼고 세속을 벗어나고픈 생각을 하였을 것이다. 15세에 어머니가 돌아가시고 아버지마저 다음해에 돌아가시자 어머니의 대상과 아버님의 소상을 치른 후, 17세에 오랜 동안 품었던 뜻을 편다. 그는 세속을 떠나 김천 직지사(直指寺)의 신묵(信默) 대사를 찾아간다.

신묵 대사가 어느 날 낮잠을 자는데, 꿈속에 직지사의 천왕문이 보이고, 이이서 그 옆에 서 있는 오래된 은행나무가 보였다. 그 은행나무 밑을 쳐다 보니 황룡이 한 마리 웅크리고 있는 것이 아닌가.

꿈에서 깬 신묵 대사는 아무래도 이상한 마음이 들었다. 절 밖을 나서서 천왕문으로 걸었다. 은행나무 아래에 앳된 얼굴을 한 소년이 자고 있었다. 신묵 대사는 꿈에 본 황룡이 소년과 무언가 인연이 있을 듯하다는 생각이 들었다.

"너는 누구이고 왜 여기서 자고 있느냐?"

오대산 월정사 이야기

"저는 밀양에 사는 응규라고 합니다. 세속의 번잡한 인연을 끊고 신묵 대사라는 분을 만나 번뇌가 없는 학문을 하고자 이곳으로 오다가 배고프고 지치던 차에 은행나무 그늘이 좋아 보여 한 숨 잠을 청한 후에 대사님을 뵈러 가려 했습니다."

"내가 바로 신묵이다."

신묵 대사는 유정을 그날로 상좌로 삼았다. 유정이 어느 정도 공부에 이르고 계율을 지키게 되자, 신묵은 그 소년에게 유정(惟政)이라는 법명을 지어주었다. 신묵은 유정에게 『전등록』을 읽게 하였다. 유정은 이를 읽고서 오묘한 선의 이치를 깨달았다. 『석장비』엔 외려 선배노숙들이 그 뜻을 물었을 정도로 깨달음이 깊었다고 한다. 불과 2년 뒤인 명종 16년(1561)에 유정이 18세의 나이로 선과에 합격하였으니 이때 선지(禪旨)를 깨달았다는 것이 후대의 포장만은 아니리라.

휴정의 문하로 들어가서
정법을 전수받다

유정은 합격 이후 봉은사에 들어가서 청년시절을 보냈다. 『석장비』에 따르면, 그는 천여 상자에 이르는 불교 경전을 모두 읽었으며, 이때 불경을 공부하려는 사람들이 구름처럼 몰려들었다고 한다. 그는 갑계를 조직하여 동료 승려들과도 청정한 승가공동체를 꾸려나갔다.

그의 관심은 불교에만 머물지 않았다. 유정은 학사대부와 시인 등

유생들과도 교유(交遊)하며 다양한 학문을 익힌다. 소재(蘇齋) 노수신 (盧守愼)으로부터 이백과 두보의 시를 배우고, 당대 명문장가인 고죽(孤 竹) 최경창(崔慶昌), 아계(鵝溪) 이산해(李山海), 하곡(荷谷) 허봉(虛封), 백호(白湖) 임제(林悌), 손곡(蓀谷) 이달(李達) 등과 시문을 주고받았다.

숭유억불정책으로 불교에 대한 탄압이 극심하던 당대에 유정은 밖 으로는 유가의 명사들과 교유하고 안으로는 청정 승가공동체를 잘 운 영하였으며, 무엇보다도 선의 수행에 진력하였다. 유정은 30세라는 젊은 나이에 출가사찰인 직지사의 주지가 되면서 불교계의 중진으로 부상하였다. 허응당(虛應堂) 보우(普雨) 대사가 세상을 떠난 후 8년이

월정사 중창에 매진했던
사명당 대선사의 진영.
ⓒ월정사 성보박물관

오대산 월정사 이야기

지나서 유고집을 편찬할 때 그 제자인 태균(太均)의 요청으로 유고집을 교정하였으며, 그 중 하나인 『허응당집(虛應堂集)』의 발문을 쓴다. 32세 되던 해에 대중의 요청에 따라 선종(禪宗) 본사인 봉은사(奉恩寺) 주지로 천거되었으나 유정은 이를 뿌리치고 묘향산 보현사 주지인 서산 대사(西山大師) 휴정(休靜, 1520~1604)의 문하로 들어간다.

서산 대사는 한눈에 그를 알아보았다. 그는 마음자리를 깨우쳐 주고 바로 가르침을 전수하였다. 유정은 지금까지의 문장이, 꾸며진 유희(遊戱)에 불과함을 깨닫고 참회하였다. 서산 대사는 유정을 천리마라고 표현할 정도로 특별한 제자로 여겼다. 서산 대사는 그 제자를 위하여 『선교결(禪敎訣)』을 지어 교와 선의 차이, 교를 일방적으로 배척하지 않고 장점도 취하면서도 선을 위주로 하여 깨달음에 이르는 길을 묘파하였다. 교를 부처님의 말씀, 선을 부처님의 마음이라 하면서 교는 말 있는 곳에서 말 없는 것에 이르는 것이고, 선은 말 없는 것에서 말 없는 것에 이르는 것이라 하였다. 유정은 이곳 저곳을 오고 가기는 하였지만 3년간 서산 대사 곁에 머물며 정법(正法)을 전수받았다.

일체 법은 본래부터
공중의 헛꽃이다

서산 대사의 곁을 떠난 유정은 금강산 만폭동의 보덕암에서 3년을 머물렀다. 이후 여러 해 동안 팔공산, 지리산, 청량산, 태백산 등 전국의 여러 명산을 순례하며 수행을 계속하였다. 운수행각(雲水行脚)을 통해 수행을 하던 유정은 43세 되던 해인 1586년 봄에 옥천산의 조그만 암자인 상동암에 머물며 제자를 가르쳤다. 그러던 어느 날 소나기가 내렸다. 내리는 소나기와 비바람으로 앞마당에 피어 있던 꽃들이 후두둑 떨어졌다.

"어제까지도 활짝 피어서 아름다운 자태를 뽐내던 저 꽃들이 소나기와 비바람에 모두 져버리고 빈 가지만 남았구나. 아! 우리 인생도, 세상 만사도 모두 다 이리 무상한 것을!"

낙화를 보며 관념으로만 알던 무상을 절절하게 깨달은 유정은 제자들을 불러 말하였다.

"저기 마당을 보거라. 어제 그리 아름답게 피었던 꽃들이 모두 지고 오늘은 빈 가지만 남아 있지 않더냐? 우리네 삶 자체가 덧없음도 저 가지와 꼭 같다는 생각이 들지 않더냐? 이렇듯 인생이란 무상하여 하루살이와 같은 법인데 세월을 허투루 낭비한다는 것은 참으로 안타까운 일이다. 너희들은 제각기 신령스러운 성품을 갖추었는데도 어찌하여 이로 큰일을 도모할 생각을 하지 않더란 말이냐? 부처는 내 안에 있는데 어찌 밖에서 구하려 치닫는다는 말이냐?"

말을 마치고 유정은 제자들에게 곧 이 절을 떠나라 일렀다. 그리고는 홀로 선실에 들어가서 열흘 동안 나오지 않았다. 제자들이 창틈으로 엿보니, 결연하게 앉은 앉음새가 마치 흙으로 빚은 사람과 같았다고 한다. 무상과 더불어 부처는 밖이 아니라 내 안에, 내 마음 속에 자

오대산 월정사 이야기

리함을 깨달은 것이다. 유정은 이런 깨달음의 경지를 노래한 오도송을
짓지는 않았다. 하지만, 이 이후 지은 게송 가운데 이와 비슷한 경지를
노래한 것이 있다.

> 일체법은 본래부터 공중의 헛꽃인데
> 어찌하여 바다속의 모래를 셈하는가.
> 애오라지 철벽은산 뚫고또 뚫어갈뿐
> 어찌할까 어찌하나 묻지도 말거라네.
> 萬法由來空裏花
> 豈宜徒算海中沙
> 但從鐵壁銀山透
> 不問如何又若何

　　일체의 모든 법도 따지고 보면 본래 허공의 꽃처럼 헛된 것이다. 이
를 모르고 그 법을 따지는 것은 바닷속의 모래를 세는 것만큼이나 헛
된 것이다. 모든 것은 내 마음에 달려 있고 그 마음 한 가운데 부처가
있으니, 철벽과 은산이라도 단박에 뚫겠다는 각오를 하고 선정하면 부
처를 만나게 되고 깨달음에 이를 것이니, 다른 방법이 없다. 그러니 어
찌 법을 깨우칠 것이냐고 묻지를 말라는 것이다.

5년 동안 월정사 중창에 매진하고
종마루가 되다

그렇게 깨우친 후 유정은 44세 되던 1587년에 월정사로 갔다. 신라 고찰에다 태종과 세조 때 원찰이었던 월정사가 많이 퇴락해 있었다. 유정이 「월정사 법당의 개연소문(月精寺法堂開椽疏文)」에서 묘사한 대로,

> "오랜 세월이 지나 대들보와 마룻대가 꺾이어 바라보는 승려나 우러러 보는 속인들은 그 눈에서 눈물이 흘렀으며, 비가 치고 바람이 때리매 부처님 얼굴에는 이끼가 푸르렀다."

유정은 처참한 광경을 보고 가슴이 저려왔다. 이를 그냥 지나치며 산수 좋은 곳으로 다니며 수행할 수만은 없었다. 유정은, "젊어서 머리 깎고 늙어서 돌아다닐 때 이곳을 지나다가 옛일을 살펴봄에 지금의 광경이 너무나 처참하여 800년 동안의 유적을 수습하여 드디어 중창할 뜻을 세웠다." 유정은 5년 동안의 긴 세월 동안 월정사의 중창에 매진하였다. 권선문을 지어 소매 속에 넣고 전국 방방곡곡을 돌아다니며 "한 치의 베와 세 움큼의 곡식"을 거두어 모으는 고행을 마다하지 않았다. 친분이 있던 사대부로부터도 시주를 받았다. 두 해를 넘겨 탁발한 끝에 1589년 늦봄에 법당을 고쳐 수리하는 등 중창불사를 하였다. 유정은 중수하는 동안 월정사에서 상원사로 가는 길목인 영감사에 머

물렀다. 이곳에 거처를 정하고는 월정사를 오고가며 중창 불사를 지휘
하였다.

마침내 5년 만인 1590년 단오에 낙성식을 하였다. 유정은 이 기쁨
을 「소문」에 담았다.

"그 일로 보자면 풀을 맺는 단순한 것에 지나지 않지만, 그 공
으로 보자면 하늘에 오르는 것 같았습니다. 시냇가에 나는 차나
궁궁이풀은 비록 보잘것없는 음식이지만 정성을 들이고 목욕재
계한 것은 상제에게 올릴 만한 것입니다. 집을 짓고 마음대로 누
워 있어도 큰 거울이 두루 비치는 듯합니다"

유정은 오대산에 머무는 동안 종봉(鍾峰)이라는 당호를 갖게 된다.
오대산을 중수하기 전에 이미 오대산에 들러 그 웅장함에 매료된 유정
은 오대 가운데 남대인 기린봉 정상에 암자를 세우고 종봉이라 이름
지었고, 이후 스님들이 그를 종봉이라 불렀다고 한다. 유정도 『선가구
감(禪家龜鑑)』의 발문에 "사명 종봉 유정 배수(四溟 鍾峰 惟政 拜手)"라고
서호하고 있다.

그리 5년을 갖은 고생을 하며 중수한 때문인지 유정은 월정사에 남
다른 애정을 가지고 있었다. 스스로 오대산인으로 칭하였고 오대산을
그리는 시도 남겼다. 임란 후에 강화사(講和使)로 일본에 갔을 때 오대
산에 대한 절절한 그리움을 시로 드러냈다.

여러해가 지날수록 나그네시 슬퍼지고

오대동림 문을닫고 누웠던일 생각난다.

마음만은 푸른솔숲 방장실로 가고픈데

저녁놀진 구름멀리 그리움만 가득하다.

爲客經年益苦吟

五臺頻憶閉東林

靑松丈室有歸計

碧落暮雲生遠心

　강화사로서 일본으로 건너와서 여러 해를 묵을수록 나그네의 마음은 쓸쓸해지고 향수병으로 읊는 시마다 더욱 슬픔과 그리움으로 가득하다. 고국산천과 사람들이 그리운 중에도 오대산의 동림에서 문을 닫고 누워 한가하게 지나는 구름을 보던 그때가 생각난다. 마음만은 오대산의 푸른 솔숲 사이에 있는 방장실로 가서 그때처럼 아름다운 산수에 함뿍 빠져 거닐고 싶은데, 평화교섭이 끝나지 않아 언제 돌아갈지 모른다. 그리움 가득한 눈으로 하늘을 보던 사이 날이 지고 푸르던 하늘은 저녁놀로 물들었다. 노을진 구름을 바라보니 마음은 저 멀리 고국산천으로 향한다.

승병을 일으키고 왜장을 설득하여
백성을 구하다

사명 대사 유정은 경인년(1590) 여름에 금강산 유점사로 발길을 옮겼다. 사명 대사가 유점사에 머문 지 두 해 여름이 채 지나기 전에 임진왜란(1592)이 일어났다. 일본군이 유점사에까지 들이닥쳤다. 그들은 유점사에 침입하여 승려들을 결박하고 행패를 부리며 금은보화를 요구하였다. 절 안에 금으로 만든 불상과 불구류(佛具類)가 많이 있을 것으로 생각하였던 까닭이다. 사명 대사는 이 소식을 듣고 문도 10여 명과 함께 유점사로 달려갔다. 문도들은 결박당하였지만 사명 대사만이 법당 앞으로 당당하게 걸어가서 적장 앞에 홀연히 섰다. 적장도 사명 대사의 비상함을 알아보고 예를 갖추어 대하였다. 사명 대사는 적장과 필담을 나눈 후 금은보화를 내놓지 않으면 당장 죽이겠다는 적장에 맞서서 당당히 말하였다.

"우리나라는 금은을 보배로 치지 않는다. 다만 쌀과 베를 쓰고, 금은과 보배는 온 나라에서도 희귀한데, 하물며 산에 있는 승려들은 채식을 하고 초의를 입으며 불공을 드리고 있다. 혹 양식이 떨어지면 솔잎을 먹고 혹은 마름에 가서 걸식을 해 가며 살고 있는데, 어찌 금은보배를 쌓아두겠느냐? 또한 장군을 보니 불교에 육조(六祖)가 있음을 능히 알고 있으면서, 불법은 오로지 자비로써 살생하지 아니함을 그 첫째로 삼고 있거늘, 이제 보니 죄 없는 어리석은 승려들을 문간방 아래

묶어놓고 보물을 내놓으라고 하는구나. 저들은 지팡이 하나로 온 산에서 밥을 부쳐 먹고 있으며, 또 민가에 가서 아침저녁을 지내고 있는 자들인데 비록 몸을 베고 뼈를 가루로 만들지언정 어찌 한 치의 보배가 있겠는가? 장군이 풀어주기를 바라노라.”

이에 왜장이 묶어 놓았던 문도와 승려를 풀어주었다. 이에 그치지 않고 절문에 “이 절에는 도승(道僧)이 있으니 모든 군사는 다시 들어오지 말라”라는 글을 써서 걸어놓고 군사를 철수하였다.

당시 왜적들의 도륙질은 이루 말할 수 없을 정도였다. 어린 아이와 여성을 가리지 않고 가족을 몰살하는 것은 다반사였고, 이에 그치지 않고 전공을 알리기 위하여 코와 귀를 베어 소금에 절여 일본으로 보냈다. 사명 대사는 이를 우려하여 고성읍(高城邑)에 주둔하고 있던 본부대로 석장을 들고 찾아갔다. 거기엔 가토 기요마사(加藤淸正) 휘하의 제2군단에 소속된 세 명의 적장이 있었다. 적장은 이미 사명 대사에 대해 소문을 듣고 있었던 터라 예를 갖추어 맞았다. 사명 대사는 필담을 통하여 세 명의 적장에게 부처님의 자비심을 받들어 사람을 죽이지 말 것을 설득하였다. 왜장은 사명 대사의 글에 감복하여 합장하며 이를 받아들였다. 적장은 그를 3일 동안 지성으로 공양하고, 떠날 때는 성 밖까지 배웅하였다. 이들은 당시 영동지방의 아홉 고을 백성들을 죽이는 일을 삼갔다고 한다.

사명 대사는 1593년에 강원도 건봉사에서 창의하여 2,000여 명의 의승병(義僧兵)을 조직하였다. 『난중잡록』에 따르면, 서산 대사 휴정을 가선대부로 승진시켜 조선 팔도의 승군을 총괄하여 지휘하는 팔도 승병도 총섭으로 삼고, 사명 대사 유정은 절충장군으로 승진시켜 부총섭을 삼았으니, 서산 대사가 승병을 총괄하는 대장이었다면, 사명 대사는 부대장이었다. 하지만, 당시 서산 대사의 나이가 일흔이 넘었고 기력도 쇠하였기에 그는 정신적 지주 구실을 하였고, 실제로 승병을 관장한 것은 사명 대사였다. 따라서 평양성 수복 전투 이전의 보급로 차단 및 정보 활동, 평양성 수복 전투, 한성 수복의 계기가 되는 노원평 전투 등은 사실상 사명 대사 주도로 이루어진 것이다. 선조는 그 전공을 높이 사서 선교양종판사(禪敎兩宗判事)를 제수하였다.

사명 대사는 전쟁을 끝내고 평화 협정을 맺는데도 지대한 공헌을 하였다. 전쟁 중에 네 차례에 걸쳐 일본의 진중으로 들어가 적장인 가토 기요마사와 담판을 지었다. 오랜 전쟁으로 지치고 승전의 가능성이 없자 일본은 적당한 명분을 얻고 이익을 취한 뒤에 철수를 할 요량으로 협상을 원하였고 그 당사자로 사명 대사를 지명하였다. 조선은 조선의 뜻을 정확히 전달하고 피해를 줄이는 한편, 적정을 정탐하고 고니시 유키나가와 가토 사이를 갈라놓기 위하여 회담에 응하였다. 두 사람은 필담으로 대화하였다.

가토 기요마사는 중국 천자의 딸을 일본 왕과 결혼시킬 것, 조선의 남부 지방을 일본의 속지로 할 것, 전쟁 전처럼 교린을 할 것, 조선의 왕자를 볼모로 보낼 것 등을 요구하였으나 사명 대사는 단호히 거절하였다. 『석장비』를 보면, 하루는 가토가 사명 대사에게 물었다.

제2장 _ 월정사를 장엄하신 조사들

"조선에 보배가 있는가?"

"없다. 보배는 일본에 있다."

"그것이 무슨 소리인가?"

"지금 우리나라에서 당신의 머리를 보배로 삼아 서로 베려 하고 있으니, 보배가 일본에 있지 않고 어디에 있다는 말인가."

가토는 놀라는 동시에 사명 대사의 기개에 탄복하였다고 한다. 전쟁이 끝나자 사명 대사는 강화사로 임명받고 일본으로 건너갔다. 당시 최고 실력자인 도쿠가와 이에야쓰를 직접 만나서 여러 차례의 설득과 회담을 통해 일본과 강화하고 국교를 재개하는 결정적 계기와 정치적이고 사상적인 기반을 마련하였다. 사명 대사가 이후 260년 간 이어진 양국의 선린과 동아시아 평화의 물꼬를 튼 것이다. 아울러 그는 잡혀간 포로 2,800여 명을 데리고 귀국하였다. 그는 일본 승려와 지식인과 교류하면서 그들을 감화시키고 한국 불교를 전하였으며, 일본인의 신뢰를 바탕으로 자장 율사가 가져왔던 부처님의 치아 사리를 왜적이 약탈해 갔던 것을 다시 찾아왔다. 이를 통도사와 건봉사에 나누어서 봉안하였다.

그는 강화사로 일본에 갔을 때 원이(圓耳) 선사에게 준 글에 낙관을 하면서 '경산후손(徑山後孫)'이라고 기록하고 있으며, 교토의 흥성사(興聖寺)에 있던 경산(徑山)의 친필 전서를 보고 쓴 글에는 자신을 혜능(慧能)의 37대 적손이라고 기록하고 있다. 이는 사명 대사가 스스로 혜능·임제·대혜로 이어지는 선맥(禪脈)의 선사라는 것을 천명한 것이다.

오대산 월정사 이야기

육조 혜능에서 절정에 이른 선은 임제의현(臨濟義玄, ?~866)을 개조(開祖)로 한 임제종으로 이어지며, 임제종의 법맥은 대혜종고(大慧宗杲, 1089~1163)로 이어지고, 혼수(混修, 1320~1392)에 의하여 조선에 전해진 뒤에 무학(無學), 기화(己和), 만우(卍雨), 영관(靈觀), 휴정(休靜; 서산 대사)을 거쳐 유정(사명 대사)에까지 계승된 것이다. 그는 한마디로 말하여, 임제에서 발원하여 혼수와 무학을 거쳐 청허 휴정으로 이어지는 선맥을 대표하는 대선사였다.

사명 대사는 승병을 이끌고 몸을 혹사하면서 여러 병을 앓았다. 특히 말년에 그를 괴롭게 한 것은 중풍이었다. 그 사이에 선조도 죽고, 광해군이 즉위하였다. 광해군이 이를 알고 한양으로 와서 치료를 받도록 배려하였으나 응하지 않았다. 1610년 8월 26일, 사명 대사는 모든 선도(禪徒)들을 모아놓고 이야기했다.

"흙·물·불·바람으로 이루어진 이 몸은 이제 장차 참〔眞〕으로 돌아가려 한다. 어찌하여 시끄럽게 왕래하면서 이 허깨비 같은 몸을 수고롭게 하겠는가. 내 이제 입멸하여 큰 조화에 순응하려 한다."

옆에 모신 사람들이 대사의 몸을 씻었다. 머리에서 발끝에 이르기까지 씻기를 마치자 바로 입적하였다. 세수 67세, 법랍 53년 3개월이었다.

1610년 11월 20일에 해인사 서쪽 기슭에서 다비식을 거행하였다. 불이 활활 타오르는데, 오묘한 색깔을 한 상서로운 빛이 쭉 뻗더니, 하늘 끝까지 뻗어올라 비추는 것이 아닌가. 갑자기 숲에서는 새들이 지저귀는 소리가 군중이 절규하듯 들렸다. 새들도 놀라 큰 소리로 지저귄 모양이다. 가까운 곳만이 아니라 멀리서도 사람들이 구름처럼 몰려들었는데, 몇몇 사람은 이 광경을 보다가 놀라서 그 자리에 쓰러졌다. 해인사의 한 스님이 사명 대사의 이마에 맺힌 구슬 하나를 모셔다가 석종을 만들고, 그 자리엔 탑을 세웠다.

【 참고문헌 】

김문자, 「임진왜란의 강화교섭과 加藤淸正」, 『한일관계사연구』 제42집, 한일관계사학회, 2012
김상현, 「건봉사와 사명당」, 『불교연구』 제17집, 한국불교연구원, 2000
박재광, 「임란 초기의 의승군의 활동과 사명당」, 『동국사학』 제42집, 동국사학회, 2006
유정 저 · 김달진 외 2인 공역, 『사명대사집』, 동국역경원, 1970
이철헌, 「사명당 유정의 선사상」, 『한국선학』 제42집, 한국선학회, 2000
조영록, 『사명당평전』, 한길사, 2009
하우봉, 「임란 후 국교 재개기 사명당 유정의 강화활동」, 『역사학보』 제173집, 역사학회, 2002

한암 스님, 온몸으로
한국불교와 상원사를 지키다

오대산 위로 펼쳐지는 하늘은 흐린 날에도 푸르다. 수많은 봉우리가 만들어내는 다각형의 하늘은 흐린 날에도 청정한 품을 잃지 않는다. 월정사에서 상원사에 이르는 길목에 있는 전나무들은 거센 비바람과 눈보라에도 꺾임이 없이 곧고 푸르다. 한암(漢岩) 스님! 경허, 만공, 혜월과 함께 근세에 선풍을 중흥시키고 상원사를 전화(戰禍)에서 구하고 오대산 월정사에 27년 동안이나 머물다가, 앉은 채 해탈에 이르신 분이다.

마음 안에 부처가 있고
자성 그 자체에 법이 있다

한암 스님은 1876년 강원도 화천에서 태어났다. 속성은 방씨였고,

종정에 추대된 직후 촬영한 한암 대종사

156

오대산 월정사 이야기

한암(漢岩)은 법호요, 법명은 중원(重遠)이고, 온양이 본관이다. 천성이 영특하고 총기가 빼어나 한번 의심이 나면 풀릴 때까지 캐묻기를 주저하지 않았다. 한암 스님은 9세에 처음 서당을 다니며 『사략(史略)』을 배우던 중 선생에게 물었다.

"태고에 천황씨가 있었고 그 이전에는 반고씨가 있었다면, 반고씨 이전에는 누가 있었습니까?"

선생은 미처 대답을 하지 못하고 아이의 영특함에 놀라 머리만 쓰다듬어 주었다. 그 질문 이후 한암 스님의 머릿속에서는 인간과 이 세상, 더 나아가 우주의 근원에 대한 의문이 풀리지 않았다. 유교 경전을 읽었지만 답을 찾을 수 없었다.

스물두 살 되던 해 금강산에 유람을 갔다가 발심하여 장안사 행름노사(行凜老師)를 은사로 하여 출가하였다. 한암 스님은 출가하면서 세 가지를 맹세하였다.

"첫째, 마음의 진성을 찾아보자.

둘째, 부모의 은혜를 갚자.

셋째, 극락으로 가자."

출가한 지 몇 해 뒤에 신계사 보운강회에 갔다. 한 스님이 보조 국사의 『수심결』을 읽으라고 전하였다. 읽다가 다음 대목에서 크게 깨우침이 있었다.

"만일 마음 밖에 부처가 있고 자성 밖에 법(法)이 있다는 생각

한암 선사가 처음 입산했던 금강산 장안사 전경. 1930년대 사진

에 집착하여 불도를 구하고자 한다면, 오랜 세월이 지나도록 소신연비(燒身燃臂)의 고행을 하고 팔만대장경을 모조리 독송하더라도 이는 마치 모래를 가지고 밥을 지으려는 일과 같아 오히려 수고로움을 더할 뿐이다.”

스님은 갑자기 모골이 송연함을 느꼈다. 마음 안에 부처가 있고 자성 그 자체에 법이 있는 것! 그 바깥에서 달리 구할 것이 없었다.

1921년 한암 스님이 금강산 건봉사 만일암 선원의 조실로 추대되어 결제 정진 중이던 때 대중 이력(李礫)이 물었다.

“스님, 참선을 하고자 한다면 어떠한 마음가짐을 가져야 합니까?”

한암 스님이 대답하였다.

"참선을 하는 사람이 일단 대사(大事)의 인연을 밝히고자 한다면 맨 처음 자신의 마음이 부처이며 자신의 마음이 법이어서 구경(究竟)에 다름이 없음을 믿어 철저하게 의심이 없어야 하나니, 만일 이와 같이 스스로 판단하지 못한다면 비록 만겁 동안 수행을 한다 할지라도 마침내 진정한 대도(大道)에 들어갈 수 없을 것이다."

이력이 아직 깨닫지 못한 표정을 짓자 다시 보태어 말하였다.

"보조 국사께서 '마음 밖에 부처가 없고 자성(自性) 밖에 불법이 없다'라 하지 않았느냐? 불법 제일의 요체는 '자심이 곧 부처'임을 스스로 깨닫고 닦아서 불도(佛道)를 이루는 것이다. 마음 밖에 부처가 있다고 여긴다면 부처는 외불(外佛)이 되어 도(道)가 될 수 없느니라."

한암 스님은 건봉사 선원의 동안거 해제일(1922년 1월 15일)에 「참선곡(參禪曲)」이라는 불교가사를 지었다. 이는 보조 국사 지눌의 『수심결』의 핵심개념을 기존의 불교가사의 구조와 형식, 수사를 차용하여 노래로 표현한 것이다. 불교 교리를 요약적으로 담아내는 교술적 수사를 하면서도 시가(詩歌) 장르에 맞게 문학성과 서정성을 표출하는 데도 초점을 맞추었다. 시적 대상을 중생, 초심자, 초견성자, 유지장부, 출격장부 등으로 나누어 이들의 근기에 맞게 대기설법의 교시를 내렸다. 그러기에 여러 위계에 있는 독자들이 단계적으로 깨달을 수 있는 길을 열어주었다. 교리만 풀어놓지 않고 구체적이고 실천적인 사례를 병치하고 대화적 양식을 끼워놓기도 하여 교화의 효과를 높였다. 대중적인

인지도가 가장 높았던 회심곡류의 구전가사와 경허 스님의 「참선곡」
과 「법문곡」을 적극적으로 수용하였지만, 그 핵심 내용은 『수심결』이
었다.

이처럼 한암 스님의 첫 깨침은 보조 국사와의 만남에서 비롯된 것이
다. 한암 스님은 경봉 스님에게 보조 국사의 글을 소홀히 하지 말라고
부탁하는 편지를 보낼 정도로 보조 국사의 사상과 글을 중시한다.

> "만약 일생의 일을 원만하고 구족하게 하고자 한다면 옛 조사
> 의 방편 어구로서 스승과 벗을 삼아야 됩니다. 우리나라 보조 국
> 사께서도 일생토록 『육조단경』을 스승으로 삼고 『대혜 서장』을
> 벗으로 삼았습니다. 조사의 언구 중에서도 제일 요긴한 책은 대
> 혜의 『서장』과 보조의 『절요』와 『간화결의』가 활구법문이니, 항
> 상 책상 위에 놓아두고 때때로 점검해서 자기에게 돌린다면, 일
> 생의 일이 거의 어긋남이 없을 것입니다. 제(弟) 또한 여기서 힘
> 을 얻은 것이 있습니다.……『서장』과 『절요』와 『결의』의 끝부
> 분을 의지한다면 활구를 깨닫기가 쉽고도 쉽습니다. 이 말이 비
> 록 번거로운 것 같지만, 일찍이 방랑을 해보아야 나그네의 심정
> 을 안다고 했듯 제발 소홀히 하지 마십시오. 만약 한 때의 깨달음
> 에 만족해 뒤에 닦음을 지속하지 않으면 영가께서 말한 바, '모
> 두 공이라고 여겨 인과를 무시하고 어지러이 방탕하여 재앙을 초
> 래한다'는 것이 이것이니…."

오대산 월정사 이야기

한암 스님은 부처님의 말씀을 잘 읽고 깨닫는 교와 부처님의 마음 속 진리에 이르기 위하여 수행하는 선을 한데 아우른 교선일치(敎禪一致), 마음을 고요히 하여 삼매에 드는 선정(禪定)과 지혜(智慧)를 동시에 함께 닦는 정혜쌍수(定慧雙修)를 지향하였다. 선정을 통하지 않은 지혜는 늘 알음알이나 바싹 마른 간혜로 떨어질 수 있다. 지눌 스님의 말씀 대로 "진리에 들어가는 천 가지 문이 있다지만 모두 선정과 지혜 아님이 없다."(『수심결』) 한암 스님은 경전 읽기에서 깨침이 나오고, 또 참선을 거쳐야만 교학의 진수를 얻을 수 있다고 생각하였고, 또 늘 그렇게 말씀하시고 실천하였다. 그러기에 그는 지금도 보조 국사 지눌의 정혜쌍수를 잘 계승한 선지식으로 불린다.

한암 스님은 항상 보조 국사의 어록이나 경전 강의를 그치지 않았다. 그러나 그때마다 스님은 "내가 아무리 법문을 잘해도 조사나 부처님만

정혜쌍수와 선교일치를
주장했던 보조 국사

하겠느냐. 법문을 따로 들으려고 하지 말고 경전이나 어록 속에 담겨 있으니 내 말보다도 부처님 말씀과 경전을 잘 배워야 한다"고 했다.

한암 스님은 승가오칙이라 하여 "참선, 간경, 염불, 봉사, 포교 등 다섯 가지를 잘해야 한다"고 강조했다. 언제나 '지인과명사리(知因果明事理)', 즉 "중은 인과를 제대로 알아야 하고 사리를 분명히 알아야 한다"고 가르쳤다. 한암 스님은 "절집을 떠나지 마라. 대중처소에서 생활해라. 인과를 분명히 하는 생활을 해라. 승려로서 지켜야 할 다섯 가지를 참여하고 실천하지 못하면 승려가 아니다"라는 점을 언제나 당부하였다.

형상이 있는 모든 것은
허망하다

한암 스님은 구름처럼 떠돌아다니다가 성주 청암사의 경허 선사를 만났다. 경허 선사는 『금강경』 설법을 하면서 사구게를 읊었다.

"무릇 형상 있는 것은 모두 허망하니, 모든 형상이 형상 아닌 줄 알면 곧바로 여래를 볼 것이니라(凡所有相 皆是虛妄 若見諸相非相 卽見如來)."

이를 듣는 순간 스님은 갑자기 숨이 멎으며 망치로 머리를 맞은 것처럼 멍해졌다. 아홉 살 때 서당에서부터 품었던 의문이 풀리는 순간이었다. 내 눈 앞에 보이는 것, 모든 존재한다고 생각하던 것, 실체라고 생각한 것, 본질이 있다고 생각한 것, 그 모든 것이 허상이니 그를 생각하는 것 자체가 허망한 것이었다. 그렇게 생각하는 순간, 홀연히 눈앞에 안개가 걷히고 맑고 청정한 하늘이 드러났다. 이후 한암 스님은『금강경』을 모든 경전의 요체로 삼았다.

1936년 6월에 월정사, 유점사, 건봉사의 3본사가 선교(禪敎) 겸수(兼修)의 인재를 양성(養成)하기 위하여 상원사에 연합수련소를 개소하였다. 스님이 이곳의 책임을 맡으면서 참선수행 도량임에도『금강경』을 가르쳤다. 특히 수좌와 수련생들에게 불교 교학 및 사상을 가르치기 위해 직접『보조법어』와『금강경오가해』등을 현토해 교재로 간행하고, 각 사찰 승려와 학인들도 배울 수 있도록 출판하였다. 당시 "탄허의 학식과 문필이 나보다 천만 억 배나 낫다"고 할 정도로 아꼈던 상수제자 탄허 스님에게 미리 가르쳐서 경전을 해석토록 하고, 제자들이 의문이 나는 것을 물으면 직접 설명하는 형식으로 후학들을 지도했다. 이때 스님은 제자들이『금강경』을 암송하는 것을 시험을 쳐서 잘 외우지 못할 경우 종아리를 쳤다. 그만큼『금강경』의 중요성을 강조한 것이다.

특히『금강반야바라밀경 중간연기 서』를 통해,

"오가해 중에 육조, 야부, 종경 등 삼가(三家)의 주석에는 곧 의리(義理)의 미묘함을 설해서 보고 듣는 자로 하여금 깨끗이 뼈를 바꾸고 창자를 씻은 듯하게 하며, 또한 돌을 부딪쳐서 번갯불이

번쩍이는 소식을 들어보이셔서, 곧 일천 성인이 전하지 못하신 향상일로를 초월케 하시니 가히 말하자면 천지 이전에서 이후까지 억겁을 지난다 해도 만나기 어려운 법이라 하겠다.”

라 하였다. 그만큼 『금강경』의 가치와 중요성을 높이 평가한 것이다.

스님은 상원사에 불이 났을 때도 먼저 법당의 대장경부터 꺼내오도록 지시할 만큼 경전을 아꼈고, 강(講)을 할 때면 참선하는 수좌들도 가능한 모두 참석하도록 했다.

한 물건도
작용하지 않는다

1903년에 한암 스님은 해인사선원에 머물며 『전등록』을 읽다가 “한 물건도 작용하지 않는다”는 구절에 이르러 의단이 끊어지는 경지를 만난다.

당시(1903) 해인사 조실은 경허 선사였다. 경허 선사는 해제를 하루 앞두고 대중들을 모아 놓고 차를 마셨다. 그윽한 다향은 코로 들어가 머리를 비워내고, 맑은 찻물은 입으로 들어가 몸을 비워냈다. 차와 깨달음이 하나라는 다선일미(茶禪一味)라는 말처럼 맑은 차를 마시니 머리가 맑아지고, 숱한 화두들이 머리를 스치고 지나갔다. 그때 경허 선사가 대중들에게 『선요』의 한 구절을 빌려 물었다.

“어떤 것이 진실로 참구하고 진실로 깨닫는 소식인가? ‘남산
에 구름이 일어나니 북산에 비가 내린다’라는 말이 있는데 이 말
이 무슨 말인지 알겠는가?”

아무도 답을 하는 사람이 없었다. 잠시 침묵이 이어졌다. 그때 한암
스님이 답하였다.

“창문을 열고 앉았으니 와장(瓦墻, 기와로 만든 담장)이 앞에 섰다.”

이튿날(해제) 경허 선사가 법상에 올라가 대중을 돌아보면서 말하였
다.

“한암의 공부가 개심(開心, 지혜를 일깨워 열어 주는 단계)을 초과했다”
라고 인가하였다. 이때가 스물네 살이었다. 한암 선사는 이때의 깨달
음을 게송으로 지었다.

다리밑에 푸른하늘 머리위에 뫼이로다.

본래부터 안팎이나 중간조차 없는걸세.

절름발이 걸어가고 소경또한 바라보니,

이북산이 저남산을 대하고서 말이없네.

脚下靑天頭上巒

本無內外亦中間

跛者能行盲者見

北山無語對南山

깨달음의 경지에서는 구분도 경계도 무너진다. 다리 아래로 푸른 하늘이 펼쳐지고 머리 위로는 산이 놓인다. 진정한 진리의 세계에서는 안과 밖의 구분이 없을 뿐만 아니라 중간조차 없는 것이다. 그러니, 그 경지에 이르면 절름발이가 걸음을 걷고 소경이 바라보는 경지에 이른다. 남산에 구름이 일면 북산에 비가 내리니, 모든 것에 원인이 있으면 결과가 있고 또 결과가 다시 원인으로 돌아가는 것이니, 이 북산이 저 남산을 대하고서 무슨 말이 필요하겠는가. 말이 없이 서로 통하고, 말이 없이 연기인 까닭이고, 말을 넘어선 깨달음을 펴고 있는 것을.

해제 후 경허 선사는 해인사를 떠나면서 한암 스님을 데리고 가고 싶은 마음에 간절한 글 한 편과 시(詩) 한 수를 지어 한암 스님에게 전했다.

"나는 천성이 화광동진(和光同塵)을 좋아하고 더불어 꼬리를 진흙 가운데 끌고 다니기를 좋아하는 사람이다. 다만 스스로 삽살개 뒷다리처럼 너절하게 44년의 세월을 지내다 우연히 한암 스님을 만나게 되었다. 그는 품행이 순직하고 학문이 고명하여 1년을 같이 지내는 동안에도 평생에 처음 만난 사람인 양 생각되었다. 그러나 오늘 서로 이별하는 마당에 서게 되니, 아침과 저녁의 연운(煙雲)과 산해(山海)의 멀고 가까움이 진실로 보내는 회포를 뒤흔들지 않는 것이 없다. 하물며 덧없는 인생은 늙기 쉽고, 좋은 인연은 다시 만나기 어려운 즉, 이별의 섭섭한 마음이야 더 어떻다고 말할 수 있으랴. 옛날 사람은 말하기를 '서로 알고 지내는 사람은 천하에 가득 차 있지만, 진실로 내 마음을 알고 있는 사람은 과연 몇이나 되랴'고 하지 않았던가. 과연 한암 스님이 아니면 내가 누구와 더불어 지음(知音)이 되랴. 그러므로 여기 시(詩) 한 수를 지어 뒷날에 서로 잊지 말자는 부탁을 하노라.”

저붕새가 날개접어 하늘멀리 드리우니
부질없이 울타리를 넘나든지 얼마였나.
이별이란 예사라서 어려운일 아니지만
덧없는삶 생각하니 뒷날기약 아득하다.
捲將窮髮垂天翼
謾向槍楡且幾時
分離尙矣非難事
所慮浮生杳後期

한암 스님이 큰뜻을 품고 붕새가 날 듯 구만리 먼 하늘을 날아가려 하니, 언제든 함께 있고 싶건만 잡을 수 없다. 생각해 보니 서로 오고가며 마음이 맞고 뜻이 통한 적이 너무도 많다. 그래도 간다 하니 잡을 수 없다마는, 이별이라는 것이 예사라서 어려운 일이 아니지만, 삶이라는 것이 부평초처럼 덧없는 것이거늘, 그 언제나 만날는지 그 기약이 아득하기만 하구나. 한암 스님은 이런 스승의 심정을 헤아려 답시를 쓴다.

그야말로 가을국화 겨울매화 지났는데

어찌하여 오랫동안 모실수는 없는가요.

만고에도 반짝이는 마음의달 있사오니

덧없는삶 뒷날기약 어찌부질 없으리오.

霜菊雪梅纔過了

如何承侍不多時

萬古光明心月在

更何浮世謾留期

서리 내린 국화와 눈을 맞은 매화처럼 모든 시련과 고통을 이겨내고 깨달음의 꽃을 피웠는데, 어찌 하여 오랜 동안 모시지 못하고 헤어져야 한다는 말인가. 이제 헤어지면 몸은 서로 멀리 떨어져 있겠지만, 영원히 눈부시게 빛나는 마음의 달, 곧 깨달음과 진성, 부처님이 내 가슴 속에 훤히 있으니, 덧없는 삶 속에서도 그 마음의 달을 밝히면, 서로 만날 터이니 뒷날 기약이 부질이 없는 것이 아니다.

이어 한암 스님은 서른 살 되던 1905년 양산 통도사 내원선원의 조실로 있다가 1910년 봄에 선승들을 해산시키고 평안도 맹산 우두암에 들어가 홀로 참선수행을 하며 불을 지피다가 홀연히 깨달음을 얻었으니, 이때가 1912년으로 세속의 나이로 서른여섯 되던 초봄이었다. 그때의 깨달음을 오도송으로 읊었다.

오대산 월정사 이야기

부엌에서 불지피다 홀연히눈 밝아졌네.

이로부터 옛길이사 인연따라 훤하다네.

달마스님 서쪽에서 오신뜻을 묻는다면

바위아래 샘물소리 젖는일이 없다하리.

着火廚中眼忽明

從茲古路隨緣淸

若人問我西來意

岩下泉鳴不濕聲

부엌에서 불을 지피다 갑자기 깨달았다. 깨닫고 보니, 옛 선사들이 하신 말씀과 화두가 인연을 따라서 피어오르는 장작불처럼 환하게 다가온다. 달마 스님이 인도에서 와서 선을 전한 까닭이 무엇이겠는가? 부처님의 마음은 말을 떠나 이렇게 정진을 하다가 홀연히 깨닫는 것이니, 바위 아래에 퐁퐁 솟아나는 샘물소리가 물기에 젖지 않고 늘 맑게 들리는 이치와 같다.

한암 스님은 이때부터 중생이 서로 의탁하여 사는 이 세상에 들지도 않고 나지도 않으면서 수시수처에서 선풍을 크게 떨쳤다. 확철대오한 한암 스님은 금강산 장안사 지장암에서 수행하였다. 1921년 건봉사 주지를 비롯한 스님들이 모두 나서서 건봉사 조실로 오실 것을 간청하였다. 한암 스님은 그리로 주석처를 옮겼다. 건봉사에서 한암 스님은 선의 요체 21개조에 선의 본질과 수행방법에 대하여 체계적이면서도 구체적으로 정리하였다. 자신이 전하고자 하는 선의 요체를 담은 것이다. 이때 이와 함께 행한 법어, 게송, 가사 등의 어록을 정리한 것이 『한암선사법어』이다.

한암 스님이 한강 건너 봉은사 조실로 주석할 때다. 강화도 전등사와 보문사 참배 길에 올랐다. 당시에는 다리를 놓기 전이라 김포나루에서 배를 타고 건너 수십 리 길을 걷다보니 날이 저물었다. 비까지 억수로 내렸다. 남의 집 신세를 질 수밖에 없어 인근의 부잣집으로 갔다. 부자이기는 하지만 인색하여 그 집 주인은 스님을 맞기는 하였지만 거드름을 피우며 빈정거렸다.

"스님들은 탁발을 나오기만 하면, 보시하라, 나누어 주어라, 그러시던데, 재산이 좀 있다고 해서 허투루 남에게 퍼주기만 하면 그게 옳은 일이겠습니까? 아니면, 안 쓰고 절약해서 자기 재산을 늘리는 게 옳겠습니까? 어디 한 번 대답을 해 보시오."

이때 한암 스님은 빙긋이 웃으며 부잣집 주인에게 말하였다.

"주인 어른께서는 오른손을 한 번 펴 보시지요."

"손을 펴라니, 이렇게 손가락을 펴란 말씀이십니까?"

"그렇소이다. 주인장께서 지금 손가락을 쫙 펴셨는데, 그 손가락을 오무리지 못하면, 그것은 불구이겠습니까, 아니겠습니까?"

"그, 그야 편 손을 오무리지 못하면 불구입지요."

"그럼 이번에는 주먹을 한 번 쥐어보시지요."

"이, 이렇게 말씀입니까?"

“그렇소이다. 주인장께서 지금 주먹을 꼭 쥐셨는데, 이 손을 펴지 못하면, 그것은 불구입니까, 아닙니까?”

“아, 그야 주먹을 펴지 못하면 그것도 불구입지요.”

“재물도 그와 같다고 할 것입니다.”

“재물도 그와 같다니요?”

“재물도 덮어놓고 허비하는 것도 옳은 일이 아니요, 그렇다고 재물을 덮어놓고 움켜쥐고만 있으면 그 또한 옳은 일이 아닙니다. 손을 펼 때 펴고, 오무릴 때 오무릴 수 있어야 정상이듯이, 재물도 또한 아낄 때는 아끼고, 쓸 때는 제대로 쓸 줄 알아야 옳은 일이라 할 것입니다.”

한암 스님의 법문을 듣고 난 그 부잣집 주인은 그제야 부끄러워하며 스님을 극진히 모셨다고 한다.

차라리 천년 동안 자취를 감추는 학이 되리

한암 스님은 강화도 전등사와 보문사를 참배하고 봉은사로 다시 돌아왔다. 왜색 승려들이 설치고 다녔다. 그 꼴을 보는 것이 몹시도 눈에 거슬렸다. 아침에 홀연히 행장을 갖추었다. 떠나면서 게송을 남기었다.

내 차라리 천년 동안 자취를 감추는 학이 될지언정,
삼년 동안 말 잘하는 앵무새의 재주는 배우지 않겠노라.

寧爲千古藏踪鶴

不學三春巧語鸚

　　한암 스님은 봉은사를 떠나 강원도 오대산 월정사로 갔다. 월정사에 머물고서는 아예 동구 밖 출입조차 끊어버렸다. 한암 스님은 오대산에 들어와 들고 다니던 단풍나무 지팡이를 중대 사자암 앞뜰에 심었다. 이 윽고 봄이 되어 오대산 곳곳에 봄기운이 돌고 겨우내 얼었던 가지에 움 이 돋고 싹이 나는데, 그 지팡이에서도 싹이 나는 것이 아닌가. 싹이 잎 이 되고 새 가지까지 나와 무성한 나무가 되었다. 지금도 중대 앞에 가면 단풍나무가 한 그루 자라고 있는데, 이것이 바로 한암 스님의 지팡이다.

한암 선사가 오대산으로
들어오실 때 짚고 오신
단풍나무 지팡이가 그대로
자라 있다.

오대산 월정사 이야기

　이즈음 우리 종단을 창종하자는 운동이 진행되었다. 한암 스님은 1929년 조선불교선교양종 승려대회에서 7인의 교정으로 추대되었다가 이후 조계종 창종 때 초대 종정으로 추대되었다. 「해동초조(海東初祖)에 대(對)하야」에 조계종의 창종(創宗)에 대한 한암 스님의 생각이 잘 드러나 있다.

　"기시(其時)에 신라(新羅) 도의 대사(道義大師)가 망풍서범(望風西泛)하여 서당지장 화상(西堂智藏和尙)을 수알(首謁)하시고 법인(法印)을 득(得)하여 동귀(東歸)하심이 전기(傳記)가 초초(昭昭)하니, 그러면 달마(達磨)가 진단(震旦)에 초조(初祖)됨과 여(如)히 도의(道義)가 해동(海東)에 초조(初祖)됨은 지자(智者)를 부대(不待)하고 가(可)히 판정(判定)할 것이 아닌가. ……보조 국사(普照國師)가 범일(梵日)의 후예(後裔)로서 대법당(大法幢)을 송광사(松廣寺)에 건립(建立)하사 최상종승(最上宗乘)을 개연(開演)하사 당세(當世)를 이익(利益)케 하시고 또 『수심결(修心訣)』, 『진심직설(眞心直說)』, 『간화결의(看話決疑)』, 『원돈성불(圓頓成佛)』 등(等) 직절경요(直截徑要)의 법문(法門)을 저술(著述)하사 장래(將來)를 보각(普覺)케 하시니 어시호(於是乎)에 초도대흥(初道大興)하고 불일중휘(佛日重輝)한지라. 조지(朝旨)를 봉(奉)하야 산명(山名)을 조계(曹溪)로 변개(變改)하셨으니, 이는 곧 멀리 육조(六祖)를 경모(敬慕)하고 다시 해동제국사(海東諸國師)의 조계종(曹溪宗) 창립(創立)한 연원(淵源)을 계승(繼承)

함이 아닌가. ……그런데 근래(近來) 문학상(文學上)에 태고보우
국사(太古普愚國師)로 해동초조(海東初祖)를 정(定)함이 반반(班班)
이 현로(現露)리니 이는 자위(自違)함이 너무 심(甚)한 듯하다. 태
고(太古)가 중흥조(中興祖)라 함은 혹(或) 그럴는지 모르나 어떻게
초조(初祖)가 되리오."

위의 글에서 명확하게 주장한 대로, 한암 스님은 해동의 초조를 보
조가 아니라 도의 국사로 확정하고 있으며, 보조 국사의 공적과 법을
강조하기는 하지만 그를 중흥조로 간주한다. 그는 육조…마조―마조
의 법사―도의―범일…보조―수선사의 국사―각엄존자―졸암―구곡―벽
계―벽송―부용―청허로 이어지는 태고법통설을 비판하고 도의·홍척·
혜철·범일…보조 국사―수선사의 16국사…태고·환암·구곡―벽계―
벽송―부용―청허로 이어지는 법통설을 주장하였다. 이와 같은 법통설
의 근저에는 한암 스님의 선 사상의 본질이 내재되어 있다. 다시 말해,
한암 스님이 계승하고 복원하고자 하는 조계종이 육조―마조의 본원적
선이며, 임제―대혜의 간화선 또한 보조의 선 사상에 바탕을 두고 수용
한다는 것이다. 스님은 초대 종정으로 그치지 않고 네 차례에 걸쳐 종
정을 역임하였다.

당시 미나미(南次郎) 총독이 한암 종정스님을 총독부로 초청하였다.
그러나 한암 스님은 월정사 동구 밖으로 나가지 않는다는 뜻을 접지
않고 일언지하에 미나미 총독의 초청을 거절했다. 이에 입장이 난처해

진 미나미 총독은 부총독 격인 정무총감 오오노를 오대산으로 보내 배알케 했다. 이때 오오노가 한암 스님께 법문을 간청하자 스님은 묵묵히 백지 위에 '정심(正心)' 두 글자만 써 주었다.

그 후 경성제대(京城帝大, 지금은 서울대) 교수로 와 있던 일본 조동종(曹洞宗)의 명승 사토오(佐藤泰舜)가 월정사로 한암 스님을 찾아뵙게 되었다. 큰절 월정사에서는 급히 상원사로 사람을 보내어 한암 스님이 월정사로 내려와 사토오를 만나라고 전했다. 그러나 대중들과 김장 준비 울력을 하고 있던 한암 스님은 일언지하에 거절했다. 할 수 없이 사토오가 상원사로 한암 스님을 찾아뵈었다.

사또오가 스님께 인사를 올리고 나서 물었다.

"어떤 것이 불법의 대의입니까?"

한암 스님은 대답 대신 빙그레 웃으며 놓여 있던 안경집을 들어 보였다. 사토오가 다시 물었다.

"스님은 대장경과 조사 어록을 보는 동안 어느 경전과 어느 어록에서 가장 깊은 감명을 받았습니까?"

한암 스님은 사토오의 얼굴을 쳐다보면서 말하였다.

"적멸보궁에 참배나 갔다 오시오."

사토오는 이어서 물었다.

"스님께서는 만년의 경계와 초년의 경계가 같습니까, 다릅니까?"

한암 스님은 단호하게 답하였다.

"모르겠노라."

이에 사토오는 일어나 절을 하면서 말하였다.

"활구법문(活句法門)을 보여 주시어 감사합니다."

스님은 절을 받으며 사토오의 말이 끝나기도 전에 답하였다

"활구라고 말하여 버렸으니 벌써 사구(死句)가 되어버렸군."

사토오는 삼 일 동안 머물다 떠나면서 말하였다.

"한암 스님은 일본에서도 찾을 수 없는 큰스님이시다."

이 일이 있은 다음부터는 일본 저명인사의 발걸음이 잦았다. 2차 대전이 종전을 향하여 치달을 즈음 일본의 경무국장 이케다(池田淸)가 한암 스님을 찾아와서 한마디 물었다.

"이번 전쟁에서 어느 나라가 이기겠습니까?"

순간 주위가 차가운 물을 뿌린 듯 정적이 흘렀다. 상대는 경찰 업무를 총괄하는 경무국장이 아니던가. 스님은 태연히, 부드러운 미소를 지으며, 그러나 강한 목소리로 대답하였다.

"그야 덕이 있는 나라가 이기지요."

이 말을 듣자 그러지 않아도 패색이 짙은 전세를 아는 이케다는 어깨를 축 늘어뜨리고 떠났다고 한다.

온몸으로
상원사를 지키다

6·25전쟁이 나자 모든 사람들이 피난을 떠났으나 한암 스님은 그대

로 상원사에 남았다. 전쟁 발발 초기에는 국군이 손을 쓸 겨를도 없이
북이 기습적으로 점령하는 바람에 월정사는 별다른 피해를 입지 않았
다. 본격적인 참화는 1950년 겨울부터 발생했다. 압록강까지 진격한
유엔군이 중공군의 개입으로 다시 밀려 내려와 38선상에 방어선을 구
축한다. 하지만 미8군 사령관 워크는 38도선에서의 방어가 불가능할
것으로 판단하고 12월 22일 예하 부대에 철저한 초토화 작전을 명령한
다. 이 때 동부전선의 국군 1군단장 김백일 장군은 미8군 사령부와 육
본의 작전명령을 하달받아 수도사단과 9사단 등 예하 부대에 작전지역
내 기간 시설물과 북한군과 중공군이 산악을 이용한 기동과 유격전을
벌일 때 이용될 수 있는 민간시설물인 사찰 및 민가를 소각할 것을 명

한암 선사께서 온몸으로 지켜낸 오대산 상원사

령한다. 이 소문이 삽시간에 월정사에 전해져 전 대중이 1주일 동안 울력으로 사찰에서 북한군이나 중공군이 숙영할 수 없도록 조치한다. 그리고 전 대중은 소개령에 따라 일부 성보문화재를 몸에 지닌 채 1951년 1월 2일까지 한 명도 남김없이 모두 피난을 떠난다.

상원사를 불태우기 위하여 명령을 받고 군인들이 상원사로 올라왔다. 한암 스님은 가사와 장삼을 입고 법당에 들어가 정좌한 채로 군인들을 향하여 말하였다.

"나는 부처님의 제자요, 법당을 지키는 것은 나의 도리니 어서 불을 지르시오!"

군인들이 아연실색하면서 법당에서 나올 것을 요청하자 재차 말하였다.

"당신들은 군인이니 상부의 명령을 따르면 되고, 나는 승려이니 승려답게 절을 지키면 되지 않느냐? 본래 승려들은 죽으면 불에 태우는 것이다. 그런데 내가 나이도 많고 죽을 날도 멀지 않았으니 잘 된 것 아니냐? 그러니 걱정 말고 불을 질러라."

군인들은 한 치도 흐트러짐이 없이 단호하면서도 지극히 평안한 스님의 얼굴을 보고 그 기세에 눌려 더 이상 아무 것도 할 수 없었다. 그렇다고 상부의 명령을 거역할 수도 없었다. 한암 스님의 태도에 감복한 장교는 한참을 서서 생각하다가 문득 좋은 방안이 떠올랐다. 그는 부하들에게 법당의 문짝만을 뜯어내라 일렀다. 절 마당에 문짝을 쌓고는 불을 질렀다. 문짝을 태우는 불길이 솟고 연기가 오대산 능선으로 피어올랐다. 문짝이 재로 변할 즈음 군인들은 떠났다. 월정사는 대중들이 모두 피난을 떠난 다음날인 1월 3일 월정사를 소각하면 통행증을 발급해 주겠다는 국군의 회유를 받은 마을 청년 세 명에 의해 전소(全燒)된다. 오늘날 상원사 법당이 고스란히 남은 것은 오로지 한암 스님의 덕이다.

당시에 한암 스님이 지인에게 보낸 편지가 최근에 발견되었으니 몇 부분만 소개한다.

"항상 안심(安心) 정려(靜慮)하여 터럭 끝만치도 마음을 일으키거나 생각을 움직이지 마십시오. 더 나아가서 마음을 일으키거나 생각을 움직인다(번뇌를 일으킨다는 생각)는 생각까지도 없어야 됩니다. …… 오로지 방법은 마삼근 화두가 제일의 묘방이온데 잘못하면 최고로 맛있는 음식도 도리어 독약이 될 수 있는 것과 같습니다. 화두를 참구할 때는 급하지도 느리지도 않게 하십시오. 묘방은 거기에 있습니다. …… 잡념은 조금이라도 없는 가운데서 화두를 들되, 재미도 없고 사량 분별도 할 수 없게 하여 참구하십시오. 그리고 약간 정신을 가다듬어 이것이 무슨 도리(道理)인고? 이와 같이 오래도록 익히고 익혀서 일구월심하면 자연히 천진묘성(天眞妙性)에 계합하게 됩니다. …… 항상 마음을 편안하고 자유롭게 하십시오. 무심(無心), 안심(安心), 정심(靜心), 섭심(攝心)이 제일 상책의 묘도(妙道)입니다. …… 그러나 이 화두공부는 마음을 담백하게 하고 생각을 고요하게 한다는 생각마저도 버려야 합니다. 그러므로 사의(思議)할 수 없다고 말하는 것입니다. 또한 이 도(화두참구)는 부모가 자식에게 전해줄 수도 없고 자식이 부모에게 전수받을 수도 없는 것입니다. 오로지 당사자가 한 생각 진실하게 가져서 마치 모양(즉 模本)에 의거하여 그림을 그리되, 그리고 또 그리면, 홀연히 축찰합착(섬돌 맞듯 맷돌 맞듯)해서, 본래 생긴 그대의 불성(佛性)을 다시 닦고 알고 찾고 보면, 여러 가지 잡된 말이 끊어집니다. 아무쪼록 심사(深思), 정사(靜思), 안사(安思)하여 기운을 순하게 하고 혈기를 순하게 하여 홀연히(한 생각) 돌이키면 오히려 전에 병이 없을 때에 느꼈던 낙(樂)보다 더 상쾌하고 시원할 것이올시다.” 「1948년 11월 6일 한암 스님 편지에서」

“참선법은 불성을 명백하게 요달해서 다시는 업에 구애받지 않음을 목적으로 하는 것입니다. 그러나 화두를 들 때에는 온갖 생각을 허락지 아니합니다. 다만 화두에 대한 의심만 일여(一如)하게 생각할 뿐입니다. 말이 번다하면 도리어 공부에 방해가 되기에 이만 그칩니다.” 「1949년 1월 12일 한암 스님 편지에서」

“화두를 참구할 때에는 한결같이 하여 똥 누고 오줌 눌 때에도 끊어짐(間斷)이 없어야 합니다. 그런데 하물며 조석(朝夕)을 논해 무엇 하겠습니까? 일체처(一切處) 일체시(一切時)에 화두를 참구해야 합니다. 간단(間斷)없이 화두를 참구하는 것이 가장 중요합

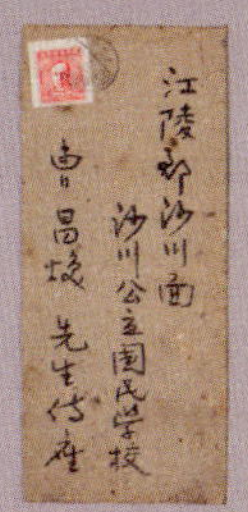

조창환선생에게 보낸 한암 스님의 편지. 1949년

니다. 고요한 곳과 시끄러운 곳, 움직일 때나 가만히 앉아 있을 때나, 그리고 걷거나 머물거나 눕거나 일어나는 것과 깊은 산속, 도시를 막론하고 다만 화두를 참구하여 오래도록 익히는 것에 주력하십시오. …… 재가자(신도)와 출가자(스님)를 막론하고 참선하여 도(道)를 깨친 사람은 무수히 많습니다. 꼭 부처님 앞에서(사찰에서) 참선해야만 되는 것이 아닙니다. 오히려 사무를 보는 복잡한 가운데에서 득력(得力)하는 것이 적정(寂靜)한 곳에서 득력하는 것보다 10만억 배가 더 중요하오니 문제는 오로지 당사자의 신심이 얼마나 견고한가? 그것이 관건입니다." 「1949년 2월 4일 한암 스님 편지에서」

"이 몸은 고(苦)의 뿌리입니다. 무슨 병이든지 발생하면 완쾌

제2장 _ 월정사를 장엄하신 조사들

되기란 매우 어렵습니다. 음식을 잘 조절하고 양생·섭생하면 고통이 줄어듭니다. 이것이 가장 좋은 효과인데 오래도록 잘 조절, 관리하여 신(神)의 경지에 들어가면 혹 아주 쾌차되는 때도 있습니다. 그러나 업이 무거우면 아니 됩니다. 화두는 이것저것 따질 필요 없이 오로지 정신을 차려서 '이것이 무슨 도리(道理)인고?' 하고 의심할 뿐이요, 다른 생각은 조금도 용납하지 않습니다."

일사후퇴로 모두 피난을 떠난 지 두 달쯤 지나 1951년 3월 21일(1951년 신묘년 음력 2월 14일) 아침이었다. 오대산 능선 위로 해가 찬란하게 떠올랐다. 스님은 죽 한 그릇과 차 한 잔을 마시고는 손가락을 꼽으며 손상좌 만화 희찬 스님에게 말하였다.

"오늘이 음력으로 2월 14일이지?"

스님은 들어가서 가사와 장삼을 찾아서 입고 단정히 앉았다. 그리고는 앉은 채로 좌탈입망했다. 1925년 오대산에 들어온 뒤 입적한 1951년까지 27년 동안 오대 산문을 나서지 않은 채 입적한 것이다. 이때 한암 스님의 세수는 75세요, 법랍은 54년이었다.

당시 한암 선사의 열반 모습은 정훈장교인 김현기 거사가 찍었다. 사진을 보면 경상(經床)이 놓여 있고 담요가 벽에 둘러쳐져 있다. 경상은 원래 사용하던 것이고 담요는 벽이 불에 그을려 지저분하여 두른 것이었다.

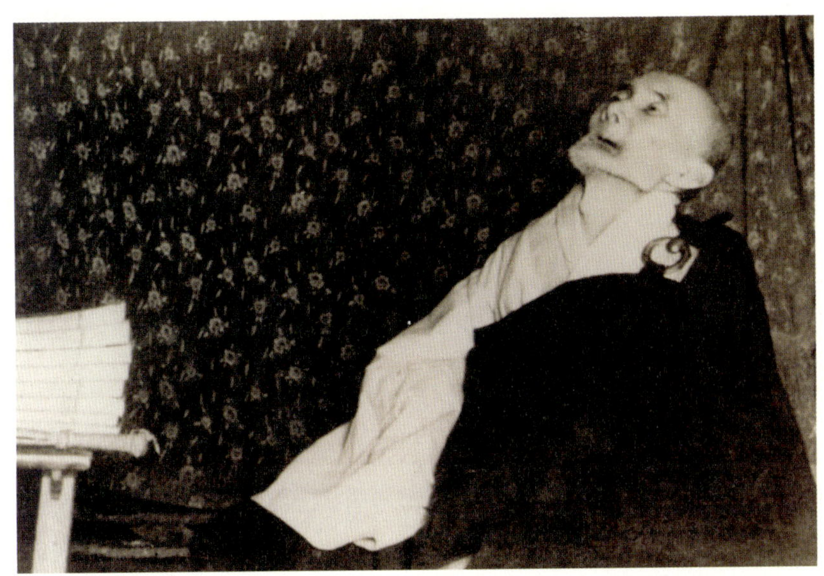

좌탈입망하신 한암 선사

전쟁 중이라 다비를 하는 것이 쉬운 일이 아니었다. 만화 스님이 군인들에게 부탁하여 나무를 했다. 법구를 모시고 상원사 인근 골짜기로 갔다. 나무 위로 법구를 얹고 만화 스님과 범룡 스님, 군인들이 함께 다비했다. 다비를 하여 법구가 물·불·흙·바람으로 돌아가는데, 갑자기 밝고 환한 빛이 법구에서 뿜어져 나와 하늘로 솟구쳤다. 만화 스님과 범룡 스님은 저도 모르게 합장을 한 채 절을 하였다. 군인들도 적이 놀라서 따라하였다.

서로를 탁마하며 도반으로 살았던 절친 경봉 스님은

"눈빛을 거두는 곳에 오대산이 서늘해

꽃과 새들도 슬피 울고 달에까지 향연이 어리는 듯

격식 밖의 현담을 누가 아는가

만산엔 변함없이 물이 흐르네"

라고 추도했다.

한암 스님은 말을 남기는 것을 좋아하지 않아 『일발록(一鉢錄)』 한 권을 남겼는데 그마저 1947년 봄에 상원사에 불이 났을 때 타고 말았다. 이 책은 뒤에 1995년 월정사 주지 현해 스님이 문도들의 뜻을 모아 『한암일발록』으로 재간행하였다. 2009년 정념 스님이 월정사 주지 재임 시에 『정본 한암일발록』을 다시 만들었다. 제자로는 보문 스님, 난암 스님, 탄허 스님 등이 있다.

【 참고문헌 】

김광식, 『그리운 스승 한암 스님』, 민족사, 2006
김종진, 「한암 선사의 〈참선곡〉 연구」, 『국제어문』 제39집, 국제어문학회, 2007
김호성, 『방한암 선사』, 민족사, 1996
김호성, 「한암의 도의 – 보조 법통설」, 『보조사상』 제2집, 보조사상연구원, 1988
심정섭, 「법보신문」, "한암 스님"
윤창화, 「한암의 자전적 구도기 일생패궐」, 『한암사상』 제1집, 월정사, 2006
이덕진, 「근·현대 불교에 끼친 보조사상의 영향 – 근·현대의 선사들을 중심으로」, 『보조사상』 제27집, 보조사상연구원, 2007
전재강, 「한암 선사 〈참선곡〉 구조의 역동성」, 『우리말 글』 제48집, 우리말글학회, 2010
정도 스님, 「경봉 선사의 사상적 교류 고찰: 보조 국사, 한암 선사와 용성 선사를 중심으로」, 『보조사상』 제32집, 보조사상연구원, 2009
한암문도회, 『한암일발록』, 민족사, 1995
한암문도회, 『정본 한암일발록』, 민족사, 2010

탄허 스님, 화엄의 꽃을 피우며
삼교에 회통하다

골짜기 새로 비집고 들어온 동살이 희붐하다. 아침 햇빛을 처음 대하면서 그 너머 우주의 진리를 보는 사람이 있다. 화엄을 체계화하고 그 바탕 위에서 선수행의 새로운 길을 열고, 유불도 삼교의 도에 모두 통하여 우주의 미래까지 내다본 스님, 어려운 한문으로 이루어진 경전을 한글화하고 대중화하는 데 주역을 맡으셨던 분이 탄허 스님이다. 70, 80년대의 한국불교를 대표하는 스님이라면, 단연 성철 스님과 탄허 스님이다. 성철 스님이 '가야산 호랑이'였다면, 탄허 택성(呑虛宅成, 1913~1983)은 '오대산의 호랑이'였다.

스님은 1913년 음력 1월 15일. 전북 김제 만경면 대동리에서 독립운동가인 율재(栗齋) 김홍규(金洪奎) 선생의 둘째 아들로 태어났다. 속명은 금택(金鐸). 본관(本貫)은 경주(慶州) 김씨, 자(字)는 간산(艮山), 법명은 택성(宅成: 鐸聲), 법호는 탄허(呑虛)이다.

부친 김홍규는 보천교의 재정을 담당하는 목주 도인으로 불리었고, 보천교의 자금을 상해 임시정부로 보냈던 주역이다. 탄허 스님이 일곱 살이던 1919년에 부친이 독립운동을 하다 체포되어 수감되자 석방되어 나온 1924년까지 어린 몸으로 옥바라지를 하였다.

여섯 살이던 1918년에 시작하여 열여섯 살이던 1928년까지 10여 년 동안 부친과 조부(金炳日), 그리고 향리의 선배들에게서 사서(四書)·삼경(三經)을 비롯한 유학(儒學)의 전 과정을 배우고 읽었다.

유교에서 도교로,
최종적으로 불교에서 진리를 구하다

탄허 스님은 17세(1929)에 충남 보령에 거주하는, 토정 이지함의 8대 종가였던 이용구의 막내딸인 이복근과 결혼한 뒤 처갓집에서 살았다. 거기에서 그는 면암 최익현(崔益鉉) 계통의 전우(田愚, 1841~1922)의 유학을 이은 기호학파의 거두 이극종(李克宗) 선생으로부터 시경(詩經)을 비롯한 삼경(三經)과 예기(禮記), 춘추좌전(春秋左傳) 등 좀 더 난해한 유학의 경전을 배우고 익혔다.

스무 살에 이른 1932년부터 노자의 『도덕경(道德經)』과 『장자(莊子)』 등 도가(道家)의 경전을 읽으면서 '도(道)란 무엇인가?'라는 새로운 주제에 관심을 갖기 시작하였다. 하지만, 도가에서도 도를 찾기 어려웠다. 공허하였다. 아무래도 불교에 무언가 답이 있을 듯 싶었다. 불교

근현대 한국불교를 대표하는 석학이자 고승인 탄허 선사.

제2장 _ 월정사를 장엄하신 조사들

경전을 구하여 읽으면 읽을수록 깊이가 느껴졌고 의문이 샘솟았다. 고민하다가 용기를 내어 이 해 음력 8월 14일에 처음으로 한암 스님에게 장문의 서신을 보냈다.

"속생 금택은 글을 올리나이다. 거룩하신 모습을 뵙지 못하고 당돌하게 글을 올리게 되어 참으로 황공하여 몸 둘 바를 모르겠나이다. 스님을 우러러 존경하는 저의 마음은 잠시도 쉼이 없으나 다만 마음과 꿈을 통하여 오고 갈 뿐 미칠 길이 없나이다. 엎드려 생각하건대, 존후만복하시며 도를 닦는데 조용하고 정숙하시어 날마다 바다처럼 넓고 하늘처럼 높은 기상을 가지고 계신 듯합니다. 흠모하여 우러름을 어쩔 줄 모르겠나이다. 속생 금택은 본디 정읍의 천한 출신으로 호서(湖西)에 흘러온 지가 이제 4년이 되었습니다. 나이는 20세로서 근기가 박약하고 배운 것도 형편없어 도를 듣는다 해도 믿지 못하고 도를 믿는다 해도 돈독하지 못하여 구슬을 품고도 구슬을 잃어버리거나 나귀(騎驢)를 타고서도 나귀를 찾는 허물이 있으며, 또 쇠를 은(銀)으로 부른다거나 벽돌을 갈아 거울로 만들려는 병폐에까지 이르렀사오니 참으로 탄식할 만하옵니다. …… 시경(詩經)에서 '마음에 근심됨이 때 묻은 옷을 입은 것과 같다'고 했는데, 이는 바로 속생(俗生)을 두고 한 말인 듯합니다. …… 돌아보건대, 저는 기질이 나약하고 심지(心志)가 굳지 못하여 훌륭하신 발자취를 따라가는 것조차 감당하지 못하오니, 오직 바라는 바는 다행히 장자(長者)의 가르침을 얻어서 그 허물을 적게 하는 것뿐이옵니다. 그러나 사람됨이 이와 같사오니 군자(君子)께서 기꺼이 더불어 말씀해 주실 수 있는지요? 집하(執下)께서 만일 버리시지 않고 가르쳐 주신다면 속생(俗生)의 지극한 소원을 다하였다고 할 만합니다.”「임신년(1932) 8월 14일 금택 상서」

곧 답장이 왔다.

“보내온 글을 자세히 읽어보니 족히 도(道)에 향하는 정성을 보겠네. 장년의 호걸스러운 기운이 넘쳐서 하는 일이 좋은 일인지 나쁜 일인지도 모를 때에 능히 장부의 뜻을 세워 위없는 도를 배우고자 하니 숙세(宿世)에 심은 선근(善根)이 깊지 않으면 어찌 능히 이와 같으리오. 매우 가상하고 가상하네. 그러나 도(道)는 본래 천진하고 또한 일정한 방소(方所)가 없어서 실로 배울 만한 것이 없네. 만일 생각을 두어 도를 배우고자 한다면 도리어 도를 미혹함이 되나니, 오직 당사자의 한 생각 진실함에 있을 뿐일세. 또한 누가 도를 모르리마는, 알고도 실천을 하지 않기 때문에 도가 저절로 사람에게서 멀어지게 되는 것일세.

예전에 백락천이 조과 선사에게 도를 물으니 선사가 이르기를, ‘모든 악을 짓지 말고 모든 선을 받들어 행할지니라’ 하니, 백락

제2장 _ 월정사를 장엄하신 조사들

천이 이르되, '그런 말은 세 살 먹은 아이라도 할 수 있는 말입니
다'라 했네.

선사가 이르시되, '세 살 먹은 아이라도 비록 말은 할 수 있지
만, 팔십 먹은 노인이라도 실천하기는 어렵다' 하시니, 이 말은
비록 얕고 속된 것 같으나 그 가운데 깊고도 오묘한 도리가 있으
니, 깊고 오묘한 도리는 원래 얕고 속됨을 여의지 않고 이루어지
는 것을 이름이네.

시끄럽다고 하여 고요한 것을 구하거나, 속됨을 버리고 참됨
을 찾을 것이 없네. 늘 시끄러운 데서 고요함을 구하고 속됨 속에
서 참됨을 찾아서, 구하고 구하여도 구할 것이 없는 데 도달하면,
시끄러움이 시끄러운 것이 아니요, 고요함이 고요한 것이 아니
며, 속됨이 속된 것이 아니요, 참됨이 참된 것이 아닌 경지에 이
르게 될 것일세. 졸지에 끊어지고 단절될 것이니 이러한 시절을
무어라고 말해야 하는가. 이것이 이른바 한 사람이 허(虛)를 전함
에 만 사람이 실(實)을 전하는 도리라 할 것이네. 그러나 간절히
바라노니, 잘못 알지 말지어다. 한 번 웃노라."

이에 탄허 스님은 편지를 다시 보낸 모양이다. 그는 전하지 않지만,
한암 스님의 답서가 전한다.

"보내온 글을 두 번 세 번 읽어보니 참으로 일단의 좋은 문장

오대산 월정사 이야기

과 필법이네. 구학문이 파괴되어 가고 있는 때를 당해서 그 문사 (文辭)의 기권(機權)과 의미가 부처님도 매료될 정도이네. 먼저 보내온 글과 함께 산중의 보장(寶藏)으로 삼겠네. 공(公)의 재주와 덕행은 비록 옛 성현이 나오더라도 반드시 찬미하여 마지않을 것이네. 능히 있어도 없는 듯하고 차 있어도 비어 있는 듯하니, 어느 누가 그 고풍(高風)을 경앙(景仰)하지 않겠는가. 나는 평소 음영 (吟詠)에는 능하지 않지만, 그러나 이미 심월(心月)이 서로 비추어서 묵묵히 그냥 있을 수가 없네. 이에 되지도 않은 문장을 엮어 보내니, 받아보고 한 번 웃게.”

한암 스님이 탄허 스님에게 보낸 두 통의 답서 가운데 첫 답서는 조용한 곳(山寺)의 공부와 시끄러운 곳(세속)의 공부가 같으므로 달리 보지 말라는 뜻이다. 진속불이(眞俗不二)이므로 세속에서 고요한 진리를 깨우치고 속된 세계에서 참됨을 찾으라는 것이다. 둘째 답서를 보면, 어느 정도 사자간(師資間)의 의기(意氣), 즉 마음이 깊이 상통하고 있다. 한암 스님은 탄허 스님의 문장과 필법에 깊이 매료되고 서로 마음의 달이 비추고 있음을 피력하고 있다. 그리 편지를 주고받을수록 두 분의 대화는 심오해졌고 뭔가 통하는 무엇이 생겼던 모양이다. 3년 동안 스무 통을 주고받은 끝에 탄허 스님은 입산을 결심하였다.

한 나라와도 바꾸지 않을 인재에게
불교의 종지를 가르치다

스물두 살이던 1934년 음력 9월 5일에 탄허 스님은 오대산 상원사로 입산하였다. 그 해 10월 15일(결제일)에 한암 스님을 은사로 구족계(具足戒)를 받았다. 이로 한암 스님에서 탄허 스님으로 한국 불교의 계보가 이어진 것이다. 한암 스님과 탄허 스님, 두 분 모두 보조 지눌의 사상과 가르침을 바탕으로 하여 정혜쌍수(定慧雙修)를 실천하였지만, 한암 스님이 교학에서 좀더 선에 치중하는 쪽으로 방향을 바꾸었다면, 탄허 스님은 선에서 교학에 더 치중하는 쪽으로 방향을 바꾸었다.

스승 한암 선사(좌)와 제자 탄허 선사(우)

탄허 스님은 3년 가까이 선원에서 묵언 정진하였다. 그 후 스물네 살이던 1936년 6월에 선교(禪敎) 겸수(兼修)의 인재를 양성하기 위하여 '강원도 삼본산(유점사, 건봉사, 월정사)'이 연합하여 오대산 상원사에 승려연합수련소를 세웠다. 어느 날 수련소의 책임을 맡은 한암 스님이 불렀다.

"자네 나이가 몇인가?"

"스물네 살입니다."

"아직 참 젊기는 젊군."

"허나 나이도 모두 경계일 뿐. 자네 내일부터 경전을 강의하게나."

"네? 스승님! 그것은 말이 안 되옵니다. 저는 나이도 젊거니와 공부도 많이 부족합니다."

"공부가 부족한지 아닌지는 자네가 판단하는 것이 아니라 내가 판단하는 게다. 자넨 충분히 강의할 자격이 있네."

"아무리 그렇더라도 이제 겨우 스물네 살밖에 안 되는 제가 어찌? 그것은 아니 되옵니다."

다음날 한암 스님은 승려연합수련소의 수강생 앞으로 탄허 스님과 함께 나아갔다.

"내가 함께 공부를 해 보니, 탄허 스님의 공부가 능히 사람들을 가르칠 만한 수준에 이르렀다. 아니, 몇몇 경전에서는 나를 앞선다. 공부에 나이란 한갓 경계에 불과한 것! 여기에 탄허보다 어리지 않은 중이 많다마는 나보다 나은 것을 어찌 하겠느냐? 너희들은 이제 탄허로

부터 경전을 배우고 익히는 데 게을리 하지 말거라.”

이렇게 하여 탄허 스님은 한암 스님의 증명(證明) 아래 중강(中講)으로서 『금강경(金剛經)』, 『기신론(起信論)』, 『범망경(梵網經)』 등을 강의하였다. 파격적인 이 일은 소문을 타고 전국 불교계에 퍼졌다. 모두들 스물네 살 청년이 내뿜는 경전 강의에 주목하였다.

그 다음해인 1939년에 선원(禪院)의 고참 선객인 고암 스님, 탄옹 스님 등이 강원도 삼본산 승려연합수련소에 『화엄경』과 『화엄론』 강의를 개설하여 달라고 청하였다. 이 강의 역시 한암 스님의 증명 아래 탄허 스님이 강의하였다. 강의를 들은 모든 이들이 그 정확하고 명료한 해석에 탄복하였다. 열한 달 만에 강의가 끝나자 한암 스님은 제자 탄허 스님에게 『신화엄경합론(新華嚴經合論)』에 대하여 현토(懸吐) 간행을 유촉하였다. 이것이 계기가 되어서 결국 『신화엄경합론』(47권)을 비롯한 사교(四敎)·사집(四集)·사미(沙彌) 등 불교내전(佛敎內典) 총 14종, 70권의 불교경전을 현토(懸吐) 역해(譯解)하게 된다. 한암 스님은 6·25가 일어나기 직전에 통도사의 고승인 경봉 스님이 통도사 종주로 내려와 달라는 부탁을 하였으나 이를 거절하였다. 그러면서 다음과 같은 편지를 썼다.

“편지 잘 받았습니다. 대법체후 만복하시다니 기쁩니다. 편지의 뜻은 잘 알았습니다만, 중원(重遠)의 병은 깊고 몸은 약해서 근근이 환질(幻質)을 지탱해 가는데, 하물며 나이 팔순에 가까운 늙은 몸으로 종주(宗主)의 초청을 받아 움직인다면 망령된 행동이고 큰 수치입니다. 어디에 뒷방이나 비워 두시면, 살아 생전에 함께 모여 정담이나 나누겠습니다. 여기에서 머물고자 합니다.

탄허(呑虛)가 학식과 문필이 나보다 천만 억 배나 낫고, 또 16, 7년 간 나와 함께 정진을 하였으니, 수도원에 임시로 수좌(首座)로 두어 두시면, 좋은 일이 있을 듯합니다. 그리 알아 처리하여 주십시오.

종주(宗主)는 언제라도 스님께서 적임자이니, 다른 생각은 마십시오. 다만 이렇게 피로하여 이만 줄입니다.”「1949년 8월 15일자 경봉 화상에게 보낸 답서」

한암 스님은 자신과 17년을 함께 정진한 탄허 스님을 통도사에서 세울 예정인 수도원의 수좌로 추천하였다. 그 후 탄허 스님은 1951년 봄 스승 한암(漢巖) 스님이 열반하실 때까지 한암 스님을 모시고 선원(禪院)에서 열심히 좌선에 정진하였다. 그러는 도중에 스승의 권유에 따라 강원(講院)의 이력 과정, 『전등록(傳燈錄)』과 『선문염송(禪門拈頌)』, 『보조법어(普照法語)』, 『육조단경(六祖壇經)』, 『영가집(永嘉集)』 등 중요 경전과 선어록(禪語錄)을 사사(師事)하였다.

1950년대 불교계는 비구승과 대처승이 승단 내부의 정화 문제를 놓고 심각하게 갈등을 빚고 있던 시기였다. 스님은 당시의 한국 불교가 병들게 된 근본 원인이 정화에 있음을 간파하고 정화의 이념과 목적에 적극적인 지지를 표하였다. 1954년 9월 선학원에서 개최된 제1회 전국비구승 대회에 참석하고, 그 대회에서 비구승단의 종회의원에 선출되었다. 비구승이 주최하는 강연회에 참석하여 정화의 당위성과 역사적 흐름에 대한 법문을 하였다. 불교정화운동이 일단락된 1955년 9월에 스님은 마흔셋에 이르러 대한불교 조계종 강원도 종무원장 겸 월정사 조실(祖室)에 추대되었다.

하지만, 스님은 정화운동의 모든 면을 지지하지는 않았다. 정화의 이념과 목적, 일본불교의 잔재를 청산하는 문제에 대해서는 옳게 생각하였지만, 정화를 핑계로 정식 교육 및 수행을 하지 않고 승려가 되는 풍조에 대해서는 비판적이었다. 스님은 불교학자 김지견 박사와의 인터뷰에서 "정화 후 청담(靑潭, 1912~1971)과 같이 앉아서 의논하기를 대처승하고 싸움은 일단 끝내고 자체 정화를 해야 한다. 그러기 위해서는 전국의 교구 본사 단위로 총림을 만들어 승려를 재교육시켜서 내보내야 한다"라고 하였다. 그는 불교 정화 이후의 대안을 생각하고 있었다.

"이 나라 불교를 병들게 한 근원을 따지자면 30년 전에 불 붙기 시작한 제1차 정화로 거슬러 올라가게 됩니다. 일제 36년간 철저한 속화 정책에 편승했던 대처승을 몰아내고 청정도량을 확보하는 데까지는 이념이나 목적이 나무랄 데 없이 좋았습니다. 사실 그 당시만 해도 200명도 채 안 되던 비구가 어디 몸담고 공부할 도량이 단 한 군데도 없었어요. 그렇다고 해서 사찰 점령 자

체가 정화 목적의 전부일 수는 없는 것처럼 중이 된 본의 또한 아
닌 것은 더 말할 나위도 없습니다. 되찾은 도량에는 보다 청정한
사람들을 들이고 깨끗한 절을 만드는 것이 곧 정화 이념의 구현
입니다.”

정화 직전 교정이었던 만암 종헌(曼庵宗憲, 1876~1957)은 독신승려
전용 수행 사찰을 제공하라는 유시를 내렸다. 1952년 11월의 통도사
정기 교무회의(종회)에서 그 원칙을 정하였고, 1953년 4월 불국사 법규
위원회에서 이판 사찰로 동화사(대구), 내원사(양산), 직지사(김천), 보문
사(강화), 신륵사(여주) 등 18개 사찰을 수좌 측에 제공하는 방침을 확정
하였다. 하지만 당시 대처승들은 만암 교정(종정)의 제의를 형식상 확
인하는 데 그치고 실행에 옮길 기미는 보이지 않았다. 비구승측은 기
회가 있을 때마다 계획을 실천에 옮기도록 촉구했으나 별다른 반응이
없었다.

스님은 ‘진정한 정화’란 승단이 마음으로부터 무명과 탐심을 버려
야 이루어지는 것이라고 생각했다. 되찾은 도량에는 반드시 청정한 사
람들을 들여 깨끗한 절을 만들어야 하는 것이다. 탄허 스님은 깨끗한
절에서 보다 청정한 사람들을 만드는 것은 인재양성을 위한 교육이 지
름길이라는 생각이 들었다.

생각이 여기에 미치자 스님은 곧바로 이를 실행에 옮겼다. 1956년 4
월에 월정사에 오대산 수도원을 설립하였다. 기간은 5년, 자격은 승속

불문하고 강원의 대교과 졸업자나 대졸자, 또는 유가(儒家)의 사서(四書)를 마친 자에 한하였다. 불교 경전인 『화엄경(華嚴經)』, 『기신론(起信論)』, 『영가집(永嘉集)』, 『능엄경(楞嚴經)』만이 아니라 노자의 『도덕경(道德經)』, 『장자』, 『주역선해(周易禪解)』 등의 과목도 개설하였다. 불교를 중심으로 하되 삼교에 모두 도통한 인재를 육성하려는 뜻이었다. 양식과 재정은 주로 월정사와 양청우 스님이 전담했다. 강의는 탄허 스님이 도맡아서 하되, 어떤 분야에 더 나은 분이 있다고 하면 외부강사를 초빙하여 동서철학 특강도 하였다. 오대산 수도원은 불교와 사회 전반에 걸쳐 인재를 양성하겠다는 이상 하에 이루어진 최초의 교육결사였다.

"종지가 없는 학문은 죽은 학문이다. 오늘날 세속의 모든 학문은 생활수단으로써는 그 가치가 인정되지만 구경(究竟)의 진리는 나타내지 못하고 있다. 학문의 종지라고 하면 '우주와 인간이 무엇인가' 하는 문제를 해결해 주는 데 있다고 본다. 세속의 학문은 우주와 인간의 실상(實相)을 밝혀주지 못할 뿐 아니라 그 학문은 한결같이 우주 속에서 인간(我)이 나왔다고 전도된 표현을 하고 있다. 그러나 바른 진리는 우주 속에서 인간이 생겨난 것이 아니고 바로 인간(我) 속에서 나온 것이다. 부처님께서는 중생들이 자기와 가장 가까운 위치에 있는 자신의 눈(眼)을 보지 못하는 것처럼 자기 자신을 모르고 있기 때문에 그것을 깨우쳐 주기 위하여 근기에 맞추어 구구하게 법문을 설하신 것이다. 인간에게는 본래 아는 것을 갖고 있으나 외계에 집착하기 때문에 자신(我)의 실상을 모르고 있는 것이다. 그리고 진리는 알았다는 마음이 아닌, 즉 아는 것을 모르는 알음이 무소부주(無所不周)한 알음이요, 바로 부처님의 세계인 것이다. 세속의 학문에서 안다는 것은 어느 한 쪽을 알면 다른 한 쪽은 모르는 것이다. 이것은 대상이 있기 때문이다. 그러나 불교의 학문은 대상이 없다. 대상과 자기가 하나가 되는 것이다. 대상이 없기 때문에 모든 것을 다 아는 것이다. 이 것이 불교의 학문과 세속 학문의 차이이다. 수행자로서 종지(宗旨)가 없는 학문을 배우는 일은 삼가야 할 일이다.”

탄허 스님은 평소에 커다란 인재상을 품고 있었다. 그는 “한 나라와도 바꾸지 않을 만한 인재를 길러내는 일, 역사와 학문을 공부하는 일”을 특히 강조하였다. 위의 말처럼 평소 탄허 스님은 나라와 청년들의 미래를 위하여 살아 있는 종지를 지닌 학문을 해야 한다고 수시로 외쳤다. 그는 불교의 학문과 세속 학문의 차이가 종지의 유무에 있다고 보았다. 교육을 통하여 자신이 체득한 종지를 후학들에게 모두 전수하고 싶어 하였고, 또 이를 실천하였다.

탄허 스님은 해방 이후 이 땅의 사찰을 진정한 청정 도량으로 만든 선구자이자 청정 승가의 인재를 양성하는 참 스승이었으며, 1,700년 한국 불교 전통을 복원한 복원자였다. 하지만, 대처승과 비구승과의 분쟁이 격화되어, 재정난의 위기에 놓였다. 결국 1958년에 수도원의 문을 닫을 수밖에 없는 상황에 놓인다. 스님은 남은 제자들을 이끌고 영은사로 옮겨 1962년 10월까지 인재양성의 교육 불사를 계속하였다. 하지만 재정난으로 결국 영은사까지 문을 닫게 된다.

누구라도 부처님의 진리를 알 수 있도록 경전을 번역하다

스님은 남에게 기대지 않고서 홀로 전통을 복원하고 청정 도량을 만들고 수많은 중생들에게 불심을 심어줄 수 있는 길이 무엇인가 고심하였다. 대중은 물론 스님조차 부처님의 말씀을 접하지 못하는 상황에서 나의 깨달음, 더 나아가 중생 구제는 요원한 것이었다. 당장 스님들을 가르치려 해도 경전이 한문으로 되어 있어 경전 공부는 한문 공부로 전락하였다. 당장 스님들의 교재로 활용하기 위해서라도 경전을 한글로 풀어야 했다.

스님은 역경 불사에 혼신을 다하기로 작정한다. 경전 번역을 계속하여 1959년에 『육조단경(六祖壇經)』의 원고를 탈고하였고, 이듬해인 1960년에 『현토역해 육조단경』을 해동불교 역경원에서 간행하였다. 원력과 결사의 차원에서 역경에 임하였다.

1962년 10월에 다시 월정사 주지 발령을 받고 영은사(靈隱寺)에서 방산굴(方山窟)로 거처를 옮겼다. 1960년에 탈고하였던 『현토역해 보조법어(普照法語)』를 1963년 9월 15일에 간행하였다.

53세가 되던 1965년에는 동국대학교 대학선원(현 정각원) 선원장에 임명되어 선사를 양성하는 데 진력하였고, 1966년 12월에는 수원 용주사(龍珠寺)에 설립된 동국역경원 초대 역장장(譯場長)에 임명되어 본격적으로 경전을 한글화하는 사업을 총괄하였다.

스님은 1956년 가을 무렵부터 수도원(修道院)의 교재로 쓰기 위하여 본격적으로 『신화엄경합론』 등에 대하여 번역을 착수하였는데, 11년 만인 1967년 3월경에 드디어 62,500여 장에 달하는 번역 원고를 탈고하였다. 이때 원고 쓰는 과정에서 생긴 오른팔 견비통으로 10여 년 이상 고생하였다. 그 다음해인 1969년에는 부산 삼덕사에서 고된 원고 교정 수정 등을 약 8개월에 걸쳐 끝냈다. 당시 각성(覺性), 무비(無比), 통광(通光), 성일(性一), 혜등(慧燈) 스님과 거사와 보살 등이 참석하였

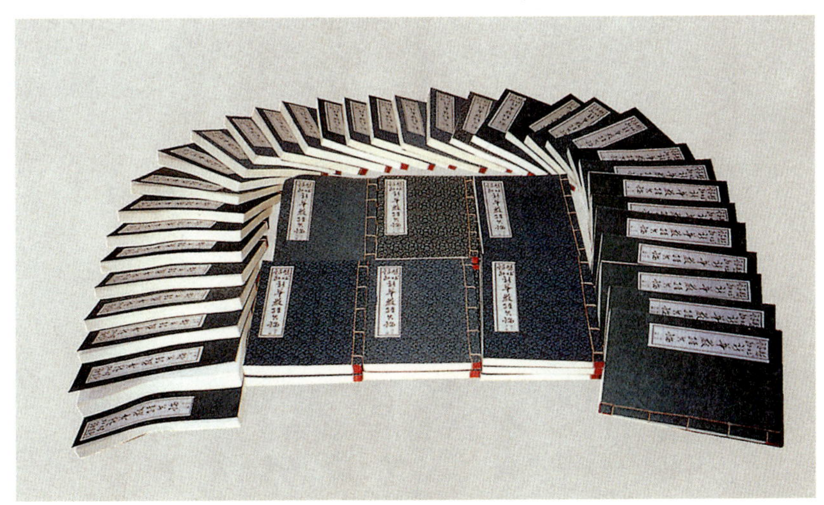

탄허 스님께서 완역하신 화엄경 47권

다. 1972년 3월부터 『신화엄경합론』 간행에 착수하였으며, 1975년(63세) 8월 1일에 번역에 착수한 지 18년 만인 1972년에 세운 화엄학연구소에서 간행하였다. 이 책은 한장(漢裝)으로 총 47권(재판은 양장으로 23권)이며, 자비출판으로서 조판에서 완간(完刊)까지는 약 3년이 걸렸다.

1975년 10월 25일에 이 책의 역해를 완간한 공로로 동아일보사 주최 제3회 인촌문화상, 대한불교 조계종 종정상을 동시에 수상하였다. 1977년 11월 25일부터 2개월 동안 월정사에서 『신화엄경합론』 완간을 기념하여 제1회 화엄법회(華嚴經 特講)를 개최하였다.

1969년 7월에 대전 학하리에 자광사(慈光寺)를 창건하였고, 1969년에는 오대산 월정사 대웅전을 중창하였고, 1975년에는 동국학원(東國大學校) 이사에 취임하였다.

1975년에는 그동안 틈틈이 번역해 오던 『사집(四集)』 원고를 탈고하고, 그 이듬해인 1976년에 강원의 사집과 교재인 『서장(書狀)』, 『도서(都序)』, 『절요(節要)』, 『선요(禪要)』를 완간하였다.

1977년 초부터 『사교(四敎)』 번역을 시작하여, 1980년 4월에 탈고하였으며, 1980년 11월에 『능엄경(楞嚴經)』, 『금강경(金剛經)』, 『원각경(圓覺經)』, 『기신론(起信論)』 등 사교(四敎)를 완간하였다. 당시 스님은 평생의 번역불사에 대한 소감을 다음과 같이 피력하였다.

"스님들이 공부에 더욱 열중해야 합니다. 제가 수많은 불경들을 번역한 것도 교재를 마련하기 위한 작업의 일환이었어요. 공부를 하지 않고서는 불경의 의미를 제대로 깨달을 수 없지요. 여름 벌레에게 얼음 이야기를 할 수 없고, 우물안 개구리에게 바다 이야기를 할 수 없지요. 또 못난 선비에게 도를 이야기한들 무슨 소용이 있겠어요. 결단하고 승려가 됐으면 모름지기 공부에 충실해야 합니다. 내가 바라는 것은 누구든지 배울 수 있는 불교 교재가 있어야 한다는 것이지요. 절집안의 몇 사람을 위하는 것이 아니고, 삼천만, 오천만 국민의 교재로 성인의 말씀을 채택하자는 겁니다."

그의 제자들도 다음과 같이 증언한다.

"자정에 일어나면 아침에 식사하실 때까지 꼭 참선을 하셨습니다. 일생을 했습니다. 그 선지의 경지라는 것은 헤아릴 수가 없어요. 선에 관한 모든 서적은 다 뒤졌고 당신이 실제로 그 경험을 했고, 『화엄경』 원고를 쓰시다가도 마치면 원고를 덮어놓고 한 시간이고 두 시간이고 정진하시다가 다시 쓰셨습니다(서우담 선생)."

"스님에 대해서는 뭐라고 말씀을 드릴 수 있냐 하면, 일상삼매에 들어 계셨다고 말씀을 드릴 수가 있어요. 예를 든다면 손님을 접대하시면서도 순간순간 놓치질 않고 자기 일을 하고 계십니다. 보통 사람들은 경계에 빠져서 생활하는데 스님의 경우 그런 일이 없었죠. 항상 자기 일에 동요가 없으셨죠(혜거 스님)."

자정에서 동이 틀 때까지 매일 새벽은 물론이고 일상생활 역시 참선과 삼매 속에서 이루어졌다는 전언(傳言)이다. 그야말로 일행삼매(一行三昧)의 삶을 살며 오로지 한 길로 도를 추구하였다.

어느 날 제자 향봉 스님이 "길이 있을까요?"라고 묻자 탄허 스님은 엷게 미소를 띠면서도 단호한 표정으로 대답하였다.

"환한 길이 바로 보이지. 도(道)의 근본은 바른 것이니까. 도란 진리의 대명사가 아니겠나. 한마디로 길을 가리킨 거야. 길을 걷되 길 밖으로 빠져나가는 것을 경계해야 하네. 왜냐하면 길이란 오르막길이든 오솔길이든 내리막길이든 외진 길이든 길은 길이 아니겠나. 그런데 길 밖으로 빠져나가면 진흙덩이와 가시덩굴 속에서 갈팡질팡하게 되겠지. 어둠 속에서 방황하면 얼마나 괴롭겠나. 탈선이란 어느 의미에서도 괴로운 결과를 가져온다는 사실을 잊어서는 안 돼. 길은 또 하나의 생명줄일세. 생명을 아끼려거든 자신이 선택한 길을 꾸준히 걷는 강인한 인내심이 필요하지. 그래야 목표에 도달할 수 있다네."

1980년(68세) 2월 10일 저서 『부처님이 계신다면』을 예조각에서 출간하였다. 1980년(68세) 9월 『치문(緇門)』과 『초발심자경문(初發心自警文)』 번역 원고를 탈고하고, 그 이듬해인 1981년 5월에 완간하였다. 1982년에는 노구임에도 『현토 역해 주역선해(周易禪解)』를 간행하였다.

이런 탄허 스님의 역경 사업에 대하여 김호성 교수는 "탄허의 일생은 정통이나 주류의 계보 밖으로 행군하여, 그러한 정통 주류의 계보사 속에서 빛을 상실해 버렸던 샛별의 빛을 찾아내고, 바라보고, 그 빛을 지켜가고자 했던 철인(哲人)의 삶 바로 그것이었다. …… 주류 정통의 계보 밖으로 행군한 선각자, 그분의 이름이 탄허였다"라고 평가한다.

불·도·유 삼교에 모두 회통하되
화엄을 바탕으로 하다

탄허 스님이 해방 이후 크나큰 선지식인 것은 불교만이 아니라 불·도·유 삼교 모두에 회통하였다는 점이다. 일찍이 유교 경전의 깊은 뜻을 깨우쳤다가 장자를 읽으며 도가적 진리를 궁구하다가 거기서 답을 찾지 못하자 결국 불교의 세계로 들어갔다. 스님은 유교와 불교, 불교와 도교를 넘나들면서 이해하고 결합하더니, 어느 순간에 유교와 도교, 불교의 경계조차 내려놓고 삼교의 진리를 달통하여 이를 하나로 융통하였다. 불·도·유를 하나로 아우르려 했지만 그 토대는 불교, 그 중에서도 화엄이다.

스님이 『장자』를 천 독 하고 줄줄 왼다는 소문이 돌자 전국의 문인들과 지식인들은 영은사 수련원에 모여들기 시작했다. 당시의 대표적 문인이었던 백철, 서정주, 조연현과 언론인 선우휘와 체육인 손기정도 다녀갔다. 동국대 국문과 교수였던 양주동 역시 함석헌이 탄허 스님의 장자 강의를 듣고 감복했다는 소문을 듣고 자기와 가까운 지식인과 학생 등 20여 명과 함께 오대산 월정사로 와서 일주일간 탄허 스님에게서 장자 강의를 들었다. 자칭과 타칭 '국보'로 불리던 양주동은 강의를 들은 뒤 탄허 스님에게 절을 하였다고 전한다. 학교로 돌아온 그는 학생들에게 "장자가 다시 돌아와 자신이 쓴 책을 말해도 '오대산의 호랑이' 탄허는 당하지 못할 것이다"라고 했다고 전한다.

탄허 스님은 불·도·유 삼교의 공통 핵심 사항인 동양인의 심성, 즉 마음자리를 탐구하는 데 진력하였다. 탄허 스님은 불교는 '마음을 밝게 하여 성품을 뚫어보고(明心見性)', 도교는 '마음을 닦아 내어 성품을 단련하는 것(修心練性)'을 말하며, 유교는 '마음을 품어 두어 본성을 길러낸다'(存心養性)고 파악했다. 여기서 불교는 '밝혀서 뚫어본다(明見)'고 하고, 도교는 '닦아서 단련한다(修鍊)'고 하고, 유교는 '품어서 길러낸다(存養)'고 하여 각기 표현은 다르나 지향은 다르지 않았다. 불교의 '발근(拔根)'과 도교의 '배근(培根)'과 유교의 '식근(植根)'은 각기 다가가는 길이나 파고드는 깊이가 달랐을 뿐이다.

향상일로의 화엄 선풍을 일으키다

불교만을 놓고 볼 때, 탄허 스님은 화엄을 정통으로 하면서도 여기에 선법을 결합한 화엄의 대종장이요, 선사다. 한암 스님의 문하에서 화엄을 접하기 시작한 탄허 스님은 여타의 선사들과 달리 화엄가라는 정체성이 또렷한 선사였다. 그가 얼마나 화엄을 중시했는지 다음 발언에 잘 나타나 있다.

> "나는 『화엄경』을 우리 민족의 교전(敎典)으로 삼았으면 한다. 각급 교육기관에서 정도에 따라 경전을 분류하여 배우게 하면 어려울 것이 없다고 본다. 화엄에 의하여 민족이 자각하고 정화된 정신으로 각성운동을 전개한다면 모든 성취는 자연히 그 안에 있을 것으로 생각한다. 나는 우리의 지혜스러운 청년들에게 이 법(화엄)을 가르치고 싶다. 그래서 진리에 의한 평화, 번영의 국토를 이 땅 위에 실현하고 싶다."

이처럼 그가 화엄을 자신의 흉금에 두고 있었지만, 선법에도 독자적인 가풍을 겸비하였다. 그는 청량 징관의 『화엄경소』(60권)와 『화엄경수소연의초』(90권)보다는 오히려 이통현의 『신화엄경론』(40권)을 더 중요시 했다.

탄허 스님이 왜 방계로 치부되는 이통현의 화엄사상을 중요시했는가? 그는 통현 화엄의 이론적인 측면을 보광명지(普光明智)와 일진법계(一眞法界)에 배대하고, 실천적인 측면을 삼성원융(三聖圓融)과 일승보살도(一乘菩薩道)에 배대하였다. 보광명지는 중생과 부처에게 있는 근본 지혜이며, 일진법계는 비로자나불의 지혜가 발현된 상태를 가리킨

제2장 _ 월정사를 장엄하신 조사들

다. 그렇기 때문에 양자는 밀접하게 관련되어 있으며, 법계의 성격은 대지법계(大智法界)로 나타낼 수 있는 것이다. 이 일진법계는 삼성(三性)이 원융(圓融)한 상태로도 표현되는데, 문수의 이치와 보현의 실천으로 비로자나법신의 근본지(根本智)와 차별지(差別智)의 원융함을 드러낸 것이다. 이러한 일진법계의 진리를 체득한 자가 중생교화라는 이타행에 적극 동참하는 것이 바로 일승보살도다.

『화엄경』과 여래장계 경론에서 강조하는 부처의 속성은 지혜와 자비이며, 이는 대승불교의 두 축이기도 하다. 이를 탄허 스님의 화엄사상에 적용시킨다면 지혜는 보광명지에, 자비는 일승보살도에 연결될 수 있을 것이다. 따라서 탄허 선사의 화엄사상이 지향하는 바는 보광명지에 근거하여 일승보살도를 펼쳐나가는 것이라고 볼 수 있다. 일승보살도는 늘 자기 이익은 구하지 않고 중생을 이롭게 하는 보현행(普賢行)이라고 할 수 있을 것이다. 결국 탄허 선사가 강조한 도의적인 인재란 일승보살을 지칭하는 것으로 볼 수 있으며, 이런 인재를 양성하는 것은 종교적인 차원을 넘어 시대적인 요청이라고 할 수 있다.

나아가 그는 규봉 종밀의 『원각경대소초』보다는 함허 득통의 『원각경해』를 택하였으며, 『능엄경계환해』보다는 『능엄경정맥소』를 기준으로 역경하였다. 이것은 한국 불교의 경학(經學)의 종래 흐름을 일대 혁신한 것이다. 이러한 탄허 스님의 역경관(譯經觀)과 경학관(經學觀)은 대의(大義), 즉 본의(本義) 파악에 초점이 맞추어져 있으며, 이를 관통하는 관점은 바로 선사상이다.

스승 한암 스님이 '일발 선풍(一鉢禪風)'으로 수행자를 이끌고 선맥을 이었다면, 탄허 스님은 나날이 한 걸음 더 깨달음의 세계로 나아가는 '향상일로 선풍(向上一路禪風)'으로 수행자를 교화하였다.

탄허 스님는 『육조단경』의 돈오사상에 기초하여 법장-징관-종밀로 이어지는 화엄의 주류 저작을 원용하지 않고 이통현의 『신화엄합론』과 『보조법어』를 아우르며 향상일로 선풍을 구축하였다. 이것은 지눌의 안목을 계승한 한암 스님의 영향으로 보인다. 그는 유언과 무언의 분별을 뛰어넘어 본래의 자리를 강조하기 위해 화엄의 언어를 원용하였다. 탄허 스님에게 화엄은 선지(禪旨)를 온전히 전할 수 있는 기제였다. 그런 의미에서 그는 화엄가이기 이전에 선사였다고 할 수 있다. 따라서 그의 향상일로 선풍은 화엄의 십주-십행-십회향-십지-등각-묘각의 수행위와 맞물려 이론적 체계와 실천적 방법의 병립이라는 구체성을 획득하고 있다고 할 수 있다. 바로 이런 점에서 탄허 스님은 의상 이래 지눌을 거쳐 이 땅에 전해져 오는 화엄선의 전통을 면면히 이어온 화엄선의 계승자라고 할 수 있다.

선 수행 체계에 대하여 한암 스님과 탄허 스님은 먼저 『정혜결사문』을 읽어서 신심과 의지를 갖추어야 하고, 그런 다음에는 『수심결(修心訣)』을 읽어서 마음을 닦는 방법을 알아야 하고, 그리고 수심의 조건으로는 먼저 진(眞)과 망(妄)을 구분할 줄 알아야 한다는 것이다. 그래서 『진심직설(眞心直說)』을 그 다음에 넣었다는 것이다. 그리고 교리적으로는 이통현의 『화엄론(華嚴論)』을 읽어서 화엄론의 종지에 의거하여 닦아 나가고, 선학적으로 보조 지눌의 경절문(徑截門) 활구(活句)를 참상(參詳)해 들어가라는 것이다.

우주의 진리와 역사 발전의 원리를
깨달아 미래를 예언하다

탄허 스님은 불경만이 아니라 『주역』을 비롯한 동양서를 종합하여 예언을 하는 데도 능하였다. 사람들은 스님의 주(主) 전공이 불경의 정수 '화엄경'이고 부전공이 '주역'이라는 말까지 하였다. 스님은 이통현(李通玄, 635~730)과 청량 국사(淸凉國師, ?~839)의 화엄경 주석을 종합해 『대방광불신화엄경합론(大方廣佛新華嚴經合論)』 49책을 풀이하는가 하면, 선가(禪家)의 입장에서 주역을 풀이하여 『주역선해(周易禪解)』 3권을 펴냈다. 스님은 화엄경을 본체로 하고 앞일을 예측하는 주역과 정역을 수단으로 삼아 미래를 예견했다. 스님은 불교의 인과응보의 원리와 유교의 권선징악의 원리에 의거하여 역사 발전의 지형도를 그려내었다. 특히 그는 과거의 역사에 대한 깊은 사유를 통해 현재 이후의 미래의 역사를 얘기하였다.

스님은 우주의 질서와 역사의 진행 원리를 통찰하고 그 원리에 따라 영감에 의한 추측이 아니라 역의 원리에 의한 통찰, 절망의 예언이 아니라 희망의 미래관을 펼쳐보였다. 암울한 군사독재시대에 "앞으로 도덕을 갖춘 인재가 통치하는 사회가 될 것이다", "통치자가 종이 되고 백성이 주인이 되는 세상이 올 것이다"라고 새로운 민주화 시대의 빛을 비추어 주었다. 여러 종교가 분열하고 대립하고 있는 형국에 "유·불·선(儒佛仙)이 하나가 되고 종교 간의 벽이 무너질 것이다"라고 종교 지도자들에게 갈 길을 열어 주었다. 4대강국에 둘러싸여 거열형의 형국으로 약소국의 비애와 설움에 있는 한민족의 가슴에 "한국이 세계를 선도하는 중심국이 될 것이다", "남북은 곧 통일될 것이다", "서해의 대륙붕이 솟아올라 우리 국토가 넓어질 것이다"라고 확신에 찬 목소리로 희망의 미래를 심어 주었다. 스님의 도참사상은 단순한 예언을 넘어서 개인과 나라와 인류의 앞길을 제시하는 선의(善意) 가득한 당위(當爲)의 미래학이었다.

물론 몇몇 빗나간 예언도 있었지만, 소름이 돋을 정도로 정확하게 예언한 것이 많다. 스님은 1949년에는 개미가 서로 싸워 죽는 것을 보고 6·25사변 발발을 예감하고 통도사로 이주하였다. 1968년에는 120명의 공비가 침투할 것을 미리 알고 장서(藏書)와 『신화엄경합론』 번역 초고를 삼척의 영은사로 옮겼다. 1960년에 미국이 월남전(1960~1975)에 적극 관여하기 시작할 때 "미국은 월남에서 망신만 당하고 물러나게 될 것이다"라고 예언하였다. 당시 초강대국이자 군사대국인 미국이 그 수천 분의 일도 안 되는 군사력을 가진 월남전에 참전하였을 때 누구도 미국이 패망하리라고는 생각하지 않았는데 탄허 스님은 이를 정확히 통찰한 것이다. 마오쩌뚱과 박정희의 사망, 광주민주화운동 등도 정확하게 예언하였다. 또 "지진으로 인해서 핵폭발이 일어나서 핵

보유국, 핵발전소를 가진 나라들은 말할 수 없는 피해를 입는다"거나 "지축 속의 불기운이 북극에 들어가서 빙산이 녹는다"라며 인류의 미래 또한 예언하였다. 후쿠시마 원전 폭발이나 지구온난화로 빙산이 녹고 이로 인해 북극 공기가 한반도까지 내려오는 이상기온을 겪고 있는 지금, 이는 소름 끼칠 정도로 사실이 되었다. 탄허 스님은 우리나라와 인류의 미래에 대하여 다음과 같이 말씀하였다.

"우리 선조가 적선해 온 여음(餘蔭: 조상이 쌓은 공덕으로 후대가 받는 복)으로 우리 한국은 필경 복을 받게 될 것입니다. 이 세계가 멸망이냐 심판이냐 하는 무서운 화탕(火湯) 속에서 인류를 구출해 낼 수 있는 방안을 가지고 있는 이도 한국인 외에 또 다시 없는 것입니다. 오래지 않아 우리나라에는 위대한 인물들이 나와서 조국을 통일하고 평화적인 국가를 건설할 것이며, 모든 국내의 문제를 해결하고 우리의 국위를 선양할 것입니다. 그렇게 보면 한국은 세계적인 신도(神都), 다시 말하면 정신 수도(首都)의 근거지라 하여도 과언이 아닐 것입니다."

김성철 교수의 분석대로, 스님의 도참설은 『법화경』의 '삼거화택(三車火宅)의 비유'에 등장하는 '세 가지 수레(三車)'였다. 불난 집에서 아이들을 나오게 하기 위해서 아버지가 제시한 '양이 끄는 수레(羊車)'와 '사슴이 끄는 수레(鹿車)'와 '소가 끄는 수레(牛車)'였다. 깨달음이나 도덕을 추구하기보다는, 길흉화복에 웃고 울며, 세속에 한(恨)을 품고 애증(愛憎) 속에서 살아가는 우중(愚衆)을 이끌기 위한 선교방편(善巧方便)이었다. 이제 우리에게 남겨진 과제는 스님이 제시한 세 가지 수레에서 내려서, '흰 소가 끄는 수레(白牛車)'에 올라 스님 가르침의 정수(精髓)를 따르는 일이다.

탄허 스님은 두어 해 전부터 보이기 시작한 미질(微疾)이 이 해 봄에 이르러 더욱더 악화되어 1983년 음력 4월 24일(양력 6월 5일)에 오대산 월정사 방산굴(方山窟)에서 세수(世壽) 71세, 법랍 49년으로 열반에 드셨다. 병든 몸임에도 불구하고 열반에 드시기 전 일주일 전까지『현토역해 도덕경선주(道德經選註)』전 교정을 보셨다. 입적 후 7월 25일에 간행하여 49재에 올렸다.

1983년 6월 22일에 정부에서 국민훈장을 추서하였고, 1984년 11월 15일에 탄허불교문화재단이 설립되었으며, 1986년 4월 24일에 오대산 상원사에 부도와 비를 세웠다.

사후에 유고집『피안을 이끄는 사자후』,『현토역해 영가집(永嘉集)』,『장자(莊子)』,『남화경(南華經)』등이 간행되고, 스님의 강의를 엮은 〈동양사상 특강〉 CD 18장 등이 제작되었다.

입적 뒤에 종교인으로서는 최초로 국가가 추서하는 은관문화훈장을 받았으며, 2005년 8월 15일엔 탄허 대종사의 부친 김홍규 옹이 독립유공자 건국포장을 받았다.

탄허 스님은 한국불교사에서 통일신라시대 최치원의 포함삼교(包含

三敎) 이래 불·도·유 삼교를 회통한 교육자이자 사상가였으며 한국불학사에서 화엄과 선법을 아우른 화엄선의 수행자이자 선각자였다고 할 수 있다.

【 참고문헌 】

고영섭, 「탄허 택성(呑虛宅成)의 생애와 사상 - 한국불교사적 지위와 한국불학사적 위상」, 『한국불교학』 제63집, 한국불교학회, 2012

고영섭, 「한암과 탄허의 불교관: 해탈관과 생사관 동처와 부동처」, 『종교교육학연구』 제26호, 2008

김광식, 「탄허의 시대인식과 종교관」, 『한국불교학』 제63집, 한국불교학회, 2012

김광식, 「呑虛 스님의 생애와 교화활동」, 『呑虛禪師의 禪敎觀』, 민족사, 2004

김성철, 「탄허 스님의 예지, 그 배경과 의의」, 『한국불교학』 제63집, 한국불교학회, 2012

김호성, 「탄허의 결사운동에 대한 새로운 조명」, 『방산굴법어』, 월정사, 2003

윤창화, 「한암(漢岩)과 탄허(呑虛)의 동이(同異)점 고찰」, 『한국불교학』 제63집, 한국불교학회, 2012

이재창, 「한암일발록」, 민족사, 1996

임상희, 「탄허(呑虛) 택성(宅成)의 화엄사상」, 『한국불교학』 제63집, 한국불교학회, 2012

탄허 스님, 『부처님이 계신다면』, 교림, 1980

탄허문도회, 『피안으로 이끄는 사자후』, 교림, 1997

한암문도회 · 김광식, 「사리에 밝으신, 전무후무한 스님」, 『그리운 스승님』, 민족사, 2006

오대산 월정사 이야기

열두째 이야기 마당

오대산의 중창주 되신 만화 스님

오대산 능선을 넘어 월정사 적광전을 비추는 달빛은 언제나 밝고 찬란하다. 만화 희찬(萬化喜贊, 1919~1983) 스님은 오늘날의 월정사를 세우신 분이다.

1922년 7월 1일 평안북도 덕천군 풍덕면 풍덕리, 고고성이 울리고 한 아이가 태어났다. 그의 이름은 장인찬. 부친은 인동 장씨인 장원국이고 모친은 주이룡이다. 그 뒤에 세 형제가 더 태어났다. 장인찬은 향리의 서당에서 한문과 유학을 공부하였고 풍덕 간이학교를 졸업하였다.

어느 날 할아버지가 가족 모두를 불러 모아 이야기했다.

"내가 『정감록』을 보니, 곧 난리가 날 것이고, 이곳 풍덕 땅은 위험하니 다른 곳으로 이사를 가야겠다."

"아버님! 갑자기 어디로 이사를 가지요?"

"내가 지세를 보니, 강원도 평창군은 백두대간이 뻗어내려 오대산,

발왕산, 계방산, 청태산, 장방산 등을 이루고 이리 높은 산들이 마을을 감싸고 있어 난리가 나도 외적들이 들어오지 못할 곳이다. 평창군에서도 백덕산 자락이 괜찮아 보인다.”

그렇게 하여 장인찬의 가족은 멀리 평안북도 땅에서 강원도 평창군 방림면으로 이사를 오게 된다.

목숨을 걸고
한암과 탄허를 시봉하다

장인찬은 14세 되던 해 결혼을 해 18세에 딸 하나를 낳았다. 그리고 이듬해인 1939년 아버지가 그를 불렀다.

“얘야, 지금 일본 놈들이 조선의 장정들을 붙잡아 강제로 입대시키고 총알받이로 쓴다는구나. 장남인 너를 그냥 놔둘 수는 없구나. 강제 징용을 피해 멀리 숨는 것이 좋겠다.”

“아버님! 갑자기 어디로 숨는단 말입니까?”

“오대산 월정사가 큰 절이고 영험이 있는 곳이니, 그리 가는 것이 어떻겠느냐?”

“스님이 되란 말씀이십니까?”

“그래. 집안 어른들과 상의해 보니, 네가 스님이 되는 것도 괜찮을 듯하구나.”

효심이 지극한 장인찬은 아버님 말씀을 그대로 따랐다. 옷가지만 챙겨서 월정사로 갔다. 한암 스님과 탄허 스님을 만났다. 제자 되기를 청하였다. 탄허 스님은 모습 그대로 순박한 산골 젊은이를 기꺼이 받아들였다. 이 해 3월 27일에 장인찬은 탄허 스님을 은사로 사미계를, 8월 22일 한암 스님을 계사로 비구계를 수지했다. 산골 청년 장인찬이 만화 스님으로 거듭난 것이다. 만화 스님은 상원사 강원에서 열심히 공부하며 대교과를 졸업했다.

스님은 효행심이 뛰어났고 어른의 말씀에 순종하였다. 1950년에 한국전쟁이 일어나자 포화가 오대산 자락에도 미쳤다. 당시 상원사에 머물던 한암 스님은 모든 스님을 불러 모두 안전한 곳으로 피하라 했다. 그러면서 당신만큼은 이곳에 머물며 절을 지킬 것이라고 하였다. 모든 스님이 떠났지만 만화 스님과 평등성 보살은 남았다.

"너는 왜 안전한 곳으로 피하지 않느냐?"

"스님, 조실스님을 놔둔 채 저만 살자고 산을 내려갈 수 없습니다."

"나는 괜찮으니 네 목숨이나 부지하거라."

"아닙니다, 스님!"

"나 때문에 너를 죽게 할 수는 없으니, 어서 짐을 챙겨 내려가거라."

"살든, 죽든 은사님과 함께 하겠습니다."

한암 스님이 만화 스님의 얼굴을 보니 표정이 단호하였다.

"네 뜻이 정 그렇다면 이곳에 머물도록 하거라."

만화 스님은 그리 한암 스님을 끝가지 시봉하다가 전쟁 중에 한암 스님의 좌탈입망을 보았고, 다비까지 행하였다. 관욕을 한 후에 법구

오대산 월정사 중창주
만화 희찬 선사

를 모시고 상원사 인근의 골짜기로 갔다. 군인을 설득하여 나무도 했다. 나무를 하는 새 어느덧 땅거미가 졌다. 나무를 쌓고 그 위로 법구를 얹고 불을 질렀다. 불이 활활 타올랐다. 전쟁통이라 서둘러 약식으로 천도다비식으로 할 수밖에 없었다. 그래도 장엄염불만은 하자는 생각이 들었다. 만화 스님은 범룡 스님과 함께 장엄염불을 하였다.

이 생명 다하도록 다른 생각 아니 하고,
애오라지 아미타 부처님을 따르오며
마음마다 옥호광명 늘 깊이 품고
생각마다 금빛붓다 늘 간직하리이다.

……

겹겹 푸른 산은 아미타불의 거처이고,

아득한 푸른 바다는 적멸궁이라.

세상만사 무얼 해도 걸릴 것이 없으니

소나무 위 두루미의 붉은 머리 몇 차례나 보게 되리.

나무아미타불

……

십념으로 왕생하리.

극락 왕생하리.

상품상생에 왕생하리.

널리 중생을 제도하리.

……

이 공덕이 두루 널리 퍼져

나와 모든 중생이 극락에 태어나서

함께 무량수 부처님을 뵙고

모두 함께 성불하여지이다.

그때였다. 갑자기 밝고 환한 빛이 법구에서 뿜어져 나와 하늘로 솟구치는 것이 아닌가. 만화 스님, 범룡 스님은 물론 함께 있던 군인들도 놀랐다. 만화 스님과 범룡 스님은 합장을 하고 절을 하였다. 군인들도 따라하였다.

승가오칙을
평생 실천하다

한암 스님은 그리 극락왕생을 하셨고, 그 가르침은 만화 스님의 가슴에 남았다. 한암 스님은 참선, 염불, 간경(看經), 의식(儀式), 가람수호를 승가오칙으로 정하고 수행자는 반드시 이를 매일 실천해야 함을 강조하였다. 만화 스님은 한암 스님으로부터 배운 승가오칙을 평생 실천하였다. 매일 아침 예불 때 전 대중이 천수를 치고, 기도 한 시간, 참선 30분을 지키도록 했다. 사시예불 때에도 대예참을 하고, 상좌나 학인들에게 염불을 직접 가르쳤다. 축원도 하루 세 번 직접 하였다. 외출을 나갈 때는 전 전각을 돌며 인사하고 돌아와서도 모든 전각을 돌며 불보살께 고하였다. 스님은 제자들을 가르칠 때 늘 한암 스님의 예를 들어가며 가르쳤다. 몇몇 대중들은 이를 귀찮아했다. 만화 스님은 그들에게 힘주어 말했다.

"한암 스님은 어떤 일을 당해서도 마음이 흔들리지 않으신, 진정으로 큰스님이십니다. 선을 주로 하셨지만 경을 소홀하게 여기지 않으셨고, 승려는 부처님 밥을 내려 먹을 줄 알아야 하므로 불공은 기본적으로 할 줄 알아야 한다고 말씀하셨습니다."

한암 스님이 가시고 며칠이 지난 뒤 월정사 마당에서 바라보니 하늘이 그지 없이 맑았다. 능선 위로 넘어가는 구름에 한암 스님의 모습이 겹쳐 보였다. 스님께서는 진정한 수행자란 말과 행동이 같아야 함을,

오대산 월정사 이야기

말을 뱉어냈으면 반드시 실천해야 함을 늘 강조하셨다. 바람을 타고 귓전에 생전에 하시던 말씀이 풍경소리와 어울려 들린다.

"네 몸뚱이는 부모로부터 받아 태어났고 그 밑에서 자랐다. 하지만, 지금 이 순간에 너는 머리를 깎고 먹물 옷을 입었다. 그런데 무엇으로 중이라 하겠느냐? 껍데기는 세속을 여의고 출가하여 새로 태어나 겉모양은 출가승이라고 하지만, 참마음 속으로도 출가를 한 것이냐? 세상에서 가장 귀중한 부모형제를 버렸는데, 부귀·명예 등 세속적인 것을 버리지 못하면 이는 참된 출가가 아니다. 세속에 묶여 출가하지 아니한 사람이 속인이지 어찌 승려라 하겠느냐? 승려 노릇 잘하라는 것은 껍데기를 말하는 것이 아니라 속속들이 승려라는 생각을 갖고 실천하라는 것이다."

만화 스님은 은사인 탄허 스님에 대한 공경도 각별했다. 탄허 스님은 상좌인 만화 스님이 주지를 맡아 가람 일에 너무 시간을 빼앗기고 수행과 공부를 덜하는 것 같아 늘 걱정이었다.

"네가 주지를 맡아 가람 일을 하는 것은 당연하지만, 그 일로 수행과 공부를 게을리 하면 어찌 수행자라 하겠느냐?"

때로는 단순한 걱정을 넘어 호되게 야단을 쳤다. 만화 스님이 주지직을 수행하면서도 경전 공부와 수행을 게을리한 적이 없는데, 너무 거세게 야단을 치는 바람에 이를 옆에서 지켜본 만화 스님의 상좌가 말했다.

"스님, 그래도 탄허 스님께서 너무 심하신 것 아닙니까. 가장 잘 이

해해 주셔야 할 분인데……"

"은사스님께서 모두 제자를 걱정하여 하시는 말씀이다. 우리가 모두 그 어른 때문에 밥을 먹고 있다. 다시는 그런 말을 꺼내지 말거라."

탄허 스님과 만화 스님은 은사와 상좌였지만 함께 생활한 기간은 그리 길지 않았다. 탄허 스님은 대강백으로 많은 강백을 길러냈다. 반면 만화 스님은 월정사를 복원하고 오대산을 지키는 데 평생을 보냈다. 은사와 상좌의 길이 많이 다른데다 만화 스님은 한암 스님의 영향을 더 많이 받았지만, 만화 스님은 늘 은사스님을 존경하고 깍듯이 모셨다. 가끔씩 탄허 스님이 월정사에 오시면, 만화 스님은 모든 제자들이 가사 장삼을 입고 도열해 맞이하고 반드시 삼배를 올리도록 했다. 탄허 스님이 정좌하면 만화 스님은 늘 무릎을 꿇고 작은 일 하나하나 보고를 했다. 만화 스님은 늘 탄허 스님에게 보고하고 상의하며 모시고 불사를 했다. 혹 탄허 스님이 이치에 맞지 않는 말씀을 한다는 생각이 들더라도 "아니다"라는 말을 하지는 않았다. 차비, 불사에 쓰라고 받았던 봉투는 뜯지도 않은 채 모두 탄허 스님에게 드렸다. 월정사 불사에 여념이 없는 가운데서도 은사스님의 역경을 도운 것이다.

만화 스님은 당신의 업적을 내세우지 않고 늘 한암 스님과 탄허 스님의 공으로 돌렸다. 태워버린 문짝을 복원하고 흉측스런 법당의 때를 벗기고 본체를 다시 개관하는 기념 법회 자리였다. 여기서 만화 스님은 당신의 공적은 뺀 채 한암 스님과 탄허 스님의 업적으로만 공식 보고했다. 이를 지켜본 상좌가 말했다.

"이번 불사에 스님의 공적이 적지 않은데 왜 스님의 공은 모조리 뺐습니까?"

"나는 주지로서 내가 할 소임을 한 것뿐인데 그를 어찌 공적으로 내세운다는 말이냐?"

도가 통한 탄허 스님이 이런 만화 스님의 마음을 모를 리 없었다. 탄허 스님도 만화 스님을 각별하게 대하였다. 탄허 스님은 만화 스님의 불사에 관한 노고를 치하하였고, 앞에서는 야단을 쳤지만 만화 스님의 수행자다움에 대해서도 높게 평가하였다. 탄허 스님은 어느 날 만화 스님을 불렀다.

"내가 이제 속세에서 머물 날이 그리 많이 남지 않을 듯하구나. 내가 마지막 사치를 부려 속세의 아름다운 풍광을 가슴에 담고 이승으로 떠나려 하는데 네가 동행해 줄 수 있느냐?"

탄허 스님은 만화 스님과 함께 그동안 가고 싶었던 제주도로 여행하였다. 속세에서 마지막 도반으로 만화 스님을 선택한 것이다.

스님은 근검절약 정신이 철저했다. 어느 날 상좌인 현해 스님이 쌀 두 가마를 후원으로 옮겼다. 쌀을 뒤주에 담고 빈 쌀가마니를 구석으로 던졌다. 그 속에 쌀 몇 톨이 들어 있다가 바닥에 떨어졌다. 단단한 흙에 떨어진 쌀은 주웠는데 흙 속에 파묻힌 것은 일일이 주울 수 없어 빗자루로 쓸어모았다. 만화 스님이 이를 목격하고 소리를 질렀다.

"쌀 한 톨에도 부처님께서 햇빛과 물과 대기를 내리시고, 그를 뿌리고 거둔 농부의 피땀어린 정성과 이를 사고 판 이들, 무엇보다도 이를 시주한 분들의 노고와 마음이 어려 있거늘 어찌 네가 그를 가벼이 여기는가?"

"스님 잘못하였습니다."

"네가 하는 짓을 보니, 근검절약하는 태도에서 알뜰하게 절 살림을 하는 방법에 이르기까지 처음부터 다시 배워야겠다."

만화 스님은 현해 스님에게 두 시간 반 동안이나 근검절약하는 태도와 알뜰하게 살림하는 방안에 대해 훈계하였다. 그날 저녁에 현해 스님은 흙이 뒤섞인 쌀로 밥을 했다.

상좌인 윤창화도 비슷한 경험을 했다. 채공을 하던 윤창화에게 만화 스님이 직접 시범을 보이며 말했다.

"간장을 담겨진 병에서 다른 그릇으로 옮길 때에는 단 한 방울도 흘려서는 안 된다. 옮기는 그릇 밑에 다른 그릇을 대 놓고 얼른 간장을 떠야 한다."

이러한 정신은 한암 스님으로부터 배웠다. 한암 스님 역시 근검절약이 대단해 파지 하나라도 함부로 버리지 않았다. 스님은 물자뿐만 아니라 돈도 아껴 썼으며 최대한 절약하도록 가르쳤다.

만화 스님은 선사의 풍모 또한 남달랐다. 만화 스님은 상원사에서 주지를 맡아 선방 수좌들을 보살피고 외호하고 있었다. 어느 날 대중 법문을 요청하였다. 대중 법문을 하다가 갑자기 박수를 치고 춤을 추는 것이 아닌가. 그러더니 소리를 질렀다.

"도솔천 내원궁에 왔다."

평소 말없고 얌전하던 모습은 온데간데없었다. 수좌들이 모두 놀랐다가 어느 수준의 경지에 오른 모습에 합장을 했다.

수좌들이 해제를 하고 상원사를 떠나려는데 만화 스님이 스님들을 잡고 말하였다.

"스님, 해제가 되었으니 보따리를 풀어 놓고 가야 하지 않습니까?"

그리고는 이것저것 물으며 법거량을 했다. 그렇듯 상좌와 대화를 할 때도 법거량을 통해 깨달음에 이르도록 이끌었다. 하루는 병이 걸려 입원한 제자의 병문안을 갔다. 거기서 간단히 병세를 물어본 후 스님은 법거량을 하였다.

"너는 병이 어디에서 왔다고 생각하느냐?"

"제가 지은 업에서 왔습니다."

"그 업이 마음에서 온 것이라면, 한 생각을 일으키기 전의 것이 과연 무엇이냐?"

"……"

어디서든 주인이 되는
삶을 살다

스님은 수처작주(隨處作主)의 정신을 실천하였다. 월정사에서는 주지로서 한 치의 어긋남이 없이 중창 불사를 수행하고 절 살림을 도맡는 엄격한 외호자였다. 상원사에서는 선 수행을 주도하는 선사였다.

스님이 상원사 주지를 맡던 때 정화의 바람이 불었다. 스님은 정화에 적극 참여하여 목숨이 위태로울 정도로 수십 일 동안 단식을 하였다. 정화 직후 종단은 월정사 주지로 지월 스님을 발령했으나 지월 스님은 은사인 이종욱 스님을 배반할 수 없다며 불영사로 내려갔다. 월정사에 공백이 생기자 총무원의 동산 스님과 청담 스님은 희찬 스님을 종단으로 불러 탄허 스님을 강원도 종무원장으로 모시고 월정사 주지를 맡도록 했다.

1955년 9월에 스님은 월정사 주지로 취임하였다. 대처승 2명이 집에서 출퇴근을 하며 사무를 보고 있었다. 대한불교조계종 종정으로부터 받은 주지 임명장을 보여주며 인수인계를 한 후 절을 비워줄 것을 요청하였으나 끄떡도 하지 않았다. 대처승들이 숫자도 많았고, 지역의 국회의원을 비롯하여 믿는 구석도 단단하였다. 대처승의 가족까지 나서서 인계를 거부하였다. 고민하던 만화 스님은 경찰서로 달려갔다. 처음엔 경찰도 양자의 싸움에 끼워들기를 꺼렸으나 서장은 만화 스님의 천진한 풍모에 반하여 스님의 요청을 수락하였다. 경찰의 힘을 빌리고서야 겨우 절을 되찾을 수 있었다. 1958년 무렵에 비구승들이 월정사에 들어가고 대처승들은 지금의 방산굴 근처 함석집으로 갔다.

하지만, 만화 스님은 원융회통의 정신을 실천하였다. 정화를 하긴 했지만, 대처승을 하나로 품었다. 물리칠 것은 왜색불교이지 사람이 아니었다. 스님들을 모아놓고 말하였다.

"여러분! 대하 스님을 부전으로 모시려고 하는데 스님들의 생각은 어떠신지요?”

“그것은 안 됩니다. 정화를 하려면 확실히 해야지요.”

“청정도량을 만드는 것이 정화의 목표이지 사람을 내치는 것이 정화의 목표는 아니지 않습니까? 대하 스님을 떠나게 하면 젊은 비구들이 과연 누구로부터 어산(魚山)과 염불을 배우겠습니까? 좋은 어산과 염불이 넘쳐나야 이곳이 청정도량이 되는 것이 아니겠습니까? 비구든 대처든 분별일 뿐, 이제 합심하여 부처님을 잘 모시면 그것이 청정 도량의 본래 모습이 아니고 무엇이겠습니까?”

이어서 만화 스님은 대처승의 가족들이 절 소유의 논밭을 경작하도록 배려했다. 대처승이자 친구인 와운 스님에게는 절을 내 주었다. 늘 대처승의 어른들을 모아 공양을 대접하고 사중의 일을 상의하면서 입적 때까지 철저히 산중의 어른으로 모셨다. 절 마당을 중심으로 월정사엔 비구승이, 함석집엔 대처승이 살았는데 둘 사이에 축구 시합도 하였다.

스님은 사람에 대해서는 너그러웠지만, 원칙으로 삼는 일에 대해서는 단호하였다. 대처 측이 소송을 제기하는 등 문제를 야기할 때는 단호하게 대처해 물리치는 강단을 보였다. 대처 측의 소송으로 1, 2심에서 패소해 집달리가 열네 번이나 들이닥쳐도 이를 모두 극복했다. 이런 만화 스님을 보고 탄허 스님은 “아주 끈질긴 면이 있다”고 높이 평가했다.

스님은 욕심이 없었으며 늘 손해를 보는 것을 감수했다. 스님이 상원사에서 월정사로 내려오면서 후원회 격인 봉찬회를 상원사에 그대로 두었다. 봉찬회에서는 상원사 스님들을 위해 쌀을 보내 왔다. 봉찬회 권한이 있는 만화 스님이 마음만 먹었다면 봉찬회를 월정사로 가져와 어려운 살림에 보탤 수 있었지만 만화 스님은 쌀을 전부 상원사로 보냈다. 상원사로 향하는 쌀이지만 만화 스님은 월정사 대중들로 하여금 상원사까지 지고 나르게 했다. 불사를 하면서 궂은일을 도맡아 하고 문제가 생기면 법적 책임을 모두 지고 유치장행도 마다 않았던 그 모습대로 스님은 손해를 감수하는 데 한 치의 주저도 없었다.

스님은 출가 초기에는 한암 스님을 모시고 그 가르침대로 살았으며 월정사 주지 소임을 맞은 뒤에는 평생을 월정사를 복원하는 데 헌신했다. 당신의 신념대로 늘 가람 수호에 진력했다. 어려운 상황에서 월정사와 대중들을 위해 살았지만 모함과 공격에 시달렸다. 월정사는 대중이 많은 관계로 늘 시끄러웠다. 불사와 관련돼 사법당국에 고발한 사람도 나중에 보면 주변 사람들이었다. 초기에는 대처 측의 공격과 소송에 시달리고, 이후에는 주변 사람들로부터 모함을 받아 고초를 겪은 것이다. 하지만 스님은 이를 모두 감내하고 홀로 짐을 지고 갔다.

어느 맑은 가을날이었다. 만화 스님은 상좌들 몇을 데리고 상원사에서 수행하고는 다시 발걸음을 옮겼다. 월정사로 가서 다시 불사를 하고 말 많은 대중들과 싸우려니 발걸음이 무거웠다.

"수행만 하고 지낼 수만 있다면 얼마나 좋겠느냐?"

한 상좌가 감히 여쭈었다.

"그 골치도 아프고 말도 많은 주지직을 내려놓으시면 되잖아요."

"월정사를 중창 복원하는 일은 내게 맡겨진 소임이다. 어디에 있든, 자기 소임을 다하는 것이 중의 도리가 아니겠느냐? 너만큼은 평생 동안 주지를 하지 말고 공부만 하거라. 공부가 제일이다."

스님은 주지 일을 하면서도 틈이 날 때마다 경전 공부와 수행에 매진하였다. 경전에 해박하고 지식이 풍부했지만 한번도 내세우지 않았다. 사집·사교에 대해 통달했지만 이를 밝히지 않았다. 한암 스님에게서 배운 대로 선을 좋아해 잠시 시간이 나면 꼭 앉아 참선 정진했다. 그러면서도 배움을 드러내지 않은 것은 은사인 탄허 스님에 대한 존경심 때문이었다.

스님은 어느 사찰을 가든지, 승가오칙을 지키고 가람을 수호했다. 오대산 스님이기 때문에, 내 절이기 때문에 하는 소유의식이나 특별의식을 갖지 않았다. 스님은 어느 절을 가든 새벽예불을 하였다. 그뿐만이 아니었다. 걸레를 들고 법당을 홀로 닦았다. 법당 청소를 마치면, 비를 들고 절 마당을 쓸었다. 월정사 주지가 직접 그런 일을 하자 이를 지켜본 스님들은 상좌에게 큰 가르침으로 삼게 하였다.

만화 스님은 사찰 운영을 할 때 늘 원융의 원칙을 지켰다. 일을 하더라도 혼자 하지 않고 실무자에게 일을 맡기고 이들의 의견을 존중했다. 한번 믿으면 모든 것을 믿고 심지어 도장까지 맡길 정도로 사람을 신뢰했다. 신도들에게도 따뜻하고 도반들과는 의리를 저버리지 않았다.

신도들에 대한 애정 또한 각별하였다. 신도가 월정사를 찾아오면 손

수 차를 끓여서 정성스럽게 대접하고 귀한 꿀까지 내며 환대했다. 그리고 직접 염불을 하며 정성껏 기도했다. 그런 정성 덕분인지 행사가 열리면 교통이 나쁜 상황 속에서도 수천 명의 신도들이 운집했으며 불사에 많은 도움을 주었다. 만화 스님은 행색을 보고 출가자와 재가자를 구분하는 것을 경계했다. 중요한 것은 겉모습이 아니라 내면이라는 것이 스님의 가르침이었다. 수도원생 중에는 불교에 심취하지 않은 재가자도 있었지만 스님은 차별 없이 대우했다. 한 상좌가 이에 불평하였다.

"수도원 수도생들이 앞으로 모두 승려가 되는 것도 아니며 그렇다고 모두가 신심이 뛰어난 것도 아닌데 스님은 왜 그렇게 고생을 하시며, 우리 대중도 수도생들의 뒷바라지를 하느라고 고생을 해야 합니까?"

이를 들은 만화 스님이 이렇게 경책했다.

"뭐가 중이냐? 머리 깎고 먹물 옷만 입으면 중이냐? 그것은 껍데기 중이지 알맹이 중이 아니다. 속이 중이어야지 껍데기 중은 부처님과 시주님들에게 업만 짓는 것이다. 그러니 모양만 보고, 처한 껍데기만 보고 중이다, 아니다 말하지 말라. 모양을 좇아, 형식을 좇아 사람을 판단함은 아주 잘못된 것이다. 너희들은 너희들 속 살림이나 잘 챙기거라."

스님은 사람에게는 한없이 따뜻했고 가르침에는 엄격하였다. 어느 날 밤에 공양간에서 달그락거리는 소리가 났다. 그리 가 보니 한 스님이 가마솥에서 감자를 훔쳐 먹고 있었다. 만화 스님은 그리로 향하였다. 그 스님은 놀라서 감자를 뒤로 숨긴 채 꼿꼿이 섰다.

오대산 월정사 이야기

"배가 많이 고팠던 모양이구나."

만화 스님은 가마솥을 열어 감자를 꺼낸 후 발우에 담아 안겼다.

"언제든 배가 고프면 말하거라."

스님의 거처로 불러 꿀물도 타 주었다. 그리 따스한 마음을 가졌지만 승가오칙을 지키지 않거나 게으름을 피우는 것에 대해서는 단호하였다. 조석으로 예불을 지키지 않으면 불호령을 냈고, 때로는 몽둥이까지 들고 눈물이 쏙 빠지도록 야단을 쳤다. 야단을 칠 때는 공개적으로 했다. 혼을 내는 데 목적이 있는 것이 아니라 앞으로 잘못을 되풀이하지 않도록 경책하는 데 목적이 있었기 때문이다.

스님은 공심(公心)이 투철해 형제 등 사적으로 인연 있는 스님이 오대산에 함께 있었지만 우대하거나 원칙을 흐리는 경우는 일체 없었다. 속가 막내 동생이 월정사에 있었고, 바로 밑 동생이 재가자로 사무를 보았으며 따님은 어려운 형편 가운데 타지에서 어렵게 불교 관련 일을 하였지만, 스님은 이들을 돕거나 특별 배려를 하지 않았다. 스님은 아예 사적인 업무가 없다고 할 정도로 모든 일을 공심으로 대했다. 정재를 철저하게 아껴 출장을 가서 남은 돈이 있으면 반드시 종무소에 반납했다. 이런 상좌를 탄허 스님은 "희찬이는 꿈에서 만져보아도 승려"라고 했으며 월정사 불사에 공이 큰 한진그룹 조중훈 회장 송덕비를 쓰면서 "만화 희찬이가 본래 수좌인데 법당을 마지막에 결국 마친 것이 희찬이다"라고 쓰며 그 공을 칭송했다. 스님은 한마디로 부처님의 가르침 그대로 한 치 어긋남 없이 살았던 참 수행자였다.

월정사 중창에

매진하다

월정사 소송이 마무리되자 스님은 대웅전 불사에 진력하였다. 1960년대에 사중의 경제적 형편이 어려워 관광객이나 수학여행 학생들을 상대로 이른바 '밥장사'를 했다. 특히 월정사에는 멀리 경상도 등지에서 적멸보궁 참배를 위한 성지순례객들이 많았다. 스님들은 밤에 자다가도 버스가 들어오면 순례객들을 위해 밥과 반찬을 만드느라 잠을 설쳐야 했다. 대부분의 대중들은 악조건 속에서, 낮에 배고픔을 참아가며 하루 종일 울력까지 해서 피곤한 몸으로 한암 스님이 가르친 승가오칙을 지키면서 아홉 시 전에는 눕지 않고 경전을 읽고 공부하는 생활이 지속되었다. 월정사 중창 불사는 이처럼 극한의 고통과 어려움 속에서도 진지하게 공부하면서 진행됐다.

1964년 7월 기공식을 갖고 본격적인 불사에 착수했다. 하지만 상황은 어려웠다. 1965년 3월 3일 탄허 스님은 월정사 복구를 위해 총무원을 방문해 총무원 당국과 각계 요로에 도움을 청했다. 월정사 불사를 위해 한편으로 범사회적인 모임이 조직되었다. 1965년 12월 15일 당시 정권 실세이던 김용태 의원을 총재로 하여 '오대산 월정사 보승회(保勝會)'를 설립하였다.

1967년 여름에 상량식을 했다. 그 자리에는 성철 스님과 춘성 스님이 참석해서 법문을 했다. 법당 서까래까지 올렸지만, 현금이 없어 기

만화 희찬 스님의 원력에 의하여 중건된 월정사 대웅전(적광전)

와를 얹지 못해 비를 고스란히 맞았다. 만화 스님은 적광전 기와를 올릴 자금을 마련하고자 서울로 화주를 떠났다. 딱히 아는 사람이 있는 것이 아니었다. 부자가 많이 사는 서울에 가면 무슨 길이 있지 않겠느냐는 생각이 들었다. 조계사에서 밤을 지샌 만화 스님은 다음날 새벽 일찍부터 탁발을 돌다가 한 부잣집으로 들어갔다. 조그만 기업체를 운영하는 사장 집이었다. 바로 고 조중훈 회장 집이었다. 만화 스님은 대문 앞에서 염불을 하였다.

대문 안 마당에서는 조중훈 회장의 부친인 조명희 씨가 마당을 쓸고 있었다. 염불 소리를 듣자 처음엔 귀를 의심하였다. 다시 들어보니 녹음기가 아니라 정말로 스님이 육성으로 목탁을 두드리며 염불을 하는 것이었다. 그는 어제 밤의 꿈이 꿈만은 아니라는 생각이 들어 얼른 대문으로 달려갔다.

서울에서 10대째 살아온 토착지주였던 조명희는 부족할 것 없이 지내다가 있던 전답을 팔아 사업을 하다가 사기를 당하여 가세가 기울었고, 조중훈이 운수회사인 한진상사를 설립하여 운수업을 시작하던 때였다. 그런 상황에서 전날 밤에 한 스님이 찾아와서 시주를 청할 것인데 시주를 하면 좋은 일이 있을 것이라는 꿈을 꾼 것이었다. 아침에 깨자마자 이것은 필시 사업이 다시 흥할 조짐이 아닌가 내심 생각하던 참이었다. 대문이 열리자 만화 스님은 잠시 목탁을 멈추고 말하였다.

"소승은 오대산 월정사에 머무는데 불사를 위하여 탁발을 왔으니, 물리치지 마시기 바랍니다."

조명희가 얼굴을 자세히 살피니 꿈에서 본 그 스님 얼굴이었다. 신기하여 물었다.

"어인 일로 강원도 산골에서 예까지 탁발을 왔다는 말이십니까?"

"저희 절, 월정사가 6·25사변 때 불타서 대웅전을 새로 지었는데, 돈이 모자라 기와를 얹지도 부처님을 모시지도 못하고 있습니다."

아무리 꿈에서 보았다고 하지만 쉽게 믿을 수는 없었다. 조명희는 사실을 확인하기 위해 아침밥을 차려 먹고는 곧바로 월정사로 갔다. 서울로 돌아온 조명희는 아들 조중훈을 불러 자초지종을 이야기하고는 직접 월정사를 살펴보라 일렀다. 그 때가 대웅전 상량식을 하고 막

바지 불사가 진행되던 1967년 11월이었다. 조중훈은 월정사를 살펴본 뒤 공장 직원들과 차량을 이용해 기와를 실어 날랐다. 마침내 1968년 봄에 기와를 모두 얹고 대웅전을 완공하였다. 한국전쟁으로 10여 동의 전각이 불탄 뒤 1955년에 이종욱 스님이 복구를 시도했다가 정화로 인해 중단됐던 대웅전 불사가 1964년 7월에 시작하여 마침내 4년 만에 완공된 것이다. 화재 전에는 칠불보전이었던 대웅전은 이후 탄허 스님이 적광전으로 명칭을 바꾸었다.

가장 어려운 대웅전 불사에 이어 중창 불사가 이어졌다. 동별당 공사부터는 월정사 나무가 아닌 다른 곳에서 사 오는 여유도 생겼다. 동별당에 이어 용검루, 서별당의 공사를 연이어 진행하였다. 서별당은 상원사 주변에 죽은 고사목으로 지었다. 월정사 불사는 쉼 없이 계속됐다. 조실스님이 거주하는 곳으로 탄허 스님이 입적 때까지 머물렀던 방산굴을 73년에 중건했다. 1974년에는 성보박물관으로 사용되는 보장각을 건립했다. 사천왕문도 1974년에 중건했다. 1975년에는 근세에 월정사에 주석한 한암, 탄허, 지암, 만화 스님의 영정을 모신 진영당을 중건했다. 종무소 건물인 해행당은 1978년에 중건했고, 적광전 왼쪽 동당으로 불리는 설선당은 스님들 처소와 원주실·객실·세면장 등으로 사용하는 요사채인데, 1979년에 중건했다. 만화 스님의 원력과 헌신에 감복한 사부대중의 동참이 늘어났다. 만화 스님은 입적 때까지 쉼 없이 전쟁으로 폐허가 된 월정사를 복구했다.

대웅전 불사가 끝나고 다른 전각 불사가 한창이던 1970년대에 들어 만화 스님은 상좌들을 본격적으로 들인다. 이미 1950년대부터 월정사 주지를 맡을 때부터 상좌들을 두었지만, 1970년대 어려운 불사 과정을 거치고 난 뒤 현각 스님, 원행 스님, 현기 스님, 도완 스님, 정념 스님 등 상좌들이 대거 들어왔다. 점차 안정을 찾아가며 찾아오는 사람들도 많아졌다. 만화 스님은 한결같았다. 결제를 엄격하게 지키며 납월 8일 용맹정진, 전 대중 발우공양 등 수행에 한 치의 어긋남이 없도록 지도하고 모범을 보이며 가람을 이끌었다. 1973년에는 종단의 중앙종회의원을 맡기도 했다.

1977년 11월에는 탄허 스님이 화엄경 산림법회를 열었다. 70여 명

화엄경 완역을 기념하여 개최된 화엄경 산림법회. 전국의 중견 승려 50여 명이 운집했다.

의 대중이 모였는데, 대부분이 제방의 강사급 스님, 종단에서 촉망받던 비구·비구니스님들이었고, 재가자도 일부 있었다. 결제에 들어가 새벽 4시 예불, 오전 8시부터 강의, 오후 강의로 진행됐다. 오전에는 『화엄경』을, 오후에는 『주역』과 『노자 도덕경』 등 외전을 강의했다. 저녁에는 무비 스님, 관조 스님, 통광 스님 등이 나와서 논강을 진행했다. 산림법회를 외호하고 지켜낸 것은 주지 만화 스님이었다.

월정사가 안정을 찾기 시작한 것은 1975년 영동고속도로가 확장 개통하면서부터다. 고속도로 개통으로 사람들이 많이 모여들면서 사찰 재정도 점차 나아졌다. 월정사가 옛 가람을 완전히 회복하고 안정을 찾아가던 때, 10·27법난 바람이 월정사에도 불어닥쳤다. 신군부의 군인들이 총을 들고 월정사로 들이닥쳤다. 그들은 만화 스님을 끌고 갔다. 연행되어 고초를 겪고 나온 스님은 상원사로 올라갔다. 주지에서 물러난 뒤 스님은 1981년 월정사 회주를 맡아 오대산을 뒷받침했다. 이후 월정사는 새로 주지를 맡으려는 스님들 사이에서 분란이 일어나 한동안 혼란에 빠진다. 1983년 오대산의 가장 큰 어른인 탄허 스님이 입적하고 오대산은 또 한번 회오리바람에 휘말린다. 만화 스님은 상원사에서 옛 모습대로 복원하는 원력을 세웠다. 한편으로 젊은 시절부터 노스님인 한암 스님을 모시고 수행하던 대로 참선 정진에 몰두했다.

그리 수행하다가 탄허 스님이 입적하고 얼마 지나지 않아 스님도 뜻밖의 사고로 입적한다. 그때가 1983년 세수 62세, 법랍 44세였다. 스님이 입적 후 소지품을 정리하자 남긴 물품은 수첩과 메모지 등 소지품

밖에 없었고 일체의 비자금도 없었고, 당신을 화장할 비용조차 남기지 않았다. 숱한 스님들이 무소유를 말하지만, 많은 재물을 관리할 수 있는 입장에서 이처럼 철저히 무소유의 실천행을 보인 이도 드물 것이다.

만화 스님의 일생은 한마디로 말하여 월정사 가람을 수호한 중창주의 삶이었다. 드러난 삶이 중창주의 삶이라면, 드러나지 않은 삶은 평생을 한암 스님의 승가오칙을 자기 수행으로 삼고 이를 주변 사람에게 가르치고 심어준 올곧은 수행자의 삶이었다. 새벽 예불을 하루도 빠지지 않고 행하고, 틈이 날 때마다 경전을 읽고 참선과 염불을 하였고, 일생을 중창불사와 포교에 힘썼다. 모든 사람에게 지극한 자비심을 베풀었지만 가르침에는 엄격한 스승이었고, 어른 모시기를 당신 몸 아끼는 것보다 더 깍듯했다. 수많은 고초와 누명과 모함을 당하면, 이에 흥분하여 맞서거나 변명을 하지 않았다. 외려 이를 자기 수행의 길로 여기고 그럴수록 묵묵히 가람을 수호하고 한암 스님에게서 배운 그대로 실천하였다. 중창불사를 하든, 교육을 하든, 주지직을 하든, 그는 모든 일상에 도가 있다며 순간에 모든 것을 던진 진정한 수행자였다.

[참고문헌]

김광식, 『오대산의 버팀목』, 오대산 월정사, 2011
석길암, 『문수성지 오대산 월정사, 역사와 문화』

월정사를 품어주고 꾸며주는 것들

부드럽고 너른 품을 가진 어머니 산, 오대산

산은 늘 거기 머물면서 모든 것을 품는다. 백두가 내달려 지리산까지 뻗어 내리다가 그 중간의 참에서 잠시 쉬면서 둥글게 터를 잡은 후덕한 묏부리가 오대산이다. 높이 1,563미터의 주봉인 비로봉(毘盧峰)을 중심으로 동대산(東臺山, 1,434미터), 호령봉(虎嶺峰, 1,042미터), 상왕봉(象王峰, 1,493미터), 두로봉(頭老峰, 1,422미터) 등 5개의 봉우리 사이로 중대(中臺, 지공대), 동대(東臺, 만월대), 서대(西臺, 장령대), 남대(南臺, 기린대), 북대(北臺, 상삼대) 등 다섯 곳의 평평한 둔덕이 둘러싸고 있어 오대산이라고 했다. 지나는 새든, 풀이든, 바람이든, 사람이든, 넉넉하게 품어 하나로 아우르는 어머니와 같은 산. 산세는 부드러우면서도 우아하고, 수량은 풍부하고 땅은 기름지다.

온갖 신과 사람과 생명체가
상즉상입의 화엄을 이룬 산

수십 억 년 동안 풍화한 화강암과 편마암 사이로 맑은 물이 흘러 어느 곳이든 빼어난 계곡미를 보여준다. 봄에는 푸른 신록 사이로 연분홍, 연노랑, 하얀 꽃들이 점점이 수놓은 위로 나풀나풀 나비가 날고, 여름엔 소낙비가 내린 뒤 더욱 짙어진 녹음 위로 티없이 맑게 솟은 산봉우리가 아름답고, 가을엔 울긋불긋 온 산을 수 놓은 후 이리저리 떨어져 날리거나 냇물 위로 흐르는 단풍이 빼어나고, 겨울엔 흰 눈이 내려 은빛으로 빛나는 골짝과 능선이 더욱 웅장한데 그 사이로 눈의 무게를 못 이기고 제 가지를 스스로 꺾어내며 우는 전나무의 비명 소리가 처연하다.

오대산은 인근의 설악과 달리 흙이 많아 숲이 무성하고, 그 숲엔 헤아릴 수 없을 정도로 많은 생명들이 둥지를 틀고 있다. 국립중앙과학관에서 2,000년에 조사한 바에 따르면, 오대산에 자생하는 식물은 1,003종이 넘는다(7강 42목, 123과, 494속, 825종, 2아종, 153변종, 23품종으로 총 1,003분류군). 주로 신갈나무 군락이 우세한 가운데 굴참나무 군락, 전나무 군락이 수많은 나무들을 품고 울창하게 우거져 있다. 절 입구에 들어서면 1,000년의 세월을 다른 나무들과 공존하며 살아온 전나무가 시종들처럼 늘어서서 손님을 맞고, 길섶으로 눈길을 두면 측백나무, 신갈나무, 주목나무 등 다채로운 나무들이 금강초롱, 다우기, 타

오대산 월정사 이야기

단풍이 빼어나며 수 많은 생명체가 상생하는 오대산

래난초, 동의나물, 복수초, 노랑무늬붓꽃 등의 천연기념식물과 인드라망처럼 어울려 아름다운 숲을 이루고 있다.

그 숲을 의지처로 삼아 수많은 동물들이 둥지를 틀고 있다. 오대산 국립공원에 지금까지 기록된 곤충류들은 21목 223과 1,603종으로 밝혀졌으며, 딱정벌레류만 하더라도 47과 398종이 이 숲에서 생활하고 있다. 얼마 전까지만 하더라도 천연기념물 제 218호인 장수하늘소, 보호야생동물인 멋조롱박딱정벌레, 깊은산부전나비, 홍줄나비 등 3종이 있었으나 최근엔 그 실체를 확인할 수 없다.

숲을 가로질러 수정처럼 맑고 찬 오대천과 연곡천이 흐른다. 그 냇물엔 모래와 돌을 터 잡아 수많은 수서곤충이 기어다니고, 총 10과 31

제3장 _ 월정사를 품어주고 꾸며주는 것들

종의 물고기가 서식한다. 그 물고기들 중 가는돌고기, 쉬리, 금강모치, 참종개, 새코미꾸리, 미유기, 퉁가리, 꺽지 등 8종이 한국 고유 어종이다. 냇물 곳곳엔 금강모치와 버들개가 가장 많이 헤엄쳐 다니고, 피라미, 갈겨니, 산천어, 열목어, 새미, 종개, 둑중개, 쌀미꾸리, 돌고기의 순으로 많이 살고 있다.

고라니와 사슴, 멧돼지, 오소리, 너구리를 비롯하여 26종의 포유류가 사는데 산양, 수달, 하늘다람쥐, 수리부엉이는 천연기념물이다. 하늘엔 어치, 박새, 청딱따구리, 수리부엉이 등 85종의 조류가 살고, 21종의 양서류와 파충류도 서식하고 있다. 그리 천연기념물을 포함하여 2천여 종이 넘는 수억의 생명체들이 더불어 숲을 이루며 서로를 의지처로 삼아 오대산의 깊고 너른 품에서 살고 있다.

오대산은 샤머니즘과 불교, 유교, 도교가 한데 어우러진 터다. 이곳엔 수많은 신들이 상주하며, 수많은 기억들이 쌓이고 쌓여 주름과 겹을 이루고 있다. 오대산은 수많은 신들과 불보살이 상주하는 신령스런 산이다. 고대시대엔 산신이 이곳에 내려와 터를 잡았고, 불교가 전래된 이후에는 문수보살이 상주하는 청량산이었다. 자장 율사가 상원사 중대에 석존의 진신사리를 모신 이후에는 불보살 또한 상주하신다. 성덕왕 대에는 오만의 진신(五萬眞身)과 부처가 만다라를 이룬 터가 되었다.

유가들 또한 이 산에서 머물며 이 산의 아름다움을 가슴에 담아 수양의 바탕으로 삼았다. 김시습은 "내가 관서지방에서 관동지방으로 들어가서 금강산과 오대산에서 놀면서 형승(形勝)을 찾아다녔는데 산

형상은 기이하고 시냇물의 빛은 영롱하였다. 날아가듯 떨어지며 사람의 마음을 활짝 열게 하는 폭포, 단풍이 든 산자락 사이의 흰 돌들, 맑은 여울이 흐르며 내는 시냇물 소리를 대하면 사람들의 마음과 눈이 씻어진다. 골짜기가 깊고 나무가 울창하여 세속 사람들이 드물게 오기로는 오대산이 최고다"라 하였다.

오대산 일대는『삼국유사』에서부터 한반도 최고의 명당으로 꼽히는 곳이다. 조선 풍수에 따르면, 오대산은 양택(陽宅)으로 용맥(龍脈)이 돌출한 곳이다. 중국 풍수로 보아도, 사고 주변의 땅은 물과 불과 바람의 삼재가 들지 않는 명당이다.

【 참고문헌 】

김시습, 「탕유관동록지후(宕遊關東錄志後)」, 『매월당시집』 권10,
김창호 외 4인, 「오대산 삼림식생의 군집분류」, 『이학논집』 제26집, 건국대학교 기초과학연구소, 2001
김풍기, 「오대산 인식의 역사적 변천과 문화사적 의미」, 『동방한문학』 제26집, 동방한문학회, 2004
자현 스님, 「오대산(五臺山) 문수화엄(文殊華嚴)신앙의 특수성 고찰」, 『한국불교학』 제63집, 한국불교학회, 2012
최재석 · 최준길, 「오대산국립공원의 어류상과 어류교란」, 『한국환경생태학회지』 제19집 2호, 한국환경생태학회, 2005

열넷째 이야기 마당

일주문과 전나무 숲길,
그리고 월정사 이름에 깃든 의미

오대산에 들어 월정사 입구로 들어오면 길이 갈라지고
일주문이 보인다. 왼편으로 가면 아스팔트 포도요, 오른편으로 가면
호젓한 숲길로 이어지고 그 끝은 월정사다. 세속의 길을 버리고 오른
편으로 발길을 돌리면 '월정대가람(月精大伽藍)'이라는 탄허 스님이 쓴
현판을 얼굴로 하고 있는 일주문이 반갑게 맞는다. 필체가 독특하면서
도 힘이 있고, 파격의 일탈을 보여주면서도 조화를 이루고 있다.

일주문부터 세속에서 벗어나 출세간이 펼쳐지는 것이다. 부처와 중
생, 깨달음과 깨닫지 못함이 둘이 아니라 하나임을 마음으로, 몸으로
깨닫는 출발점이기도 하다. 문을 달지 않음은 모든 중생이 자유롭게
드나들라는 뜻. 기둥을 양쪽에 하나씩 세워 문을 지탱하는 구조에서
일주문이라는 이름이 유래했으나 두 기둥을 일직선상에서 세웠다는
의미도 있다. 웅장한 지붕을 여러 겹의 공포가 받치고 있는 아래로 맵

일주문을 지나면 눈에 가득 들어오는 전나무 숲길. '천년의 숲길'이라고도 한다.

시 있게 기둥이 뻗어나갔다. 단청은 화려하여 주변에 단풍이 들었어도 주눅이 들지 않는다. 기둥 양편으로 판전을 붙이고 네 분의 신장을 양각하였다. 기둥 양옆으로 샛기둥을 세워 안정감을 높이고, 기단엔 복련을 조각하여 의미를 더하면서도 직선미와 곡선미가 조화를 이루도록 했다. 1976년에 만화 스님이 중건했다.

명당과 만월의 상징성, 화엄만다라가 합쳐져서
월정사라는 이름이 만들어져

일주문에 들어서며, '월정(月精)'이라는 이름의 유래에 대해 생각한

제3장_월정사를 품어주고 꾸며주는 것들

다. 자장 율사가 월정사를 개창하고 신의, 유연, 신효 스님 등이 머물며 비로소 절의 모습을 갖추어 갔지만 조그만 암자에서 벗어난 것은 아니었던 듯하다. 보천과 효명 태자가 오대산 곳곳의 사찰과 암자를 거치지만 월정사는 등장하지 않는다. 지금의 상원사인 진여원을 중심으로 화엄만다라를 조성하면서 하원(下院)인 월정사도 조영한 성덕왕(聖德王, 702~737) 대에는 어느 정도 규모를 형성했으리라 보지만, 8세기 이후에서 고려시대 12세기까지는 절에 관한 기록이 비어 있다.

고려 충렬왕(忠烈王, 재위 1274~1298, 복위 1299~1308) 때 보각국사(普覺國師) 일연(一然, 1206~1289)과 그 제자가 편찬한 『삼국유사』에

"두타(頭陀) 신의(信義)는 범일 대사(梵日大師)의 제자로서 이 산을 찾아 자장 율사가 쉬던 곳에 암자를 짓고 살았다. 신의가 죽은 후에는 암자도 역시 오랜 동안 헐어 있었는데, 수다사(水多寺)의 장로(長老) 유연(有緣)이 새로 암자를 짓고 살았으니 지금의 월정사(月精寺)가 바로 이것이다"

라는 기록에서 월정사가 처음 언급되고 있다.

고려 말의 문신인 민지(閔漬, 1248~1326)도 「봉안사리개건사암제일조사전기(奉安舍利開建寺庵第一祖師傳記)」에서,

"자장 율사가 오대산을 찾아가 지로봉(地爐峰)을 올라 부처님

의 두뇌사리와 정골사리를 봉안하고 가라허(伽羅墟)에 비석을 세
웠다. 여기에 그 사적을 기록하고 이어서 월정사를 창건하고 13
층 석탑을 세워 사리 37매를 탑심(塔心)에 봉안하였다."

라 하였다. 이를 보면, 최소한 민지가 살던 13세기 이전에 월정사라는
사명이 존재하였고, 자장 율사가 이를 창건하였다는 사실이 보편적으
로 받아들여졌음을 알 수 있다.

하지만, 월정사의 팔각9층석탑이 고려 전기, 대략 10세기경의 양식
이고, 이 탑의 해체 및 복원 시 탑신에 청동외합이 들어 있었는데, 이
청동외합 안에 담긴 은제도금여래입상은 신라의 불상양식이며, 비단
향주머니의 바탕 천의 직물이 불국사 석가탑에서 발견된 통일신라 직
물과 동일하다. 이는 이들 물건이 10세기 이전에 만들어져 보관되다가
이 탑을 조성할 때 들어간 것으로 보인다.

월정사시장경비(月精寺施藏經碑)는 1339년(충숙왕 8년)에 절에 대장경
을 시주하고 이를 기념하기 위하여 세운 비인데 지금은 전하지 않지
만, 조선 후기에 이우(李俁)가 편찬한 『대동금석서(大東金石書)』에 탁본
의 단편이 수록되어 있다. 이를 보면, 1339년에 월정사에 대장경을 봉
안하는데 왕비가 백금을 하사하였고, 원나라 환관을 지냈던 신안군(信
安君) 이안수(李安壽)도 백금 두 덩어리를 시주하였으며, 당시 재상의
부인 김씨 등도 이에 동참하였고, 대장경을 봉안할 때 5,000명의 대중
이 모였다는 것이다. 이로 추정하면, 고려 후기에 월정사는 대장경을

오대산 월정사 편액. 탄허 대종사 친필.

봉안하고 5,000명의 대중이 모일 정도로 큰 규모의 가람이었다.

『조선왕조실록』을 보면, 오대산의 "月精寺"라는 이름이 처음 등장하는 것은 세조 12년(1466, 성화 2년)이다. 일본으로 돌아가는 사자 편에 일본 국왕에게 보내는 편지에서

"돌아옴에 미쳐서는 낙산사(洛山寺), 오대산(五臺山), 상원사(上院寺), 월정사(月精寺), 서수정사(西水精寺), 미지산(彌智山), 용문사(龍門寺)를 거쳤는데, 상원사 총림에서 사리 우화(雨花), 감로(甘露), 이향(異香) 등의 상서가 다시 전과 같았으며, 서울에 이르자 또 사리 감로 수타미(須陀味)의 상서가 함께 이르러서 전후에 얻은 것이 총 7천 8백 17매(枚)였습니다"

오대산 월정사 이야기

라 하였다. 이후 중종 25년(1530)에 편찬한 『신증동국여지승람』 제44권 「강원도 강릉대도호부」, 허목(許穆, 1595~1682)이 1674년에서 1692년 사이에 편찬한 것으로 보이는 『기언별집』 제10권, 발(跋), '낭선군(朗善君) 서첩(書帖)의 발'에 월정사라는 이름이 보인다.

이를 종합하면, 월정사는 신라 성덕왕 이전에는 암자에서 벗어나지 못하였으나, 성덕왕이 이곳에 화엄만다라를 조성한 이후 어느 정도 규모를 갖춘 가람을 형성하였으며, 고려 전기인 10세기경에는 팔각9층탑을 지을 정도로 큰 규모의 사찰로 중창되었으며, 고려 후기에는 대장경을 봉안하고 그 봉안식 때 5,000명의 대중이 모일 정도로 큰 사찰이었다. 그럼에도, 언제부터 월정사라 불렀고, 어떤 이유로 그런 사명을 취했는 지에 대해서는 정확한 기록이 없다. 월정사가 여러 차례 화마를 입어 사라진 것으로 보인다.

월정사라는 사명은 불교용어도, 경전에서 비롯된 것도, 부처님의 말씀과 연관된 것도 아니다. 만월산(滿月山)과 그 아래에 세워진 수정암(水精庵)을 합쳐서 만들어진 것이라는 주장이 사중에 있다. 하지만, 이는 수정암이 서대에 있으므로 오류다. 다음 주장은 오대산 동대에 해당하는 '만월산(滿月山)과 서대 장령산 아래 세운 수정암(水精庵)을 달의 운행에 맞추어 월정사로 지었다는 설이다. 만월산 위로 보름달이 떠오르면 서대 수정암까지 훤하게 비추며, 달은 만월산에서 떠올라 수정암 쪽으로 진다. 비로자나불이기도 하고 관세음보살의 형상이기도 한 달빛이 만월산에서 시작하여 서대 수정암까지 이어지는 것이다. 경부고속도로나 경인고속도로처럼, 길은 시작하는 곳의 명칭과 끝나는 곳의 명칭을 한 자씩 따서 이름을 짓는 것이 상례다. 달빛의 길은 만월산에서 시작하여 수정암으로 이어지니, 두 곳의 명칭을 따서 월정사라 이름을 지은 것이다.

하지만, 『동국여지승람』의 「강릉불우」조에 월정사와 수정암이 별개의 사찰로 기록되어 있는 것을 보면, 이 같은 의견에 의심이 간다. 어떤 이는 월정사 터가 달의 형국이기 때문이라 하고, 또 어떤 이는 동대의 만월산의 정기가 모인 곳에 절이 자리하기에 그런 것이라 주장한다. 자현 스님은 "월정사의 배산(背山)인 만월산과 월정사가 위치해 있는 사원 영역은 전체적으로 만월의 상징성을 강하게 내포하고 있어 월정이라는 사명에 관한 가능성을 높여주고 있다. 또한 이는 월정이라는 사명이 자장 율사라는 개창자와 무관하며, 월정사의 터가 『삼국유사』에서도 풍수론에 입각한 명당의 관점에서 인식되고 있다는 점에서 높은 타당성을 확보한다. 월정사라는 이름이 풍수와 관련이 있을 개연성이 크며, 그렇다면 이는 토끼의 상징, 곧 붓다의 보살도를 온축한 도량이다"라고 주장한다. 오대산 자체가 조선 풍수에서 명당으로 인식되기에, 이는 어느 정도 설득력이 있다.

필자는 이 주장에 오대산 화엄만다라 조성을 결합한 데서 이름이 비롯되었다고 생각한다. 오대산의 월정사 자리는 불교가 전래되기 이전에 달의 정기를 품은 명당 자리였고 샤머니즘과 산신 신앙의 성지였다. 그런 인연이 있는 곳이기에 자장 율사, 신효 거사, 신의 두타, 보

오대산 월정사 이야기

천 등이 신라 땅 가운데서도 이곳을 찾은 것이다.

마침내 보천과 함께 이곳에 온 적이 있던 효명은 왕위에 올라 성덕왕이 되자 이곳에 화엄만다라를 조성하였고, 화엄만다라를 조성하면서 진여원을 중심으로 한 암자와 월정사는 본격적으로 신라인 모두의 성지가 된다. 아울러, 산신이나 샤머니즘적 숭배 대상에서 완전히 벗어나 문수보살과 부처님이 상주하는 터가 된다.

화엄만다라가 추구하는 원융(圓融)을 하나의 구체적 사물로 전환하면 바로 달이다. 달은 높이 떠서 세상을 차별이 없이 비춘다. 달이 뜨면 모든 사물의 경계가 사라진다. 달은 완벽한 원을 이룬다. 달빛은 어두운 세상을 환하게 비춘다. 달빛은 높은 곳이나 낮은 곳이나 가리지 않고 어디나 비추지 않는 곳이 없으니 비로자나불과도 같다. 동대로 뜬 달이 지금 월정사에 비추는 순간, 삼라만상의 경계가 사라지고, 그 중중무진의 빛은 서로가 서로를 헤살놓지 않은 채 상즉상입(相卽相入)하면서 모든 것을 하나로 아우르니 그것이 바로 화엄 세계가 아니던가.

어려운 추상적인 개념을 쉽고 가까이 느껴지는 구체적인 사물로 전이할 때 양자 사이의 유사성을 매개로 추상을 구체로 바꾸는 은유가 활발하게 일어난다. 신라 어느 땐가 보름달이 휘영청 오대산 위로 떠올라 월정사 마당을 비추던 날, 한 스님께서 추상적인 화엄의 의미를 고스란히 담고 있는 달, 그것도 정수(精髓)와 정기(精氣)의 의미를 더하여 부르자고 제안하였고, 모든 이들이 그 적절함에 동의하여 그렇게 정해진 것이리라.

　　일주문을 지나면 전나무 숲길이 펼쳐진다. 십 미터가 넘는 전나무가 곧게 하늘을 향하여 솟은 사이로 길이 굽이치고 있다. 월정사 주지인 정념 스님이 흙길을 복원하고 명상 길로 만들었다. 스님, 방문객, 템플스테이 참여자들이 걸으며 명상에 잠기면서 자연스레 수행한다. 흙을 밟으며 대지의 보드라운 감촉을 느끼면서 화는 절로 가라앉고, 새소리와 물소리를 들으며 세속의 들뜬 마음은 평정을 되찾고, 냇물과 전나무가 어우러진 정경을 눈에 담으며 가슴은 선함과 아름다움으로 가득해지고, 숲의 맑은 공기를 들이마시며 탐욕의 찌꺼기들을 모두 뿜어낸다. 그런 마음으로 타인을 바라보면, 누구든 미소를 짓게 되고, 그 미소는 상대방의 근육을 풀어 그 또한 미소를 짓게 하니, 그 가운데 부처님이 계신 것이리라.

【 참고문헌 】

『신증동국여지승람』
『조선왕조실록』
강병희, 「문헌으로 본 월정사 팔각구층석탑」, 『월정사성보박물관학술총서1 – 월정사 팔각구층석
　　　　탑의 재조명』, 2000
자현 스님, 「月精寺의 寺名에 관한 동양학적인 검토」, 『신라문화』 제36집, 동국대신라문화연구소,
　　　　2010
한국불교연구원, 『월정사(부) 상원사』, 일지사, 1995
한상길, 『월정사』, 대한불교진흥원, 2009
허목, 『미수기언』, 솔출판사, 1997

불법 수호 신장인 사천왕과
아름다운 벽화

불법을 수호하는
네 신장, 사천왕

금강교를 건너면 사천왕문이 나온다. 사천왕은 세계의 중심에 있는 수미산의 중턱의 동서남북에 위치해서 불법과 불법에 귀의하는 사람을 수호하고 인간의 선악을 관찰하는 네 호법(護法) 신장(神將)이다.

한국 사천왕에 관한 가장 이른 기록은 "백제 의자왕 20년(660)에 천왕사(天王寺)와 도양사(道讓寺)의 탑이 진동했다"는 『삼국사기』의 기술이다. 하지만, 신라가 남조의 진(陳)나라로부터 1,700권의 대장경을 들여오는 진흥왕 26년(565)에 『금광명경』도 전해졌을 것으로 보이며, 본격적으로 사천왕 신앙이 시작된 것은 당군을 물리치기 위해 사천왕사를 세운 679년부터일 것이다. 기왕의 호국사찰인 황룡사가 있는데

금강교를 건너면 볼 수 있는 월정사 사천왕문

도 사천왕사를 세웠다. 중국 사신이 오자 이와 유사한 망덕사를 세우고 거기가 사천왕사라며 그리로 데려갔다. 이런 점을 보면, 당시 신라에 무엇인가 각별한 사천왕 신앙이 있었고, 중국 사신이 봐서는 안 될 상징물이 사천왕사에 있었을 것이다. 또 사천왕사 터에서 양지(良志) 스님이 조각한 사천왕상이 발견되었으니, 더욱 설득력을 갖는다.

사천왕 사상은 신라시대의 서민인 양인(良人)에 이르기까지 당시 신라의 소의경전이었던 『금광명경(金光明經)』으로부터 기인한다. 이 경전의 「사천왕호국품」을 보면,

오대산 월정사 이야기

"세존이시여, 우리들 사천왕은 권심(勸心)하여 이 나라의 왕 및 국토와 인민을 옹호하여 애환을 제거하고 안온(安穩)을 얻게 하려 하나이다 …… 우리들 사천왕은 이제 이 나라의 왕 및 나라, 인민으로 하여금 일체 안온구족(安穩具足)하고 근심이 없게 할 것이로다."

라고 적고 있다.

이처럼 신라는 불법을 수호하고 나라와 왕과 백성을 평안하게 하기 위한 방편으로 사천왕을 숭배하고 이를 조각상으로 빚어 사천왕사, 영묘사, 감은사, 봉성사, 영흥사, 석굴암 등에 세운 것이고, 이 가운데 백미는 석굴암의 조상이다.

원래 인도에서는 귀티가 흐르는 귀족의 모습을 하였으나 중국을 거치면서 갑옷을 입은 무장의 형상을 하게 되었다. 한국의 사천왕은 갑옷을 입었지만, 딱딱하게만 보이지 않는다. 갑옷 속에 평상복을 입고, 갑옷 위에는 천계(天界)의 존재임을 나타내는 천의를 걸쳤고, 이 천의의 흘러내림이 곡선미와 부드러움을 더한다.

동쪽엔 지국천왕(持國天王), 서쪽엔 광목천왕(廣目天王), 남쪽엔 증장천왕(增長天王), 북쪽엔 다문천왕(多聞天王, 毘沙門天王)이 있다. 사천왕은 각각 다른 지물을 잡고 있다. 북방천왕은 변함없이 탑을 받들고 있지만, 통일신라시대와 고려시대엔 사천왕이 병장기인 칼, 화살, 창, 악귀를 단번에 부숴버린다는 금강저(金剛杵)를 들고 있었다. 조선 후기로 오면서 지물은 정형화한다. 일정하지는 않지만, 대개 지국천왕은 비파를, 광목천왕은 용과 여의주나 새끼줄(絹索)을, 증장천왕은 보검을, 다문천왕은 보탑(寶塔)과 보차를 들고 있다.

한국 사천왕사에서 꼭 기억해야 할 인물은 양지 스님이다. 그는 경주 사천왕사의 사천왕상을 조성한 이다. 이 작품은 구도가 치밀하고, 힘차면서도 아름답다. 악귀를 발로 제압하고 있는 사천왕의 힘찬 다리 근육과 인자함을 띤 사천왕의 얼굴, 갑옷의 단단한 질감과 부드럽게 흐르는 천의의 곡선, 악귀의 추함과 사천왕의 장엄한 모습이 조화를 이루고 있다.

양지 스님이 선덕여왕 때 영묘사에 불상을 조성할 때 인근의 주민들이 그의 재주와 인덕에 탄복하여 다투어서 흙을 나르며 노래를 불렀다고 한다. 절을 지을 때 불상을 먼저 배치하고 건물을 올렸다. 불상을 만들려면 거푸집이 필요했고, 거푸집은 흙으로 만들었으니, 인근 주민들이 양지 스님을 존경하여 서로 경쟁하듯 흙을 날랐고, 그 흙을 나르면서 노동요로 「풍요」를 부른 것이다.

오다 오다 오다
오다 설움 많아라
설움 많은 우리네여
공덕 닦으러 오다

그러니, 늦어도 선덕여왕 때는 사천왕 사상이 우리나라에 수용된

오대산 월정사 이야기

것이다. 우리나라 사찰에서는 일주문과 불이문, 혹은 본당 사이에 천
왕문을 세웠다. 사천왕이 있는 곳이 수미산이고, 수미산 정상에는 제
석천이 다스리는 도리천, 곧 33천이 있으며, 그 꼭대기에 불이문이 있
다. 도리천에 올라 불이의 진리를 깨우치면 해탈을 이루니, 불이문은
해탈문이라고도 한다. 사천왕이 지키는 바로 뒤의 공간이 도리천이니,
본당과 천왕문 사이의 마당은 도리천이다. 선덕여왕이 죽으면 도리천
에 묻어 달라고 하여 신라들이 그곳을 찾을 수 없어 서라벌의 낭산에
모셨는데, 죽은 뒤에 그 낭산 앞에 사천왕사가 들어섰으니 지금 선덕
여왕의 묘가 있는 그 자리가 자연스레 도리천인 셈이다. 월정사에서는
천왕문을 지나 금강루 사이의 공간이 도리천이다.

악귀를 물리치고 불법을 수호하는 역할을 하기에 사천왕은 무서운
형상을 하고 있다. 눈을 부릅뜨고 화를 내는 표정이다. 그럼에도 어딘
가 모르게 익살스럽기도 하고 인자해 보이기도 한다. 무장의 위엄에 보
살의 자비를 더한 것이다. 월정사의 사천왕이 특히 그렇다. 동방 지국
천왕은 눈을 동그랗게 뜨고 음악을 들려주려는 어머니와도 같은 형상
이다. 남방 증장천왕은 눈을 부릅뜨기는 하였지만 무섭다기보다 만화
영화 주인공처럼 익살스럽다. 서방 광목천왕은 눈을 크게 뜨고 눈썹에
힘을 주고 입을 악다물고 있어서 가장 위엄이 있어 보이지만 그리 무섭
지만은 않다. 북방 다문천왕은 미소까지 띠고 있어서 더욱 인자스럽다.

사천왕상의 발 아래 있는 것을 흔히 악귀라 하는데, 이는 일부 잘못
된 것이다. 이것의 정확한 이름은 생령좌(生靈座)다. 악귀, 야차, 동물,

사람 등 대상은 다양하지만, 모두 살아 있는 존재를 사천왕의 발 밑에 놓게 하는 것은 일치하기 때문이다.

사천왕의 발 밑에 놓이는 것은 크게 나누어 야차와 동물이다. 사천왕이 물리쳐야 할 사악한 악귀이기도 하지만, 그와 달리 사천왕을 떠받들거나 태우고 있는 신령인 경우도 많다.

『금광명경』에는 이들 사천왕상의 역할에 관한 언급만 있을 뿐 도상이나 형상에 관한 언급은 거의 찾아볼 수 없다. 반면 654년 중국 당에서 번역된 『다라니집경』에는 "북방 다문천이 보탑을 들었다"라고 분명히 기술하고 있어 사천왕상의 도상이 다라니집경에 근거했을 것으로 추정할 수 있지만, 북방 다문천을 제외한 나머지 천왕의 지물 역시 일치하지 않아, 나라에 따라, 지방이나 절에 따라 다양하게 변이한 것으로 보인다. 여하튼, 악귀나 사악한 기운은 천왕문을 넘을 수 없고, 천왕문을 지난 직후의 절의 공간이 도리천임은 분명하다.

천왕문 건물의 외벽에는 중국 선종 제2대 조사인 혜가와 『부모은중경』, 자장 율사, 지장보살, 포대화상, 한산과 습득의 설화를 그림으로 그렸다.

흙 공양 하는
아이의 그림

2,500여 년 전에 인도 라자가하 시내에 매일 아침 때가 되면 아주

부처님께 흙을 공양하는 아이. 월정사 사천왕문 벽화

성스러운 장관이 펼쳐진다. 석가모니께서 죽림정사에서 제자들을 모두 데리고 아침 햇빛을 안은 채 탁발을 나오는 것이다. 석가모니께서 발우를 들고 앞장을 서면 제자들 또한 발우를 들고 길을 나섰다.

몸 빛깔은 금산(金山)과 같고

단정하고 엄숙하고 미묘하여라.

걸음걸이는 큰 거위 같고

얼굴은 깨끗한 보름달 같았나니,

세존은 대중들과 함께 하셨네.

이때에 세존께서 성문이 선 땅을 발로 밟으니 땅은 여섯 가지로 진동하였다.

> 큰 바다와 온 땅덩이
> 성들과 모든 산
> 무니[牟尼]의 발로 밟으시는 곳
> 물결 위의 배처럼 흔들리었다.

부처님께서 이와 같은 신력(神力)을 나타내시자 여러 사람들은 높은 소리로 외쳤다.

"이상하여라! 일찍이 없었던 법이다. 부처님께서 성으로 들어오시면서 나타내시는 이러한 여러 가지 신력은 일찍이 없었던 법이다."

다시 게송을 읊었다.

> 낮은 땅은 곧 평평해지고
> 높은 땅은 도리어 낮아지는구나.
> 부처님의 위엄스런 신력으로
> 가시밭, 기왓장과 조약돌들은
> 모두 다 다시는 보이지 않고,
> 귀머거리, 장님과 또 벙어리들은
> 곧 보고 듣고 말하게 되며,

오대산 월정사 이야기

그때에 성들은 악기인 것처럼

두드리지 않아도 묘한 소리를 내는구나.

　사람들은 존경하는 마음으로 합장을 하고 발우에 음식을 보시하고, 석가모니와 제자들 또한 미소를 함뿍 담고 손을 모아 감사의 예를 하였다.

　부처님께서는 어느 날 아침에 평상시처럼 탁발을 하다가 흙장난을 하던 두 아이와 만났다. 한 아이는 자야(덕승德勝)로 가장 집안이 좋은 귀족의 아들이었고, 다른 한 아이는 비자야(무승無勝)로 두 번째로 집안이 좋은 귀족의 아들이었다. 두 아이는 흙으로 성(城)을 만들고, 성 가운데 다시 집과 창고를 만들고는, 흙가루로 만든 보릿가루를 창고 안에 쌓았다. 탁발하러 나선 석가모니를 보자 자야는 부모님이 보시하는 모습을 흉내 내어 흙을 부처님의 발우에 넣으면서 말하였다.

　"이것은 보릿가루입니다."

　자야는 잠시 석가모니를 바라보더니 합장을 하고 발원하였다.

　"이 보시의 착한 공덕으로 한 천하와 한 산개(傘蓋)의 왕이 되어, 이 생에서 여러 부처님께 공양할 수 있도록 하여 주시옵소서."

　석가모니께서는 빙그레 미소를 지었다. 옆에 있던 제자 아난이 물었다.

　"세존이시여! 세존께서는 아무 이유 없이는 빙그레 웃으시지 않나이다. 무슨 까닭으로 빙그레 웃으시나이까?"

제3장 _ 월정사를 품어주고 꾸며주는 것들

세존께서 말씀하시었다.

"네 말대로 모든 부처님은 이유 없이는 웃지 않으신다. 내가 세상을 떠난 지 백 년 뒤에 이 소년은 파아탈리풋트라[巴蓮弗] 읍(邑)에서 일방(一方)을 차지하여 전륜왕이 될 것이니, 성은 공작(孔雀)이요, 이름은 아쇼카[阿育]로서 바른 법으로서 다스리고 교화할 것이다. 또 내 샤리이라[舍利]를 널리 퍼뜨리고 8만 4천 법왕(法王)의 탑을 만들어 한량없는 중생을 안락하게 할 것이다."

다음 게송과 같다.

내가 이 세상 떠난 뒤에는
이 사람은 장차 왕이 되리니
성은 공작이요, 이름은 아쇼카,
마치 저 정생왕(頂生王)처럼
이 쟘부드비이파에서
홀로 왕으로서 세상 존경받으리.

자야는 인도를 최초로 통일하고 8만 4천의 보탑을 짓고 불법을 전 세계에 퍼트린 아쇼카왕이다. 『잡아함경』 제23권, 「아육왕경」에 나오는 이야기다. 이를 표현한 그림은 간다라, 중국의 운강석굴 등 여러 석굴에 남아 있다.

월정사 사천왕문에 있는 그림에는 흙공양을 하는 두 아이와 이를 받으며 미소를 짓는 석가모니의 모습이 표현되어 있다. 바위와 나무를 배치하고 중간에 많은 여백을 준 구도가 훌륭하다. 나무에 단풍을 표현한 것을 보면, 한국적 해석을 한 것 같다.

해골에 절하시는
부처님의 그림

부처님은 여러 제자들과 함께 길을 갔다. 풀이 무성한 바위의 틈에 해골을 비롯하여 사람 뼈 한 무더기가 있었다. 부처님께서는 그를 보더니 예를 다하여 엎드려 절하였다.

곁에 있던 제자 아난이 이를 이상하게 여겨 물었다.

해골에 절하시는 부처님의 그림. 월정사 사천왕문 벽화

제3장 _ 월정사를 품어주고 꾸며주는 것들

"세존이시여! 여래께서는 삼계의 큰 스승이시며, 사생의 자비로운 아버지이시며 여러 사람들이 귀의 존경하옵는데 어찌하여 마른 뼈에 예배를 하시옵니까?"

부처님께서 아난에게 이르시었다.

"아난아! 네가 비록 나의 뛰어난 제자로서 출가한 지는 오래되었지만 너의 앎이 아직 그리 넓지는 못하구나. 이 한 무더기의 뼈는 혹시 나의 전생의 오랜 조상이나 부모님의 뼈일 수도 있기에 내가 지금 예배를 하는 것이니라."

부처님께서 다시 아난에게 이르시었다.

"네가 이제 이 한 무더기의 마른 뼈를 가지고 둘로 나누어 보아라. 만일 남자의 뼈라면 희고 무거울 것이며, 만일 여인의 뼈라면 검고 가벼울 것이니라."

아난이 미혹하여 부처님께 다시 여쭈었다.

"세존이시여! 남자는 이 세상에 살아있을 때 옷을 입고 띠를 두르고 가죽신을 신고, 사모로 장식하는 고로 남자의 몸인 줄을 알며, 여인은 이 세상에 살아 있을 때는 연지와 곤지를 곱게 찍어 바르고 난초와 사향으로 치장하는 고로 여인의 몸인 줄을 알게 되나, 지금처럼 죽은 후의 백골더미를 가지고 제자로 하여금 어떻게 알아보라고 하시옵니까?"

부처님께서 아난에게 이르시었다.

"만일 남자라면 세상에 있을 때에 절에 가서 공부도 하고 경도 읽으며 외웠을 것이기에 그 뼈는 희고 또한 무거울 것이니라. 반면에 여자

오대산 월정사 이야기

라면 이 세상에 있을 때에 아들딸을 낳고 키움에 있어 한번 아이를 낳을 때마다 서 말 서 되나 되는 엉긴 피를 흘리며 여덟 섬 너 말이나 되는 흰 젖을 먹이는 까닭으로 뼈가 검고 가벼우니라."

아난이 이 말씀을 듣고 마음이 칼로 베이는 것처럼 아파하면서 눈물을 흘리고 비통해 하며 부처님께 여쭈었다.

"세존이시여, 어머니의 은덕을 어떻게 갚아야 되겠습니까?"

부처님께서 아난에게 이르시었다.

"너는 이제 자세히 듣고 들어라. 내가 이제 너를 위하여 자세히 해설하리라. 어머니가 아이를 배게 되면 열 달 동안 그 고통이 이루 말할 수 없느니라. 어머니가 잉태한 지 첫 달에는 마치 풀 위에 맺힌 이슬방울과 같아서 아침에는 잘 보존하나 저녁에는 보존하지 못하며, 이른 새벽에는 모여들었다가 점심 때만 되면 흩어져 사라지게 되느니라.

어머니가 잉태한 지 두 달이 되면 마치 엉긴 우유 방울이 떨어져 부딪힌 것과 같게 되느니라.

어머니가 잉태한 지 세 달에는 태아가 마치 엉긴 피와 같으며, 어머니가 잉태한 지 네 달에는 점차로 사람의 형색을 갖추게 되며, 어머니가 잉태한 지 다섯 달이 되면 어머니의 뱃속에서 다섯 가지 모양이 생겨나게 되니 다섯 가지 모양이란 머리가 그 하나요, 두 팔꿈치를 합하여 셋이 되며, 무릎을 합하여 모두 다섯이 되느니라.

어머니가 잉태한 지 여섯 달이 되면 태아가 어머니 뱃속에서 여섯 가지 정이 열리게 되느니라. 여섯 가지 정이란, 눈이 일정이요, 귀가

제3장_ 월정사를 품어주고 꾸며주는 것들

이정이요, 코가 삼정이요, 입이 사정이요, 혀가 오정이요, 뜻이 육정이니라.

어머니가 잉태한 지 일곱 달이 되면 태아가 어머니 뱃속에서 삼백육십 뼈마디와 팔만사천의 털구멍이 생기게 되느니라. 어머니가 잉태한 지 여덟 달이 되면 그 뜻과 꾀가 생기고 아홉 개의 구멍이 뚜렷하게 되느니라.

어머니가 잉태한 지 아홉 달이 되면 태아가 어머니의 뱃속에서 무엇인가를 받아들이게 되는데 복숭아, 배, 마늘은 받지 않고 오곡의 맛만을 느끼게 되느니라. 어머니의 심장은 아래로 향하고, 숙장은 위로 향한 사이에 한 산이 있는데 세 가지 이름을 갖느니라. 한 이름은 수미산이요, 또 한 이름은 업산이요, 또 한 이름은 혈산이다. 이 산이 한번 무너지게 되면 변하여 한 덩어리의 엉긴 피가 되어서 태아의 입 속으로 흘러들어 가게 되느니라.

어머니가 잉태한 지 열 달이 되면 마침내 태어나게 되는데 만일 효순한 남아라면 두 손을 모아 합장하고 나오게 되므로 어머니의 몸이 상하지 않게 된다. 그러나 만일 오역의 죄를 범할 자식이면 어머니의 아기집을 깨뜨리고 손으로는 어머니의 심장이나 간을 움켜쥐며, 다리로는 어머니의 골반을 힘주어 밟고 서서 어머니로 하여금 마치 일천 개의 칼로 배를 쑤시며 일만 개의 칼로 심장을 저미는 것처럼 고통을 주게 된다. 이처럼 고난을 주고 이 몸을 받아 생을 얻었음에도 또 오히려 열 가지 은혜를 더 갖는다."

부처님께서는 말을 마치시고 흩어진 뼈를 한곳에 모아 고이 땅에 묻어 주었다. 부처님께서는 어떤 사람이 부모의 은혜를 갚기 위하여 왼쪽 어깨에 아버지를 업고, 오른쪽 어깨에 어머니를 업고서 수미산을 백 번 천 번 돌다가 가죽이 터져서 뼈가 나오고, 뼈가 닳아서 골수가 흐른다 해도, 흉년을 당하여 어버이를 위해 몸의 살을 오려내고 뼈를 갈기를 백천 겁이 지나도록 하더라도 부모님의 깊은 은혜를 다 갚을 수 없다 하셨다.

이 이야기의 출전은 『불설대부모은중경』이다. 천왕문 벽화에는 해골을 보고 절을 하는 부처님, 그를 보고 의아해 하며 말리려는 아난과 아난을 제지하는 제자들이 역동적으로 표현되었다.

혜가가 팔을
끊는 그림

달마는 양(梁)나라로 가서 '보살황제'로 불리는 무제(武帝)를 만났다. 몇 마디 말을 나누고는 그가 신심이 깊을지라도 깨달음은 미미하다고 판단하고 양자강을 건너 소림사로 가서 면벽수도를 하였다. 모기에서 지네에 이르기까지 숱한 벌레들이 물고 쏘고 빨고 해도, 온갖 새들이 날아와 울고 어깨에 앉기도 해도 아무런 동요 없이 9년 동안 면벽수도를 하여 마침내 깨달음을 얻었다.

얼마 후 신광(神光)이라는 사람이 나타났다. 그는 누구보다 많은 책을 읽었고 또 그로부터 많은 진리를 깨달아 여러 사람들에게 이를 알려주던 사람이었다. 하지만, 신광이 머물러 그윽하게 생각해 보니, 그렇게 『공자』와 『맹자』, 『장자』와 『노자』, 『주역』까지 두루 섭렵하였지만 뭔가 지극한 깨달음의 경지에는 이르지 못한 듯하였다. 홀로 "공자나 노자의 가르침은 예법과 법규일 뿐이고, 『장자』나 『주역』의 서적은 묘함이 극진하지 못하구나"라며 개탄하였다. 그러던 중 달마 대사의 소문을 들었다. 그런 사람이라면 지극한 깨달음에 이른 이 같았다.

"지극한 깨달음에 이른 이가 멀지 않은 곳에 있다고 하니 내가 그곳으로 찾아가리라."

신광은 달마 대사가 면벽수도하는 소림사의 소림굴로 찾아가서 아침저녁으로 배움을 얻고자 시봉하였으나 달마 대사는 늘 단정하게 앉아서 수행을 할 뿐 쳐다보지도 않았다. 때는 12월, 산에는 함박눈이 휘몰아쳤다. 신광이 소림굴 앞에 서서 깨달음을 구하는데 달마는 여느 때처럼 눈길 한번 주지 않았다. 밤은 깊어지고 눈은 계속 쌓여 무릎까지 차올랐다. 신광은 "옛사람은 도를 구할 때 뼈를 부수어서 골수를 뽑아냈다"며 눈이 무릎을 넘어 허벅지까지 오르도록 조금도 움직이지 않은 채 서 있었다. 이제 곧 동살이 희붐할 듯하다. 그러자 달마는 고개를 힐끗 돌려 눈길을 주고는 물었다.

"그대는 눈 속에 그리 오래 서서 구하려 하는 것이 무엇인고?"

이에 혜가는 대사가 자신이 그리 서 있는 뜻을 감지한 것에 감동하여 만면에 눈물을 흘리며 말하였다,

오대산 월정사 이야기

혜가가 깨달음을 구하기 위하여 팔을 끊는 그림. 월정사 사천왕문 벽화

"오로지 원하옵건데, 화상께서는 자비를 내리사 감로문을 열어 널리 군품(君品)을 제도하게 하시기를 바라옵니다."

그러자 달마는 답하였다.

"모든 부처님의 깊고 오묘한 도는 오랜 겁 동안 갈고 닦아서 정근(精勤)을 행해야 얻을 수 있고, 행하기 어려운 행을 능히 행해야 하고 참기 어려운 일이 있어도 능히 참아야 하느니라. 얄팍한 덕이나 적은 지혜로 다른 이를 업신여기거나 교만해지면 망상이 참 도를 덮어 아무 이익도 없느니라."

이 말을 듣자 혜가는 두 말 없이 칼을 꺼내어 자기의 왼팔을 끊어 피가 뚝뚝 떨어지는 팔을 달마 대사에게 바쳤다.

달마 대사가 꾸짖었다.

"부처님께서 처음에 도를 구하실 때에 법을 위해 몸을 돌보지 않으셨다. 그대가 지금 내 앞에서 팔을 끊었으나 옳다고는 할 수 없다."

질책의 말을 하고는 달마 대사는 신광을 불러 가까이 오게 한 후 따스함이 담긴 말을 하였다.

"그대가 이미 그렇게 하니 내가 그대의 이름을 혜가(慧可)라고 바꾸어 주겠노라."

이에 혜가는 물었다.

"부처님의 묘한 도를 들을 수 있겠습니까?"

"부처님의 법인(法印)은 남에게 들을 수 있는 것이 아니니라."

혜가는 다시 물었다.

"저의 마음이 편안치 않으니 스님께서 저를 편안케 해 주소서."

"그렇다면 그 편안치 않은 마음을 가지고 오너라. 내가 편안케 해 주리라."

"그 마음을 찾을 수가 없습니다."

"이미 네 마음을 편안하게 해 주었느니라."

이 말에 혜가는 눈이 활짝 뜨였다. 그 후 혜가는 발우와 가사를 전해 받고서 달마로부터 혜가, 다시 혜능으로 이어지는 조사의 등불을 밝힐 수 있었다. 이 이야기는 『전등록』에 전한다.

천왕문 벽화는 팔을 끊어 바치는 혜가와 옆에 놓여진 칼, 둥그런 토굴 속에서 이를 보고 있는 달마 대사를 표현하였다. 둥그런 토굴과 사선의 언덕, 앉아 있는 두 사람의 수직 구도가 조화를 이루고 있다 .

방아를 찧는
혜능

중국 선종 제6조인 혜능 스님(慧能大師, 638~713)의 원래 관향(貫鄕)
은 범양(汎陽)이었지만, 아버지가 남해(南海) 신주(新州)로 귀양 오게 되
어 신주에서 태어났다. 세 살 때에 아버지가 돌아가시었다. 어머니가
수절하며 길렀는데, 가세가 기우는 바람에 혜능은 나무를 해다가 팔아
서 어머니를 봉양하였다.

방아를 찧고 있는 혜능 선사. 월정사 사천왕문 벽화

제3장 _ 월정사를 품어주고 꾸며주는 것들

혜능이 24세가 되던 해였다. 여느 때처럼 나무를 해서 여관에 배달하러 갔는데 한 손님이 『금강경』을 읽고 있었다. 그 소리에 자신도 모르게 이끌려 듣고 있었는데, "머무는 바 없이 그 마음을 낼지니라(應無所住而生其心)"라는 글귀를 듣는 순간 온몸에 전율이 일었다. 이윽고 머리가 푸른 하늘처럼 맑아지는 것이 아닌가. 그런 경험은 처음이었다. 손님에게 물었다.

"손님! 죄송하지만 지금 손님께서 읽고 계신 책이 무슨 책인지 알 수 있는지요?"

손님은 행색은 초라하지만 눈빛이 남다른 것 같아 무시하려다가 친절하게 대답을 하였다.

"『금강경』이라는 경전입니다."

"어디서 구하신 것인지요?"

"나는 호북성 기주 황매현의 빙무산(憑茂山)에서 5조 홍인 선사에게 가르침을 받았습니다. 나는 그곳에서 홍인 선사으로부터 '한 권의 『금강경』을 손에 든 것만으로도 곧 견성하여 성불할 수 있느니라'라는 말씀을 들었습니다."

혜능은 집으로 오면서 생각하였다.

"내가 잠깐 여관에 들렀는데, 그때 그 손님이 하필 그 시간에 맞추어 여관에 머물고 『금강경』을 읽었단 말인가? 그리고 그 『금강경』 독송 소리에 내가 끌리고, 하필 그 『금강경』이 5조 홍인 선사에게서 얻은 것이란 말인가. 이는 필시 나와 홍인 선사가 숙세(宿世)에 인연이 있

오대산 월정사 이야기

었던 것이 틀림이 없다."

혜능은 늙은 어머니께 이런 생각을 말씀드렸다. 어머니도 그를 인정하고 빨리 홍인 선사를 찾아뵈라 하였다. 혜능은 황매의 빙무산으로 달려가서 홍인 선사를 뵈었다. 절을 하자 홍인 선사가 물었다.

"그대는 어디에 사는 누구인가?"

"영남(嶺南)의 백성입니다."

"무슨 일로 왔는가?"

"오직 부처가 되기 위하여 왔습니다."

"그대는 남방 출신의 오랑캐여서 불성(佛性)이 없거늘 어떻게 부처가 되려고 하는가?"

"사람에게는 남쪽과 북쪽의 차이가 있겠지만 불성에 어찌 남북이 있겠습니까?"

홍인 선사는 혜능의 비범함을 몇 마디 대화로 눈치를 챘다. 하지만, 일개 초부(樵夫)를 바로 받았다가는 시기하는 자들로부터 견뎌내지 못할 것이다. 이에 속마음과 달리 꾸짖었다.

"네가 무엇을 안다고 그렇게 대답하느냐?"

홍인 선사는 혜능을 방앗간으로 보내어 주야로 방아를 찧고 장작 쪼개는 일을 시켰다. 혜능이 방앗간으로 보내진 지 8개월 후 홍인 선사는 문하의 수행자들에게 불법의 큰 뜻을 깨달은 게송(偈頌)을 지어서 보인 사람에게 가사와 법을 전하겠다고 말한다. 이에 700대 중 중의 상좌(上座)인 신수(神秀) 스님이 게송 하나를 지어 복도 벽에다 붙여놓았다.

"몸은 진리의 나무, 마음은 맑은 거울의 받침과 같다. 때때로 부지런히 털고 닦아 먼지가 앉지 못하게 하라."

신수 스님의 게송을 들은 혜능이 말하였다.

"아름답고 아름답다. 그렇지만 깨달은 것도 있고 깨닫지 못한 것도 있다."

그런 다음에, 혜능은 문자를 읽고 쓸 수 없었기 때문에 한 사람의 도움을 받아, 자신의 게송을 지어 복도 벽에다 붙여 놓았다.

"보리는 본래 나무가 아니며, 맑은 거울도 원래 받침이 없다. 본래 한 물건도 없거늘, 어느 곳에 때가 낄 수 있겠는가."

그 게송을 보고서 홍인 선사는 자신의 처음 느낌대로 혜능이 자신의 법통을 이을 제자라는 생각이 들었다. 그날 밤 혜능을 몰래 자신의 방으로 불러 심법(心法)을 전수하였다. 그리고는 주위의 시기를 피하여 아무도 모르게 산을 떠나라 일렀다. 15년간 은둔 생활을 한 끝에 혜능은 광주(廣州) 법성사(法性寺)로 간다. 혜능은 이곳에서 인종(印宗) 법사로부터 5조 홍인 선사의 전법자임을 인정받고 정식으로 출가 절차를 밟은 후 본격적으로 선법을 편다.

이렇듯 혜능과 신수는 모두 홍인 선사 문하의 2대 선사이다. 후세에 혜능의 법통을 이어받은 선을 남종선(南宗禪), 신수의 법통을 계승한 선을 북종선(北宗禪)이라 했다. 이 모두 『전등록』에 전하는 이야기다.

천왕문 벽화엔 포대에서 쏟아진 곡식, 광주리, 디딜방아를 찧는 혜능을 표현하였다. 전체 초록색을 배경으로 하되, 나무인 디딜방아와

지지대를 갈색, 포대와 하의를 흰색, 광주리를 연노랑색으로 칠하였
다. 색들이 티지 않은 채 나름 조화를 이루고 있다.

한산과 습득의
그림

한산(寒山)과 습득(拾得)은 당나라 태종의 정관(貞觀, 627~649) 년간에
절강성의 천태산(天台山) 국청사(國淸寺)에서 살았던 사람들이다. 당시
국청사에는 풍간 선사(豊干禪師)라는 도인도 머물고 있었다. 사람들은
국청사에 숨어서 산 세 성자라는 의미로 국청삼은(國淸三隱)이라고 불
렀다. 더 나아가 풍간 선사는 아미타불, 습득은 보현보살, 한산은 문
수보살의 화현이라고 생각하였다. 하지만, 세 사람 모두 기행을 일삼
고 남루하게 입고 다녔기에 대다수 사람들은 이들을 멸시하고 천대하
였다.

한산은 국청사 인근의 한암(寒巖)이라는 바위 동굴 속에서 살았고,
한산이라는 이름도 이에서 기인한다. 다 헤진 옷을 입고 뾰족한 모자
를 쓰고 커다란 나막신을 신고 다녔다. 사람들이 먹다가 남은 음식을
주면 먹었고, 사람들이 흘린 음식을 주워 먹고 설거지 그릇에 남긴 음
식 찌꺼기를 먹기도 하였다. 사찰의 경내에서 소리를 지르거나 하늘을
향하여 욕을 하기도 해서 국청사 스님들이 막대기를 들고 쫓으면 손뼉
을 치고 큰소리로 웃으며 가버리기도 하였다.

‘습득(拾得)’이라는 낱말의 의미는 ‘주워서 얻은 것’을 뜻한다. 풍간 스님이 숲속을 거니는데 어디서 아기 울음소리가 들렸다. 소리의 진원지를 쫓아가 보니 나무 아래에 보자기가 있고 그 안에 아기가 울고 있었다. 아기를 주워와서 길러 습득이라 이름을 붙였다. 습득은 국청사 부엌에서 불을 지피고 밥을 하고 설거지를 하였다. 설거지를 하면서 그릇에 남은 밥이나 음식 찌꺼기를 모아두었다가 한산을 주었다.

어느 날 습득은 절 마당을 쓸고 있었다. 주지스님이 다가와서 물었다.

“너를 주워와 길렀다는데, 너의 본래 성(姓)은 무엇이며 어디서 살았느냐?”

습득은 빗자루를 땅에 놓고서 두 손을 맞잡고 우뚝 서서는 아무 말도 하지 않았다. 그 모습이 너무도 진지하고 자못 성스럽기도 하여 주지스님은 더 이상 말을 붙이지 못하였다. 이를 ‘차수이립(叉手而立)’이라 하며 이 사건 이후 선문에서는 이것을 화두로 삼는다.

국청사의 외진 곳에 가람신(伽藍神)을 모신 사당이 있었다. 찾는 이도 돌보는 이도 없어 문짝이 떨어져나가고 지저분했다. 습득은 이곳을 깨끗이 청소를 하고 사시공양을 올려놓았는데, 그럴 때마다 까마귀가 내려와서 쪼아 먹었다. 어느 날 습득이 참다 참다 마지 못하여 지팡이를 들고 쫓아갔다. 습득은 까마귀 대신 가람신에게로 달려가서 지팡이로 때리며 꾸짖었다.

“야, 이 못난 놈아! 네 밥도 지키지 못하는 주제에 어찌 가람을 지킨

오대산 월정사 이야기

한산과 습득이 개구리를 놀리는 그림. 월정사 천왕문 벽화. ⓒ이도흠

다는 것이냐?"

이날 저녁 주지스님의 꿈에 가람신이 나타나 하소연하였다.

"스님! 보현보살께서 내 밥도 못 지킨다고 저를 마구 때리니 죽을 지경입니다. 제발 제 집의 문을 달아 주든지 아니면 공양 올리는 일을 보현보살께 맡기지 말아 주십시오."

주지스님이 깨어나 이 이상한 꿈 이야기를 대중들에게 하였다. 대중들도 모두 똑같은 꿈을 꾸었다며 수군거렸다. 더군다나 그가 습득인 줄 알고 더욱 신기해 하였다.

한산과 습득은 다 헤진 베옷을 걸치고 절간 수채 구멍에 걸린 나물 가지, 밥그릇에 붙은 밥풀을 주워 먹으면서도 늘 부족함이 없이 항상

제3장_월정사를 품어주고 꾸며주는 것들

환희심으로 가득하였다. 서로 만나면 박수를 치며 노래하고 웃었다. 수채 구멍의 개구리를 놀려 주고 호랑이를 만나면 겁도 없이 때려 준다. 사람만이 아니라 동물하고도 자유로이 대화하고 놀면서 늘 환희심으로 가득한 삶을 살았던 것이다.

월정사의 천왕문 벽화엔 개구리를 놀리는 대목이 그려져 있다. 한산이 개구리를 놀리고 있고 그 옆에서 습득이 바라보고 있다. 깜짝 놀라 다리가 벌어진 개구리의 모습이 익살스럽고, 언덕과 휘휘 늘어진 나뭇가지와 두 사람의 서 있는 모양이 좋은 구도를 이루고 있다. 전체 배경을 초록색으로 하여 수묵화 느낌이 들면서도 습득의 옷만 하늘색으로 표시하여 강조한 색상의 선택도 좋다.

한산과 습득이 정녕 문수와 보현 두 보살의 화현이었을까. 꼭 그리 여기지 않아도 좋다. 그들이야말로 세속의 때를 전혀 묻히지 않고 법조차 잃어버린 채 자유자재로 살았던 진정한 선사일 것이다. 이 모두 『전등록』에 전하는 이야기다.

포대 화상의
그림

포대 화상(布袋和尙)은 후량(後梁)의 명주(明州) 봉화현 사람으로 법명은 계차(契此)였다. 커다랗고 늘어진 배에 뚱뚱한 몸집을 하고 이마는 늘 찡그려 깊은 주름이 잡혀 있었다. 아무런 말이나 하고, 길을 가다가

오대산 월정사 이야기

피곤하면 아무데서나 눕고, 졸리면 어디서라도 잠을 잤다. 언제나 지팡이에 큰 자루를 지니고 다니면서 필요한 모든 것은 다 그 자루 속에 넣고 다녔다. 사람들에게 무엇이든 달라고 하여 포대 속에 넣었다. 먹을 것도 조금은 자신이 먹고 나머지는 자루 속에 넣었다. 그러면서 그는 가난한 중생들이 원하는 것이 있으면, 무엇이든 포대에서 꺼내어 나누어 주었다. 그는 한 곳에 머물지 않고 정처없이 떠돌아다니며 이런 방식으로 중생을 구제하였다. 이 때문에 사람들이 그를 포대 화상이라 불렀다. 그는 가난한 중생을 구제하는 일뿐만이 아니라 날씨를 예측하거나 사람들의 길흉화복도 잘 예언했다고 전한다.

그는 자신의 죽음조차 미리 예언하였으며, 서기 916년 3월 명주 악림사(岳林寺) 반석에 단정히 앉아서 입적하였다. 그가 자신의 삶을 잘 요약한 게송이 전한다.

한바리때 가지고서 천집밥을 얻어먹고
외로운몸 정처없이 만리길을 유랑하네
맑은날도 행길에는 사람보기 어려운데
여기저기 가는길을 묻다보니 백발일세.
一鉢千家飯
孤身萬里遊
靑日觀人少
問路白雲頭

미륵부처 중에서도 진정으로 미륵부처,
수백하고 수천억의 가지로써 몸나투어
시시때때 여기저기 대중앞에 나타나도
사람들은 미륵인줄 전혀알지 못하였네.
彌勒眞彌勒
分身百千億
時時示時人
時人自不識

오대산 월정사 이야기

이 게송을 접하고서야 사람들은 포대 화상이 미륵 부처의 화현(化現)인 줄 깨닫고 포대 화상을 미륵 부처로 받들어 모시게 되었다고 한다. 이 이야기는 『전등록』에 전한다.

포대를 메고 다니며 재물을 나누어 준 행적 때문에 중국에서는 포대 화상이 재물을 가져다 준다는 민간신앙으로도 발전하였다. 이것이 우리나라에도 들어와 기복불교와 결합하여 그림이나 조각으로 만들어졌다. 월정사 천왕문에 있는 포대 화상 그림은 이것과 관계없이 선을 중생구제와 관련시키려는 의도로 그려진 듯하다.

【 참고문헌 】

『잡아함경』 제23권, 「아육왕경」
『불설대부모은중경』
김상현, 「사천왕사의 창건과 의의」, 『신라문화제학술발표회논문집』 제17집, 동국대학교 신라문화
　　　연구소, 1996
동국대 역경위원회, 『경덕전등록』, 동국대역경원, 1986
소순자, 「혜가의 단비에 대한 고찰」, 『한국불교학』 제14집, 한국불교학회, 1989
심효섭, 「신라 사천왕신앙의 수용과 전개」, 『동국사학』 제30집, 동국사학회, 1996
이은윤, 『육조혜능평전』, 동아시아, 2004
임영애, 「석굴암 사천왕상의 도상과 불교 경전」, 『강좌미술사』 제37집, 한국불교미술사학회, 2011

팔각9층석탑, 팔정도를 통한
수직 지향의 미학

탑은 고대 인도어로 스투파(stupa)라 하며 '높이 솟은 무덤'이라는 뜻이다. 성인의 무덤 앞에서 예를 갖추듯 그들은 부처님의 사리를 봉안한 무덤 즉, '스투파'를 성스러운 곳으로 숭배하였다. 또한 성스러운 무덤은 봉분 위에 단을 쌓고 여기에 임금님의 행차 때 햇볕을 가리기 위하여 사용되던 여러 겹 장식의 일산을 꽂았다. 이러한 무덤 모습이 인도에서 불탑 조형의 기원이 되었다.

불교가 중앙아시아를 거쳐 중국에 들어올 때는 부처님의 사리만을 가져와 높이 솟은 무덤 대신 높은 누각에 봉안하고 탑을 삼았다. 누각의 꼭대기에는 조그맣게 기단을 쌓고 그 위에 발우를 엎은 모양으로 작은 무덤을 만들고 그 위에 단을 대신한 꽃장식 화반을 두고 일산처럼 층층이 보륜을 올리고 작은 지붕 모양의 보개로 마감하였다. 보개 위에는 물안개가 피고 거기서 용차, 보주와 같은 보배의 구슬이 떠오르는 형태를 만들어 신성함을 더하였다. 이렇듯 인도 불탑을 축소한 것으로 누각 위에 올려 상륜부를 조성한 것이 중국 불탑이 되었다. 이 탑은 한국과 일본으로 전파되었다. 따라서 우리나라 불탑의 기원은 중국식의 누각형 탑에서 시작된 셈이다.

‘스투파’는 ‘탑파’ 또는 ‘탑’으로 불리고 상륜부재의 명칭은 인도탑과 관계없이 단순한 모양에 따라 노반(드러난 반석, 기단), 복발(엎어진 발우, 무덤의 봉분), 앙화(솟은 꽃, 꽃장식 봉단), 보륜(보배로운 법륜, 겹쳐진 일산), 보개(보배로운 덮개, 법륜의 덮개지붕), 수연(물안개), 용차 및 보주(보배로운 구슬) 등으로 불리게 되었다.

탑은 재료에 따라 석탑, 전탑(벽돌탑), 목탑 등으로 나뉘며 평면의 모양에 따라 사각탑, 육각탑, 팔각탑, 원형탑 등이 만들어졌다. 중국에서는 팔각의 벽돌탑을 많이 세웠고, 우리나라는 석탑, 일본은 목탑을 많이 남겼다. 이에 우리나라를 ‘석탑의 나라’라고 부르기도 하였다. 우리나라도 처음에는 주로 목탑을 많이 만들었다. 석탑은 삼국시대 말엽에 처음 나타났다. 목탑은 사라지고 석탑이 많이 남은 데다가, 더하여 후대로 갈수록 석탑을 많이 조영하는 바람에 석탑이 대부분인 것처럼 보인다.

탑은 부처님의 사리를 봉안한 무덤이었지만, 점점 성스러움, 청정한 세계, 부처님을 상징하는 하늘을 향한 수직 지향의 매개체로 의미를 형성하게 된다. 이에 탑은 하늘을 향하여 날렵하게 치고 올라간 맵시와 속세와 사람과 예토를 상징하는 땅을 아우르는 장중함이 어우러진 미학을 갖게 된다. 탑신을 크고 소박하게 들이고, 옥개석의 물매를 싸게 하되 부드러운 곡선으로 흐르게 하여 장중함과 날렵함이 조화를 이루게 하고, 탑신의 소박함과 상륜부의 화려함 또한 서로 어우러지게 하였다. 탑신이 높이에 비하여 너무 크거나 옥개석의 물매가 뜨면 장중하지만 날렵하지 못하고, 탑신의 넓이에 비하여 탑이 너무 높거나 옥개석의 물매가 너무 싸면 날렵하지만 장중하지 못하다.

팔각 석탑으로는
가장 크고 아름다워

월정사의 본당인 적광전의 앞뜰 중앙에서 조금 벗어난 자리에 팔각 9층석탑이 서 있다. 팔각9층석탑은 연꽃무늬로 치장한 이층 기단과 균등하고 우아한 조형미를 갖춘 탑신, 그리고 완벽한 형태의 금동 장식으로 장엄한 상륜부 등이 아름답게 조화를 이룬 석탑이다.

신라의 자장 율사가 세웠다고 전하지만 불탑의 양식은 고려 시대의 양식이다. 자장 율사가 활동하던 신라 중기의 탑들은 평면 정방형에 3층, 또는 5층의 탑으로 이루어졌다. 반면에 이 탑은 평면이 팔각형이며 탑의 층수도 9층에 이르는 늘씬한 자태를 이루고 있는데 이는 고려 시대의 석탑 양식이다.

이 탑은 전체를 화강암으로 조성하고 상륜부에 일부 금동 장식을 더하였는데, 여러 차례의 화재로 손상을 입은 부분이 더러 있으나 오늘

오대산 월정사 팔각9층석탑은 최고 수작으로 꼽힌다.

날까지도 본래의 형태를 그대로 간직해 오고 있다. 기단은 아래층 각 면에 안상(眼象)을 새기고 연꽃 장식을 하였다. 그 위로는 굄돌을 놓아 위층 기단을 정성스레 받들어 기단 전체가 마치 부처님의 연꽃대좌처럼 장식되었다.

굄돌의 형태는 아랫면은 원호(圓弧)를 그리고, 옆면은 굽을 돌렸다. 윗면은 물매를 두어 각 모퉁이에 합각이 뚜렷하게 나타난다. 꼭대기에는 1단의 낮은 각형 굄을 새겨서 상층 기단을 받치고 있다. 상층 기단 면석은 4매석으로 각 면에는 양쪽에 모서리기둥을 조각하였다. 상층 기단의 갑석도 4매석으로 아랫면에는 각형 1단의 받침을 조각하고 옆면은 아무런 조각을 만들지 않았으며, 정면에는 1단의 각형 굄을 마련하여 윗부재를 받치고 있다.

그 위에 탑신을 받았으니 탑신은 곧 부처님이다. 탑신 안에 부처님의 사리가 모셔져 있으니 불사리는 부처님의 진신이나 다를 바 없고, 그러한 진신의 부처님이 연꽃대좌 모양의 기단 위에 계신 것이다. 그리하여 기단 위에는 부처님을 앉히기 위한 방석과 같은 석재를 별도로 끼웠으며 탑 앞의 석조보살 좌상도 부처님과 같은 탑 앞에서 공양하는 자세를 하고 있다.

탑신은 각 층마다 줄어듦이 적고 층수는 아홉 층을 헤아려 탑이 하늘을 향해 솟아오르는 느낌을 더해 주고 있다. 뒤에서 보면, 오대산의 부드러운 수평의 능선을 배경으로 하늘을 향하여 수직으로 치고 솟아오른 품이 날렵하면서도 기운이 차다. 앞쪽에서 보면 수평으로 장엄하고 웅장한 적광전을 끼고 맵시 있게 솟은 품새가 수직과 수평의 맞춤한 조화를 이루고 있다.

팔각은 불교의 실천수행에 기본이 되는 팔정도를 상징한다. 곧, 팔정도를 통하여 궁극적 진리를 향한 수직 지향이 이 탑의 핵심 의미라 할 것이다. 우리는 한 층, 한 층을 보며, 바르게 보고(正見), 바른 마음을 품고(正思惟), 바르게 말하고(正語), 바르게 행동하고(正業), 바르게 생활하고(正命), 바르게 정진하며(正精進), 바르게 마음챙김을 하고(正念), 올바르게 삼매에 집중할(正定) 것을 마음에 새길 수 있다.

층마다 몸돌과 지붕돌은 각각 하나의 석재로 이루어졌다. 1층의 몸돌에는 각 면에 양쪽 우주를 정연하게 모각하였고, 여덟 면 중 한 면씩 건너뛰며 네 면에 직사각형의 감실을 새겼다. 남면의 감실이 가장 크며 문틀을 단 흔적도 있다. 각 층의 몸돌에도 면마다 양쪽에 우주를 모각하였다. 몸돌은 모서리마다 귀기둥이 새겨지고 끝은 밑면이 수평이고 위는 곡면으로 처리하여 추녀 끝이 살짝 위로 솟아 가뜬해 보이며, 추녀 끝마다 풍탁(風鐸)이 달려 탑은 언제나 바람의 자취를 전한다.

흐트러짐이 없는 정연한 상륜은 보탑의 격조를 한층 높여 주며, 여기에 금동 장식을 더하여 탑 위에 보관을 얹은 듯 장엄한 분위기를 자아낸다. 노반, 복발, 앙화, 보륜까지는 돌로 새겼고, 그 위로 보개, 수연, 보주는 금동으로 만들었다.

1970년 기울어졌던 팔각9층석탑을 해체 복원할 때 1층과 5층의 탑신에서 사리장엄구가 발견되었다. 두 곳의 사리공은 모두 원형으로 둥근 동판 뚜껑이 덮여 있었다. 5층 탑신에서는 은제도금여래입상, 1층 탑신에서는 비단 보자기에 싸인 사리를 발견하였다. 보자기 안에는 청동합이 4매의 동경으로 밑면과 주변을 감싼 채 들어 있었다. 청동합 안에는 은제사리함과 금동제사각향합과 사각 자수향 주머니가 있었고, 은제사리합 안에는 담홍색 사리 14알이 든 호리병 모양의 수정사리병과『전신사리경』두루마리 등이 들어 있었다.

이 팔각9층석탑은 높이 15.2미터로 우리나라의 팔각석탑으로는 가장 크다. 그뿐만 아니라 그 아름다움에서도 단연 으뜸이며, 고려시대의 가장 대표적인 석탑으로 주목 받고 있다. 고려시대 초기인 10세기경의 작품이며 국보 제48호이다.

【 참고문헌 】

한상길, 『월정사』, 대한불교진흥원, 2009

지극한 마음으로 공양을 올리는
독특한 양식의 석조보살좌상

부처님의 진신사리를 모신 팔각9층석탑 앞에는 그 탑을 향하여 오른쪽 무릎을 꿇고 두 손을 모으고 공양을 드리는 모습을 한 석조보살좌상이 있다. 입에 부드러운 미소를 머금고서 부처님을 바라보고 있는 이 보살상을 일명 약왕보살이나 희견보살이라고 하고 공양보살이라고도 한다. 강원도 일대에서만 볼 수 있는 특이한 양식으로 조성된 보살상이다.

보살상의 상호는 턱이 약간 길고 눈두덩이 두껍고 뺨은 도톰하며 입가에 살짝 미소를 띠고 있어 복스럽게 느껴진다. 머리 위에 높다란 원통형 관을 쓰고 있는데 관 옆에 작은 구멍이 얕게 파져 있는 것으로 보아 관에 장식이 달려 있었던 것으로 짐작된다. 보발은 양 어깨의 앞과 뒤로 단정하게 드리워져 있고, 두 귀는 보발 등으로 살짝 감추어져 있다. 목에는 삼도를 새기고 앞가슴은 영락으로 장엄한 채 두 손은 가슴

석조보살좌상. 약왕보살좌상이라고도 한다. 팔각9층석탑을 향하여 합장하고 있는 모습이다.

오대산 월정사 이야기

앞에 모아 무엇을 잡고 있는 듯한 자세를 취하고 있다. 조금 아래로 내려놓은 오른쪽 팔꿈치는 아래에 받침을 괴었는데, 재미있게도 이 받침은 동자상이다. 대좌는 둥글며 커다란 중판연화문을 조각했다.

이 보살은 탑을 향하여 한가운데가 아닌 오른쪽으로 조금 치우쳐 앉아 있고, 상체가 하체에 견주어 큰데 이것은 우리 눈의 착시 현상을 감안한 것이다. 그리고 오른쪽 무릎을 꿇은 것은 고대 인도의 관습에 따라 자신을 낮추고 스승에게 최상의 존경을 표시하기 위한 것이다. 좌상의 전체 높이는 1.8미터이며 보물 제139호다.

법화경의 희견보살을
형상화함

이 보살상은 『법화경』의 희견보살을 형상화한 것이다. 『법화경』의 「약왕보살본사품」을 보면, 과거 일월정명덕(日月淨明德) 부처님이 이 세상에 계실 때, 부처님께서 희견보살(喜見菩薩), 여러 보살, 모든 성문을 위하여 법화경을 설하셨다. 희견보살이 이를 듣고서, 일심(一心)으로 부처님 구하기를 일만 이천 년을 채우고 삼매를 얻었다.

이 삼매를 얻고서는 환희심이 가득하여 말하였다.

"내가 삼매를 얻음은 모두 다 이 법화경을 얻어 들은 힘이라. 나는 지금 마땅히 일월정명덕불과 법화경을 공양하리라."

즉시 허공에서 만다라꽃과 전단향을 비 내리듯 내리게 하여 부처님

께 공양을 올렸다. 이 공양을 마치고 삼매로부터 일어나 스스로 생각
하여 말하였다.

"내가 비록 신통력으로 부처님께 공양하였으나 몸으로써 공양함만
같지 못하리라."

그 말을 마치자마자 온갖 향을 먹고 향유를 마시고 몸에 바른 다음
일월정명덕 부처님 앞에서 하늘의 보배 옷으로 스스로 몸을 감고 모든
향유를 붓고 신통력의 원을 세우고 스스로 몸을 태웠다. 그 빛이 온 세
계를 두루 비추었다. 모든 부처님께서 동시에 찬탄하여 말씀하시었다.

"착하고 착하다, 선남자야! 이는 참된 정진이라. 이는 진실로
법으로써 여래를 공양한다 하리라. 만일 꽃, 향, 영락(瓔珞), 하늘
비단으로 된 번개(幡盖) 등 가지가지의 모든 물품을 공양할지라도
능히 미치지 못하며, 가령 나라의 성과 처자를 보시할지라도 또
한 미치지 못하느니라. 선남자야, 이것을 제일의 보시라 하리라.
모든 보시 중에서 가장 존귀하고 가장 으뜸이니, 법으로써 모든
여래를 공양하기 위한 까닭이니라."

부처님께서는 이 말씀을 하시고 묵연(默然)히 계셨다. 1천 2백 년 동
안 몸을 태워 공양을 하였다. 희견보살이 이와 같은 법공양을 지어 바
치고서 정덕국의 왕자로 다시 태어났다. 일월정명덕 여래는 그가 장차
부처님이 될 것이라는 수기(授記)를 주었다. 희견보살은 부처님의 사리

오대산 월정사 이야기

를 수습하여 8만 4천의 사리탑을 세우고 탑마다 보배로 만든 깃발과 풍경을 매달아서 장엄하게 꾸몄다. 그러고도 모자라 탑 앞에서 자신의 두 팔을 태우며 7만 2천 세 동안 사리탑을 공양하였으니 이분이 바로 약왕보살이다.

그러고도 모자람이 있어, 그 약왕보살이 다시 돌로 형상을 하고 이 곳 월정사 탑 앞에서 탑신에 계신 부처님께 공양을 하고 있는 것이다. 이 보살상은 다른 곳에서 옮겨온 것인데, 맞춤한 자리를 잘 잡아 9층 탑과 그 탑신 안의 부처님을 공양하며 적광전의 앞마당에 무릎을 꿇고 앉아 있다. 그 모양새가 정겨우면서도 거룩하다.

복련이 아래로 잎을 드리워 안정감을 취한 위에, 앙련이 하늘을 향하여 피어나며 거룩함을 향한 일심을 드러내고, 복련과 앙련이 만들어 준 둥근 연좌대 위에 바른 무릎을 꿇고 왼 무릎을 세워 두 손을 가슴 앞에 모아 다소곳이 합장하고서 부처님께 1천 2백년 동안 몸을 태우고 7만 2천 세 동안 사리탑을 공양한 것으로도 남음이 있는 마음을 마저 공양하고 있는 것이다. 뜬 듯도 하고 감은 듯도 한 눈은 공양의 기억을 반추하고, 고요히 머금은 미소는 부처님께 법화경의 설법을 듣고 깨달은 그 찰나 순간의 환희심을 담고 있다. 두두룩한 볼은 자비심을 함뿍 담고 있고, 조금 숙인 등은 부처님과 거룩한 세계를 향한 순종과 지향을 나타낸다.

이와 유사한 석조보살좌상이 강릉 지역에는 세 구가 있어, 월정사의 보살좌상이 강릉 지역의 독특한 불상 양식과 맥을 같이 하는 것으

제3장 _ 월정사를 품어주고 꾸며주는 것들

로 보인다. 강릉 지역의 석조보살좌상 가운데에는 이 지역의 독특한 불상조각 양식을 보여주는 석조보살좌상들이 있다. 그 대표적인 것으로는 월정사 팔각9층석탑 앞의 석조보살좌상을 비롯하여 강릉시 내곡동 신복사지 3층석탑 앞의 석조보살좌상, 그리고 국립중앙박물관에 소장된 한송사지 석조보살좌상 등을 들 수 있다. 이 세 구의 석조보살좌상은 모두 고려시대의 보살상으로 저마다 제작 시기의 차이를 보이고 있으나 머리 위의 길쭉한 보관, 웃음 띤 얼굴, 머리카락과 의복의 형태, 그리고 앉아 있는 모습에 이르기까지 거의 표현 형식이 같다. 그럴 뿐만 아니라 다른 지역에서는 이와 같은 양식의 보살상이 거의 제작되지 않고 있어 이 보살상들은 강릉 지역의 지방색을 이룬 특수 양식의 보살상으로 한국 불교조각사에서 꽤 주목을 받고 있다.

가장 완전한 형태를 보전하고 있는 작품은 국립중앙박물관에 소장된 한송사지 석조보살좌상(국보 제 124호)이다. 이 보살상은 고려 초기인 10세기쯤의 작품이다. 고급 대리석을 사용한 것을 보면, 공을 들여 조영한 듯하다. 이 보살상은 잘 꾸며진 보관의 형태와 그 위로 솟구쳐 나온 머리카락의 표현이 완연하고 얼굴에는 잔잔한 웃음이 가득하다. 가슴에는 목걸이 장식이 있고 옷 주름이 부드러우며 손 모습이 매우 특이하다.

조형의 아름다움은 강릉 신복사지 석조보살좌상(보물 제 84호)도 이에 못지않다. 앉은 자세는 탑을 향하여 한쪽 무릎을 괴고 두 손을 모은 모습이며, 특히 보살의 신체 뒷면의 표현까지도 완벽하게 처리한 정성스러움이 돋보인다. 다만 보관의 일부가 파손되고 보관 장식과 무관한 옥개석이 관 위에 갓을 쓴 모양으로 올려져 있어 원형의 아름다움을 손상시킨 것이 아쉽다. 이 보살상 역시 고려시대 토기인 10세기쯤의 작품이다.

월정사 팔각9층석탑 앞의 석조보살좌상(보물 제 139호)은 신복사지 석조보살좌상의 형식을 그대로 따르고 있다. 여기에 오른쪽 팔꿈치를 받치고 있는 동자상을 첨가하여 더욱 이채롭다. 그러나 조각 기법이 다소 굳어져 어딘지 모르게 제작 시기가 좀 떨어지는 느낌을 준다. 신복사지 보살상을 본뜬 자취가 역력하고 표현 기법의 수준도 후퇴한 점을 감안한다면 11세기쯤에 조성된 불상으로 추정된다.

[참고문헌]

『법화경』, 「약왕보살본사품」
최완수, 『한국불상의 원류를 찾아서』, 대원사, 2011
한상길, 『월정사』, 대한불교진흥원, 2009

고승의 수행 정진의 결정체, 부도탑

월정사에서 상원사 쪽으로 오백 미터쯤 올라가다가 오른 편에 보면 부도밭이 있다. 모두 스물세 기의 부도탑이 오대산을 안고서 가지런히 서 있다.

스님이 입적하면 다비를 하고 이때 평소 정진한 기운과 불이 어우러져 사리라는 결정체가 남는다. 부도는 고승의 유골이나 사리를 봉납한 묘탑으로, 제자와 신도들이 스승을 영원히 공경하고 숭배하기 위해서 세웠다.

'부도'는 '부도, 부두, 불도' 등으로 표기되고, 그 어원은 '붓다', 혹은 탑을 뜻하는 '스투파'에서 유래하였다고 한다. 부처님처럼 숭앙받는 스님을 '다른 붓다'라 하였고, 그러한 스님의 탑 또한 생사를 초월한 '붓다'의 상징이었다. '붓다'는 세월이 흐르면서 '부도'라는 명칭으로 바뀌고, 그 의미는 '스님의 사리를 봉안하는 탑'을 지칭하게 되었

월정사 부도전. 부도는 고승의 유골과 사리를 봉납한 묘탑이다. ⓒ이도흠

다. 특히 중국에서 선불교가 발달하면서 스승의 법통을 이어받고 선문의 역사를 빛내려고 부도를 활발히 세웠으며, 이러한 선가의 분위기가 우리나라에도 전하여졌다.

우리나라에서 부도가 처음 세워진 것은 삼국시대부터이나, 선사의 묘탑인 부도가 본격적으로 세워지기 시작한 것은 신라 하대에 선불교가 크게 전파되면서부터였다. 그러나 부도는 본디 임금의 허가 없이는 세울 수 없었다. 따라서 보통 국사나 왕사의 지위에 있는 고승들만이 부도 건립이 허락되었으며, 이 제도는 고려시대까지 그대로 이어졌다. 이 때 세워진 부도들은 거의 제자 문도들이 큰 정성을 기울여 조성하였으므로 조형미가 뛰어난 작품들이 많다. 형태는 팔각당형이 주류를 이루고 탑형, 석종형으로 조성된 것도 더러 남아 있다. 그 뒤 조선시대에 이르러서는 나라에서 불교를 억압하거나 배척하였기 때문에 부도 건립 제도에 무관심하였다. 그래서 이때부터는 부도를 자유로이 세울 수 있게 되었으며, 부도의 수량도 많아졌고 조형미나 형태도 다양해졌다. 조선시대 후기에는 민예적인 작품의 석종형 부도가 주류를 이루었다.

건립 연대가 확실한 것 중에서 가장 오래 된 부도는 염거화상탑(廉居和尙塔, 국립중앙박물관 소장)으로 우리나라 석조 부도 양식을 잘 나타내고 있다. 이는 신라 말의 고승 염거 화상의 사리탑이다. 염거 화상(?~844)은 신라 말엽에 설악산 억성사(億聖寺) 등에 머물며 선을 널리 알리는 데 힘썼다. 그는 구산선문의 하나인 가지산문(迦智山門)의 개조(開祖) 도의(道義)의 제자로 체징(體澄, 804~880)에게 선맥을 전하여 가지산문을 융성하게 하는 기틀을 마련하였다.

신라시대에 건립된 부도는 팔각원당형이 기본이고 9세기 후반에 많이 건립되었다. 월정사 부도는 원탑형의 부도도 있으나 대부분 석종형을 하고 있다. 석종형 부도는 부도의 겉모양이 종과 비슷한 데서 생긴 이름이다. 이러한 석종형 부도는 고려 말 이후부터 조선시대에 많이 세워졌고 그 시원은 통일신라 하대인 9세기로 본다. 이중 기단과 옥개를 갖춘 혼합형 부도도 있는데, 석재는 대개 화강암이고 단순하면서도 소박한 모습이 선사들의 삶을 잘 표현하고 있다. 이 가운데 가장 큰 부도는 2미터가 넘는다. 임산부가 눈을 가리고 부도를 잡으면 아들을 낳는다는 전설이 있다.

월정사 부도전은 산책하며 명상에 잠기기 좋은 분위기에 둘러싸여 있으며, 앞쪽의 오대천과 멋진 조화를 이루고 있다. 강원도 문화재 자료 제42호다.

【 참고문헌 】

한상길, 『월정사』, 대한불교진흥원, 2009

삼재가 들지 않는 터에 자리한 오대산 사고

불교에 관련된 기억들이 층을 이루며 겹쳐 있는 성지인 오대산은 사명 대사가 물과 불과 바람의 삼재가 들지 않는다고 해서 조선시대 사고가 자리했던 명당 중의 명당이다. 월정사와 오대산장의 중간에서 왼쪽으로 800미터 지점, 지금은 영감사 아래에 사고가 있다.

사고는 고려, 조선시대에 국가의 중요 서적들을 보존·관리하던 서고였다. 조선시대의 사고는 중앙의 춘추관 사고와 지방의 외사고(外史庫)로 구분되었다. 조선 전기에 지방의 중심지에 세워졌던 외사고는 임진왜란 이후, 보다 안전한 장서 보존을 위하여 강화도와 봉화 태백산, 영변 묘향산(후에 무주 적상산으로 이전), 강릉 오대산 등지에 설치되었다. 그에 따라 중앙의 춘추관 사고와 함께 5사고 체제가 성립되었다.

임진왜란 이후 조선 정부는 전란 중 유일하게 화를 피한 전주 사고본 실록을 바탕으로 실록의 복인(復印)을 추진하였다. 복인된 실록을

오대산 사고(史庫) ⓒ이도흠

보관할 사고지의 물색에 나섰는데, 강원도 관찰사 윤수민(尹壽民)은 정선 군수 이여기(李汝機) 등과 함께 오대산 일대를 조사한 끝에 상원사 지역이 실록의 임시 봉안처로 적합하지만 사찰에 실록을 보관하는 것의 적절성 여부는 조정에서 의논하여 결정하는 것이 좋겠다는 내용의 보고서를 올렸다. 선조는 전주 사고본을 토대로 실록을 4부 더 만들어 춘추관, 태백산, 묘향산, 마니산, 오대산 등 이른바 5대 사고에 보관했고 오대산본은 그 중 하나다

　사고는 사적을 보관하는 사각(史閣), 왕실 관련 자료를 보관하는 선원각(璿源閣)으로 구성된다. 외사고 건물의 관리 책임의 경우, 사각은 춘추관에서, 선원각은 종부시(宗簿寺)에서 담당하였다. 이에 따라 사각

의 개보수 때에는 춘추관의 사관이, 선원각의 보수 시에는 종부시의 낭청(郎廳)이 반드시 파견되었다.

포쇄(曝曬)는 그늘과 바람에 책을 말려서 습기와 충해를 제거하는 전통적인 서적 관리 방법이다. 2년에 한 번 포쇄를 하였다. 오대산 사고의 사적은 골짜기에 있어 안개가 많이 끼고, 화재 위험으로 온돌을 놓을 수 없어 항상 습기에 젖어 있었다.

오대산 사고의 건물은 1606년(선조 39년)경에 완성된 것으로 보이는데, 이는 이 해 4월의 선조 실록 기사 중 "태백산, 오대산, 묘향산 등의 사각의 공사가 거의 끝나가고 있다고 들은 듯합니다"라는 내용을 통해 추정할 수 있다. 그런데 이 기사에는 오대산 사고의 위치에 대해서는 언급된 바가 없다.

승정원 일기에 "오대산 동구에서 30리쯤 들어가면 사각이 있고, 사각에서 20리 떨어진 곳에 월정사가 있습니다. 사이에는 다른 사찰이 없고, 사각 옆에 사관들이 포쇄하러 갔을 때 머무는 청사 3, 4칸이 있습니다. 또 왼쪽에는 영감사(靈感寺)라는 작은 암자 수십 칸이 있는데 승도 수십 명과 사소 참봉(參奉), 그리고 수호군들이 모두 이 암자에 머물면서 수호합니다"라고 기술하고 있다. 이 기록을 보면, 지금과 달리 사각 옆에 청사가 있고 영감사는 사각의 왼편에 자리한 듯하다.

오대산본의 태조－명종까지의 실록은 완성본 직전의 교정쇄이며, 선조 실록 이후로는 다른 외사고의 실록처럼 완성본을 보관하였다. 교정본이기에 먹 또는 붉은 색으로 교정한 모습을 선명하게 볼 수 있다.

오대산 월정사 이야기

교정쇄본을 오대산에 보관한 것은 선조 대에 태조-명종 실록까지를 한꺼번에 제작하는 과정에서 많은 종이가 필요하였고, 이에 부담을 느낀 조정에서 교정쇄를 오대산 사고에 보관하기로 결정하였기 때문이다. 교정쇄이기에 교정 이전의 실록의 원본 모습을 알 수 있을 뿐더러, 교정한 것과 원문을 대비하며 교정의 원칙, 교정의 방향 등에 대하여 가늠할 수 있다.

선조실록 이후 오대산에 실록이 보관된 상황과 실록의 고출, 사각의 수리, 포쇄 등의 도서 점검 상태는 실록 형지안(形止案)에 모두 기록되어 있어서 사고에서 실록을 비롯한 서책들의 구체적인 보관 상태를 확인할 수 있다.

후에 추가된 단종실록 부록 1책을 제외하면 13대 실록은 총 259책으로 기재되고 있다. 오대산 사고 실록의 총 책수는 788책이다. 이는 태백산 사고본의 847책과 차이가 난다. 이는 태백산 사고가 광해군 일기 중 초본 187권 64책을 유일하게 봉안한 곳이고, 오대산 사고에는 이후 숙종 대에 이르러서야 정초본에 기반한 필사본이 봉안되었기 때문이다.

1606년에 확정된 오대산 사고 수직(守直) 절목(節目)에 따르면, 강릉과 양양 두 읍에서 승려 40명을 차출하여 1년에 20명씩 교대로 오대산 사고를 수직하게 하였다. 대신 차출된 승려에게는 역역(驛役)과 양역(良役) 등을 감면하여 주었다. 하지만, 1717년(숙종 43년)에 사고 수직에 차출된 양양의 승려들이 북한산성 공역에 동원되어, 부담을 이기지 못한 승려들이 도망하였고, 이는 사고 수직의 소홀로 이어졌다. 이에 조선 정부는 해당 감사와 수령에게 절목 규정을 준수하도록 수시로 신칙하였고, 규정을 어길 경우 관련자를 처벌하도록 지시하였다.

1875년(고종 12년) 8월에 오대산 사고 선원각의 창살이 꺾어지고 책궤(冊樻)들은 열려 있었고, 책은 없어지지 않았지만 책을 덮는 보자기가 없어지는 사건이 일어났다. 조사해 보니, 이는 월정사 승려와 양양 승려의 갈등으로 인하여 양양 낙산사 승려들이 월정사 승려들을 곤경에 빠뜨리기 위하여 행하였던 일이었다. 오대산 사고의 수호군은 영조 즉위 이전에 60명으로 늘어났다.

명당에 있던 오대산 실록은 사명 대사의 말대로 300여 년 동안 안전하게 지켜졌으나 나라를 통째로 잃은 후에는 명당의 기운도 어쩔 수 없었던 듯하다. 1913년 일제가 일본으로 강제 반출하여 동경제국대학 부설 도서관에 보관하였다. 1923년 관동대지진 때 대부분이 불탔고, 남은 것은 교수들이 밖으로 대출해 간 74책뿐이었다. 일제는 1932년 이 가운데 27책을 경성제국대학(현 서울대)에 나누어 보관했다.

2006년 3월 3일, 일본이 강탈해 간『조선왕조실록』오대산 사고본을 환수하기 위하여 봉선사와 월정사 주지 정념 스님을 공동의장으로 하는 '조선왕조실록 환수위원회(환수위)'가 공식 출범하였다. 환수위는 출범식과 기자회견을 마치고, 일본대사관을 방문하여, 고이즈미 일본총리를 수신인으로 하는 '조선왕조실록 반환요청서'를 공식 전달했다. 이후 3차에 걸친 회담 끝에, 5월 31일 도쿄대 도서관장은 "서울대학교의 창립 60주년과 규장각 창립 230주년을 축하하고, 도쿄대학과 서울대학교

의 학술교류를 추진하기 위해, 도쿄대학이 소장한 오대산본『조선왕조
실록』을 서울대로 기증하기로 결정했다"는 취지의 결정문을 환수위에
전달하였다. 오대산 사고본의 실록은 아직 소장처를 결정하지 못하고
있다. 월정사는 이를 본래의 자리로 되돌리려는 노력을 하고 있다.

『조선왕조실록』은 태조 이성계로부터 철종 이원범까지의 25대 472
년간의 역사를 편년체 형식으로 쓴 방대한 역사 기록이다. 총 1,967권
948책으로 이루어져 있으며, 현재 정족산본 1,181책, 태백산본 848
책, 오대산본 27책, 기타 산엽본 21책 등 총 2,077책이 남아 있으며,
이것이 유네스코 세계기록유산으로 등록 지정되었다.

실록은 단일 왕조 전체를 담고 있는 기록(실록)으로서 그 햇수가 세계
에서 가장 길어서 총 6,400만 자의 방대한 내용을 포함하고 있으며, 질
적인 면에서도 세계 최고의 역사서다. 『조선왕조실록』은 정책에 관련된
것은 물론이고 경제, 사회, 그리고 사상, 과학기술, 음악, 미술, 문학 등
의 문화사, 생활사 기록까지 거의 모든 분야가 망라되어 있다. 무엇보다
이것의 가치는 편찬 원칙과 사관이 올곧게 지켜진 것이다. 직필(直筆),
공개 및 열람 금지 등이 철저하게 지켜져서 왕조차 이를 볼 수 없었다.

【 참고문헌 】

강문식, 「조선 후기 오대산 사고의 운영」, 『장서각』 제27호, 2012
배현숙, 「오대산 사고와 수장서적에 대하여」, 『서지학연구』 제1호, 1986
배현숙, 「오대산 사고의 장서관리」, 『규장각』2, 1978
신병주, 「오대산본 〈조선왕조실록〉의 간행과 보관」, 『역사와현실』 제61호, 2006
차장섭, 「〈오대산사고등록〉과 오대산사고의 운영실태」, 『조선사연구』 제12집, 2003

제3장 _ 월정사를 품어주고 꾸며주는 것들

한무외, 오대산에서 득도하여 신선이 되다

오대산은 유불선 삼교가 하나로 어우러진 터전이다. 아득한 고대시대부터 명당으로 꼽혔고 도를 닦기 좋은 곳으로 많은 도인들이 이곳을 찾아 수련하였다. 삼교에 모두 능통한 함허 기화(函虛己和, 1376~1433)와 탄허 스님이 이곳에서 도통하여 스님들에게 삼교를 강설한 것은 우연이 아니다.

한국 도교는 단군에게서 비롯되었다는 자생적 기원설과 중국에서 비롯되었다는 외래 기원설이 있다. 최치원(崔致遠)이 『난랑비(鸞郎碑)』「서(序)」에서 민족 고유의 현묘한 신앙으로 지적한 풍류도란 유·불·선의 삼교적 내용이 이미 내재해 있는 신라적 샤머니즘을 가리킨다. 『삼국사기』의 「신라본기」, 진흥왕 조의 이 비의 서에 관련된 기술, 곧 "실로 유·불·선의 삼교를 머금고 있는데 뭇 생명을 접화하자는 것이다(實乃包含三敎 接化群生)"를 두고 풍류도가 단지 유·불·선 3교를 종합시킨 것이라는 주장이 있으나, 이는 사대주의적 발상에 따른 기록의 자의적 해석에서 비롯된다. 유교를 받아들인 때가 대개 신문왕 대 이전, 도교를 받아들인 때가 효소왕 대 이전의 시기라 하더라도 유·불·선이 들어오기 이전부터 풍류도는 있었다. 풍류도의 특이한 양상을 굳이 이미 풍류도가 주류에서 사라진 신라 말기의 사람들에게 알아듣도록 표현하기 위하여 최치원은 '실내포함삼교'라 한 것이다. 굳이 앞에 '교를 만든 근원은 모두 선사(仙史)에 자세히 실려 있다(設敎之源 備詳仙史)'라 기록한 이유도 이와 같다.

2대 남해왕의 운제 부인은 운제산 성모였고(『삼국유사』, 「기이」 편, 남해거서간), 4대 석탈해왕은 죽어서 동악신이 되며(『삼국유사』, 「기이」 편, 탈해왕), 7대 일성이사금에 와서는 태백산에 친히 제사한다.(『삼국사기』, 「신라본기」, 일성이사금) 15대 기림이사금 또한 태백산에 친히 망제를 올린다.(『삼국사기』, 「신라본기」, 기림이사금) 이와 같은 산신신앙은 삼국의 통일을 전후해서 삼산오악(三山神岳) 신앙으로 체계화한다.

이렇게 고유한 선도로 풍류도가 있었지만, 중국의 도교도 들어와 선도와 대립하거나 융화한다. 당(唐) 고조가 고구려 영류왕 7년(624)에 도사(道士)를 파견하고 천존상(天尊像)을 보냄과 더불어 『도덕경』을 강론하도록 하였다. 이것이 공식적으로는 중국 도교의 시발이다. 보장왕 2년(643)에는 연개소문이 건의하여 당으로부터 숙달(叔達) 등의 도사와 『도덕경』을 들여온다. 당나라에 유학한 신라 하대의 지식인들 중 김가기(金可紀), 최승우(崔承祐)와 승려 자혜(慈惠)는 천사(天師) 신원지(申元

之)의 알선으로 종리권(鍾離權)으로부터 여러 도서(道書)와 구결(口訣)을 전수받고 수련한다. 이들 가운데 김가기는 최치원과 이청(李淸)에게 구결을 전수했으며 신라로 돌아오지 않고 신선이 되었다고 한다. 반면에, 최승우와 자혜는 신라에 돌아와 후인들에게 도교의 종요를 전수하였고, 이로써 한국에 처음으로 중국의 도교가 전해져 도맥(道脈)을 형성했다. 이러한 한국 도맥의 서술은 조선 중엽에 한무외(韓無畏)가 저술한『해동전도록(海東傳道錄)』에 의한 것이다.

이 책은 1610년(광해군 2년)에 한무외(韓無畏, 1517~1610)가 찬술한 도가서(道家書)로 홍만종(洪萬宗, 1643~1725)의『해동이적(海東異蹟)』과 함께 양대 도맥서의 위상을 갖는 책이다. 이 책은 단학(丹學), 즉 내단수련(內丹修鍊)의 계보를 밝힌 책으로 인조(仁祖) 때 한 승려가 관동지방에서 도적으로 오인을 받아 조사하던 차에 바랑에서 나와 이것이 이식(李植)에게 전하여져 세상에 알려지게 되었다. 1,500여 자의 소책자이지만 신라 말의 최승우(崔承祐) 등이 중국에 들어가 종리권(鍾離權)으로부터 단학을 전수받은 이후 최치원(崔致遠), 고려의 이명(李茗), 조선의 김시습(金時習) 등을 거쳐 한무외에까지 전하여진 계보를 밝히고 있다. 이식의 발문과 한무외의 행적이 실려 있고, 부록으로『단서구결 16조(丹書口訣十六條)』,『단서별지구결 16조(丹書別旨口訣十六條)』, 그리고 정렴(鄭磏)의『용호결(龍虎訣)』이 합철되어 있다. 이 책에 의하면 한국의 도교는 전진교(全眞敎) 계통의 성명쌍수(性命雙修)의 내단학을 수용한 것으로 보인다.

오대산 월정사 이야기

이처럼 한국인은 오래 전부터 명산에서 선도를 수행하였고 산신을 숭배하였으며, 수행을 완성한 이는 신선이 되었다. 이중환은 『택리지』에서 다음과 같이 밝힌다.

> "또 남쪽은 오대산이다. 흙산이면서도 천 개의 바위와 만 개의 구렁이 겹겹으로 깊이 막혀져 있다. 가장 위에 다섯 대가 있어 경치가 훌륭하고 각 대마다 암자가 하나씩 있다. 중대(中臺)에는 부처님의 사리를 봉안하였다. 상당부원군 한무외가 이곳에서 선도를 깨치고 시해(尸解)하였는데, 연단(鍊丹)할 만한 복지(福地)로는 이 산이 제일이라고 했다. 이곳은 옛날부터 병란이 미치지 않았기 때문에 나라에서는 산 아래 월정사 옆에 사고(史庫)를 지어 역대 왕조의 실록을 간직하고 관원을 두어 곁에서 지키게 하였다."

『해동전도록』을 지은 한무외도 명산 중의 명산인 이 오대산에서 도를 닦다가 조선조 중기의 어느 날 선도를 깨우쳐 신선이 되었다.

삼교에 도통한 함허 기화(函虛己和, 1376~1433)가 월정사에 머물며 교학을 강설하고, 화엄을 중심으로 삼교를 하나로 아울러 도통한 탄허 스님이 월정사에서 삼교와 함께 불교를 가르치고 미래를 예견한 것은 오대산에 풍류도와 도교에 대한 인연과 기억의 온축이 있었기에 가능한 것이었다.

【 참고문헌 】

이중환, 『택리지』
박병수, 「해동전도록에 나타난 도교사상」, 1997
이능화, 『조선도교사』, 동국대학교, 1982

한국 종의 남상, 상원사 동종

베토벤의 교향곡이나 거문고 산조를 들으며 감동에 못 이겨 우는 이들이 있다. 어떤 이들은 뽕짝과 같은 대중가요를 들으면서도 눈물을 흘린다. 음악은 우리의 몸을 떨게 하고 가슴을 전율시키고 이윽고 마음을 흔든다. 원시 생명체에서 인간에 이르기까지 38억 년의 시간 동안 우주와 자연이 내는 소리에 감응하여 진화하며 우리의 몸을 만들어 온 때문이리라.

동양이든, 서양이든 지금 세계에서 인간이 만든 음악은 인간이 리듬, 박자, 강약 등에 따라 소리를 구분한 것이다. 그럼, 도레미파솔라시도나 궁상각치우로 소리를 범주화하기 이전의 소리, 근원의 소리라 불릴 만한 그것은 무엇일까? 필자는 종소리, 그 중에서도 한국 종소리라 생각한다. 한 번 쳐서 초를 넘어 분 단위로 인간의 호흡과 같은 주기로 울림과 맥놀이가 이어지면서, 영혼을 뒤흔들면서도 평안하게 몸을 젖게 하는 종은 한국 말고는 없다.

다른 음악들이 약동하는 박자로 가슴을 두드리고 감미로운 리듬으로 감성을 자극하고, 또 때로는 둘을 잘 짜 맞추어 영혼에 호소할 때, 종은 리듬도 박자도 없이 소리 하나로 여래장까지 뒤흔들어 전생의 삶마저 돌아보게 한다. 하여 저 높은 하늘에서부터 저 땅밑까지 환각에 취하여 있는 모든 중생을 깨우는, 거룩함을, 더 거룩함을 향하여 진동하면서도 서 있는 이곳의 삶을 돌아보게 하는, 진리의 둥그런 소리. 바로 그것이 흔히 에밀레 종이라 불리는 봉덕사의 종소리(정식 명칭은 성덕대왕신종)다. 종소리만 놓고 볼 때 그 소리의 깊이와 맑기, 지속시간, 맥놀이의 길이와 주파수 등에서 NHK도 인정한 세계 최고의 종이다.

세계 최고의 종인 에밀레 종의
원조가 상원사 동종

계통은 다르지만, 이 봉덕사 종의 원조가 바로 상원사의 동종이다. 구조와 문양과 양식이 유사한데, 상원사 쪽이 좀 더 완성도가 떨어지고 크기도 작고 소리도 못하다. 상원사 앞에 종각이 있고 거기엔 현존하는 한국 종 가운데 가장 오래된 상원사 동종이 있다. 이 종은 신라 성덕왕 24년(725)에 조성되었다. 조선 태종 때 불교가 박해를 받을 때 안동으로 갔다가 조선 예종 원년(1469)에 다시 상원사로 옮겨졌다.

가장 오래되면 투박하기 마련인데 그 모양이 그지없이 아름답고 그

상원사 동종. 현존하는 한국의 종 가운데 가장 오래되고 아름다우며,
청아한 소리를 담고 있다. ⓒ월정사 성보박물관

제3장 _ 월정사를 품어주고 꾸며주는 것들

소리는 청아함이 이루 비길 데가 없다. 한국 전통 종은 아름다우면서도 소리의 여운이 길다. 종을 이루는 곡선은 우아하고, 그에 새겨진 비천상과 당초문 등은 문양이 아름답고 조화미가 빼어나다. 종소리를 듣고 있으면 리듬도, 박자의 구분도 없이, 진리의 원음(圓音)에 빠져들며 무아지경에 이르게 한다.

『오분율(五分律)』 권18에 보면, 원래 석가모니 시절부터 비구를 소집할 때, 건치(揵稚, ghanṭa)와 북, 소라 등 법구(法具)를 이용하여 소리를 내었다. 건치는 나무 속을 파내서 종처럼 만들고 나무토막으로 이를 쳐서 소리를 내는 기구다. 『대지도론(大智度論)』 권2를 보면, 석가모니의 상수제자인 마하가섭이 이를 동으로 만들었다고 한다. 석가모니 시대부터 동종과 비슷한 건치가 있었던 것이다. 이 건치가 중국에 들어와 중국 동종의 영향을 받아 독특한 중국 범종(梵鐘)으로 탈바꿈하였다. 이 중국 종이 다시 신라로 들어와 한국의 종으로 탈바꿈한 대표적인 예가 바로 상원사 종이다.

상원사 동종은 중국의 남북방 어느 쪽의 영향도 받지 않았다. 그러면서도 은주 시대 이래 중국에서 만들어져 온 중국 동종의 특성을 완전히 파악하고 인도로부터 전래해 온 건치의 용도를 철저히 이해한 위에서 이 양대 종의 기능을 종합해 전혀 다른 제3의 동종 형식을 창안해 낸 것이다.

한국의 종은 몸통, 하대, 상대, 당좌, 비천상, 유곽, 용두, 음통으로 구성되어 있다. 우선 종의 몸통을 원통형으로 한 것은 인도의 건치를

오대산 월정사 이야기

본받은 것인데, 주둥이가 배 모양으로 생긴 납작원통형의 중국의 종으로는 긴 소리를 낼 수 없기 때문이었다. 그리고 음색을 맑게 해 소리를 널리 퍼지게 하기 위해서 중국 종의 표면에 부착했던 젖꼭지 형태의 매(枚: 요즘은 이를 유두(乳頭) 즉, 젖꼭지라 부름)를 부착했는데 어깨 아래에 네 군데로 나누어 네모진 구역을 만들고 그 안에 각각 9개씩을 배치했다.

상원사 양식은 원통형의 곡선, 원융미의 극치를 이룬 아름다운 문양, 수 초에서 수 분 동안 긴 맥놀이를 하며 이어지는 장엄하면서도 청아한 종소리를 특징으로 하는 한국의 종의 남상이다. 상원사 종에 보이는 음통, 종 끝부분이 안으로 오므라든 종신형, 상대와 하대 및 네 유곽 등의 주조적인 특징은 한국 종의 대표적인 유형이 되어 이후의 모든 종에 계승되었다.

종신에 있는 상대, 하대, 네 유곽의 문양은 모두 당초문을 바탕으로 2~4인의 작은 주악비천상이 있는 반원권문이 새겨졌고, 종복에 비천상과 교대로 있는 당좌는 8판 연화문으로 표현되었다.

젖꼭지는 둥근 연꽃잎 받침 위에 앵두 모양의 꼭지를 올려 놓고 활짝 핀 연꽃 한 송이로 끝을 마무리한 형식인데 가로 세로 각각 셋씩 배치해 아홉을 만들어 놓고 있다. 9는 10진법에서 홀수의 마지막에 해당하는 끝자리 숫자로 하늘과 남성을 상징하는 의미를 가지고 있기 때문이다.

유두를 가둬 놓은 네모난 틀은 종신의 윗부분을 조여 마무리 지은 상대(上帶)를 일변으로 삼아 세 변의 띠를 보태어 이루어져 있다. 그런데 네모난 틀이 정사각형이 아니라 위가 좁고 아래가 넓은 마름모꼴이다. 따라서 좌우 양쪽 띠는 위가 좁고 아래가 넓은 상태이며 아랫변은 또 직선이 아니라 약간 둥근 맛이 나는 호선(弧線)이다.

넓은 띠는 이중의 구슬무늬 장식띠와 은행잎 장식띠로 안팎을 마무리 짓고 가운데 넓은 공간에는 인동무늬를 늘씬하게 돋을새김해 채웠다. 그 가운데로는 두 줄의 매화무늬띠와 박쥐무늬띠가 타원형 호(弧)를 이루어 놓았는데 그 안에 젓대를 불거나 가야금을 타는 등 음악을 연주하는 주악천(奏樂天: 음악을 연주하는 천인)을 새겨 놓았다.

그리고 소리가 가장 크게 울리도록 하기 위해 원통형의 몸체를 항아리 모양으로 위는 좁고 아래는 넓게 하되 당목(撞木: 치는 나무)을 맞아 소리를 내는 부위는 가장 불룩하게 솟구치도록 했다. 그 솟구친 부위에 앞뒤로 활짝 핀 연꽃 모양을 돋을새김해 놓았으니 이것이 당목을 맞아 종이 소리 내는 당좌(撞座)다.

당좌는 연꽃문양을 아로새긴 것인데, 연꽃은 씨방과 꽃술을 두루 갖춘 겹꽃이고, 그 둘레에는 힘차게 덩굴을 뻗어나가며 휘감고 돌아간 인동무늬 장식을 돋을새김하였다.

당좌와 당좌 사이의 공간에는 한 쌍의 주악천이 마주 보고 악기를 연주하며 하늘로부터 내려오는 비천상을 돋을새김해 놓았다. 비천상은 경쾌하기 이를 데 없는 모습으로, 구름 위에서 천의 자락을 휘날리는 모습이나 또 공후와 생을 연주하는 손의 표현이 매우 섬세하여 생동감이 넘친다. 볼록한 두 뺨, 유연한 신체에 걸친 천의 등은 8세기 전반의 이상적인 사실풍의 불교 조각을 잘 나타내고 있다.

한 천인은 생황(笙簧)을 불고 있고, 한 천인은 공후(箜篌)를 타고 있다. 음악에 맞추어 하늘에서 지상으로 내려오는 동작이 역동적이고 율동적이다. 허공을 타고 하늘에서 떨어져 내려오자면 옷자락은 모두 하늘로 치솟을 수밖에 없다. 천의(天衣) 자락과 구슬띠는 바람을 머금고 위로 솟구쳐 오르게 되니 옷자락이 겨드랑이에서도 나오고 허리 뒤에서도 나오며 두 무릎 근처에서도 나와 힘차게 나부껴 오른다. 가늘고 날카로운 옷주름선이 가볍고 상쾌한 느낌을 자아내어 바람 타고 내리는 구름 위의 하늘 세계를 실감나게 한다.

종의 주둥이 부분도 다시 주악천과 인동무늬로 장식한 넓은 띠로 장식했는데 당좌 부분에서부터 서서히 좁혀 들다가 다시 바짝 조여 조붓하게 마무리 지음으로써 소리가 갑자기 흩어져 달아나지 못하게 했다. 따라서 입으로 한꺼번에 다 빠져나가지 못한 소리는 종 안을 맴돌아 위로 오르게 될 터이니 이를 위해 종머리는 용통(甬筒)을 마련해서 위로 오른 소리가 위로 빠져 하늘로 오르도록 했다.

상원사 범종에는 용 모양의 고리인 용통이 달려 있다. 크고 무거운 종을 용이 물어 들어 올리고 있는 형상이다. 용의 꿈틀거리는 모양이 역동적이고도 사실적이다. 종의 커다란 몸과 용의 날렵한 몸, 종의 고정성과 용의 동작성, 종의 하강성과 용의 상승성이 조화를 이루고 있다.

왜 용은 이렇게 종 위에 올라앉게 된 것일까? 중국 문헌인 『오잡조

(五雜組)』와 『잠확류서(潛確類書)』, 『진수선(眞珠船)』 등에 따르면, 용마다 성격도 다르고 능력도 다른 아홉 아들(九龍子)이 있었다. 그 아들 가운데 하나인 포뢰(蒲牢)는 목소리가 아주 크고 우렁찼으며 울기를 좋아하였다. 그는 고래를 무서워하여 고래만 보면 울었다. 지옥중생에까지 범음인 종소리를 전달하여 그들을 구제하려는 염원이 모아져 종을 만든 것이다. 그러니, 사람들은 포뢰처럼 크고 우렁찬 목소리로 종이 울리기를 바랐다. 이런 바람으로 포뢰를 종 위에 올린 것이다. 종을 치는 막대기인 당목(撞木)도 예전엔 고래 모양으로 깎아 사용했다. 종 또한 고래 경(鯨)자를 넣은 경종(鯨鐘) 혹은 화경(華鯨) 등으로 불렀다. 종 위에 앉아 있는 포뢰라는 용이 고래를 무서워하며 더욱 크고 우렁차게 울기를 바란 것이다.

용이 종 위에 올라간 것은 중국과 일본, 한국이 같지만, 한국의 용두와 음통은 특이하다. 중국에서는 두 마리의 포뢰가 꼬리를 마주 대고 머리를 양쪽 밖으로 내밀고 있는 모습인데, 상원사 동종에서는 한 마리의 포뢰가 등에 용통을 짊어진 채 종머리 천판(天板: 천장반자) 위에서 네 발로 힘주어 버티고 서 있는 모습이다. 때문에 용통을 짊어진 포뢰의 등줄기는 휘어 오르게 마련이니 이 휘어 오른 포뢰의 등줄기가 바로 종을 거는 걸쇠가 됐다. 용통은 고사리무늬가 장식된 연꽃잎을 둘러 붙여 꾸몄는데 아랫단은 장구통처럼 연꽃잎을 아래위로 마주대며 구슬무늬띠로 나눠 놓았고 윗단은 위로 솟은 연꽃잎만 표현했다. 포뢰는 입을 있는 대로 벌려서 힘겹게 소리치는 모습이다. 중국과 일

오대산 월정사 이야기

본의 종은 용을 조각하여 고리나 장식의 구실만 한다. 하지만, 우리 종의 용은 허리에 대막대기 형상의 음통을 차고 있다. 왜 이런 모양을 하게 되었을까?

두 가지 설이 분분하다. 용종 모방설은 중국 주나라 시대에 제작되어 성행하다가 말기에 사라진 악기인 용종을 모방해서 만든 것이라는 주장이다. 용종은 종의 음관과 같은 손잡이에 짐승 머리 모양의 고리가 달려 있고, 몸체에는 종의 유두와 같이 매(枚)라 불리는 돌기가 솟아 있다. 우리 종이 중국의 '용종'을 토대로 하되 변화를 주어 독창적인 용두와 음통을 만들었다는 것이다.

'만파식적 형상화설'은 신문왕 때의 보물인 만파식적을 형상화한 것이라는 주장이다. 『삼국유사』에 따르면, 만파식적은 신라 신문왕 때 동해 용이 왕에게 건네준 대나무로 만든 피리다. 왕이 이 피리를 불자 적이 물러가고, 가뭄에 비가 내리고, 파도가 잠잠해졌다. 이를 주장한 황수영 박사는 동해 용이 신비의 악기인 만파식적을 등에 짊어지고 바다에서 막 솟아올라 오고 있는 모양을 음관으로 형상화한 것이라고 한다.

종의 주성분은 대략 구리가 80%, 주석이 16% 비율로 하고, 철과 아연, 니켈이 4% 정도 섞여 있다. 한국 종은 주석의 비율을 15% 정도로 하여 음이 낮고 여운이 길게 이어지도록 한다. 상원사 동종의 경우 구리는 81.87%, 주석은 16.14%, 납이 2.12%, 아연이 0.32% 섞인 합금이다. 밀랍 모형을 뜬 후 고운 모래와 숯가루를 혼합한 진흙으로 주형을 만든 후 이를 태워 밀랍을 녹인 후 밑면의 4개의 용(湧) 주입구를 통하여 쇳물을 부어 종을 만들었다.

상원사 동종의 구경은 903밀리, 종견 직경은 645밀리, 몸통 높이는 1,355밀리, 총 높이는 1,660밀리, 당좌 높이는 458밀리, 하대 두께는 50밀리이다. 음통이 있는 용뉴 아래 종신은 약간 길쭉하게 배를 불리다 끝에서 안으로 살짝 오므라든 형태가 이상적인 비례감과 안정감 있는 조형미를 이루었고 풍부한 양감과 함께 세부적인 묘사 수법이 사실적이다.

신라 성덕왕 때 주조한 것을
조선조 예종 때 상원사로 옮겨

용뉴 좌우에는 4행씩 70자에 달하는 명문이 해서체로 음각되었다. 명문은 '제작시기+중량+승려+시주자+장인'으로 구성되었다.

"개원(開元) 13년 을축 3월 8일 종이 이루어져서 이를 기록한다. 도합 놋쇠가 3,300정(鋌)이다. 널리 모든 중생에게 (들리게 하소서?).4) 도유나(都維那)는 효○(孝○)이고, 직세(直歲)는 도직(道直)

4) 원문은 "○○普衆"이다. 결자가 "願聽"이라면 이는 "원컨대, 널리 중생에게 이 종소리가 들리게 해 달라"는 발원을 한 것이다. 하지만, 이 행이 관련된 승려의 이름을 적은 것이라면, 보중이 승려의 이름이고, 결자가 직책일 수도 있다.

이었으며, 충칠(忠七), 충안(冲安), 정응(貞應)도 참여했다. 단월(檀越)은 유휴(有休) 대사택(大舍宅)의 부인 휴도리(休道里), 덕향(德香) 사상(舍上)의 안사(安舍)이다. 장인(匠人)은 조남택(照南宅)의 사○ 대사(大舍)이다.”

“개원 13년은 성덕왕 24년(725)으로 소덕왕후가 돌아간 바로 다음 해다. 당대는 통일신라문화가 황금기로 접어드는 화엄만다라 시대의 초기다. 모든 것을 하나로 아우르며 원융(圓融)의 미학을 추구하고 화엄의 깊이를 더한 때다. 그때에 12관등인 유휴 대사택(宅)의 부인 휴도리, 13관등인 덕향 사상택(舍上宅)의 부인 안사 등이 시주하여 놋쇠 3,300정을 들여 조남택의 장인(匠人)이 종을 만든 것이다.

첫머리에 ‘개원 십삼년 을축 삼월 팔일(開元 十三年 乙丑 三月 八日)’이 라고 쓰여 있는데, 개원은 당나라 현종(玄宗)의 연호로 개원 13년은 신라 성덕왕 24년(725)이다. 이로 이 종이 725년 3월 8일에 조성되었음을 알 수 있다. 도유나와 직세는 모두 사찰에 설치된 삼강(三綱)의 하나로, 도유나는 여러 스님들의 일을 맡아했고, 직세는 한 해의 살림살이를 맡았다. 충칠, 충안, 정응은 소임이 없는 일반 승려다. 단월(檀越)은 Danapati, 곧 시주(施主)를 뜻하니, 시주자는 휴도리와 안사이다. 이 를 주조한 장인은 조남택(照南宅)에 소속된 대사(大舍)이다. 그는 당시 신라 귀족의 대저택인 금입택에 속한 장인이면서 국가로부터 대사라 는 관등을 받은 관원이었다.

조각상, 몸체에 새겨진 형상, 그리고 주조시의 불규칙성으로 인하여 맥놀이 현상을 발생시키는데, 상원사 동종은 기본고유 주파수(105.5Hz)의 맥놀이 주기가 4.54초, 제1고차 고유 주파수(290.5Hz)의 맥놀이 주기가 1.06초 동안 나타난다. 이로 인하여 저음이 길게 4초 이상 여운을 주며 울리는 것이다.

이 종의 소재 사명은 정확히 밝혀지지 않았다. 조선 왕조 전기에 억불정책에 따라 각처에서 절을 허물 때 경상도 안동부로 옮겨와 안동부의 정문 문루인 관풍루(觀風樓)에 걸려 있었던 것이다. 그런데 성화(成化) 5년(1469) 기축 즉, 예종 원년에 상원사를 세조의 원찰로 지정하면서 전국에서 가장 멀리 들리는 종을 구해 오라는 왕명에 따라 안동으로부터 상원사에 옮겼다.

이때 강원도 보안도(保安道) 찰방(察訪: 종6품) 김종(金鍾)이라는 사람이 이 상원사 동종을 옮겨오는 일을 주관한 승려인 학열(學悅)이 역말을 함부로 쓰고 길을 마음대로 돌아와 인마(人馬)를 피로하게 했다는 장계를 올리는데 이것이 거짓으로 밝혀진다. 이에 대해 어린 임금인 예종은 어찌 조치하였을까? 그 이야기가 조선왕조 실록 예조 원년(1469)에 자세히 전한다.

　"선왕(先王) 때에는 이같이 말하는 자가 없었는데, 이제 너는 나를 어리다고 생각하여 말하는 것이 이와 같으니, 만약 나이가 나보다 더 어렸으면 반드시 조종(操縱)하여 손에 넣은 뒤에야 그

오대산 월정사 이야기

첬을 것이다."

이런 생각에 미치자 예종은 승정원에 전교하였다.

"김종이 임금을 속인 죄를 율(律)에 비추어 아뢰라."

승정원에서 "율에 참(斬)함이 마땅합니다"라고 아뢰었다.

이에 예종은 서신을 써서 의금부에 전한다.

"찰방 김종이 나의 나이가 어린 것을 달갑게 여기고, 우리 선왕(先王)의 법을 허물어뜨리며 종친과 재추에게 아부하여 자신의 요행을 바라고 강제로 역리의 공초(供招)를 받았으며, 또 친문(親問)할 때를 당하여 숨기고 대답하지 아니하였으니, 죄를 용서할 수 없다. 이에 참수(斬首)를 명하여 후래(後來)를 경계한다."

그러면서 명령을 내려 3일 동안 효수(梟首)하고 자손을 금고(禁錮)하게 하였다. 이어서 또 전교하였다.

"이제부터 사람을 형벌할 때마다 형을 집행한 뒤에 곧바로 계달하라."

이날 비가 내렸는데, 의금부에서 흐리고 비오는 날에는 형을 집행하지 않는 까닭에 승지에게 물었다. 그러자 승지는 대답하였다.

"특별한 전지가 있는데, 어찌 흐리고 비오는 것을 헤아리겠습니까?"

드디어 김종을 의금부 앞에 사로잡아 와서 수레에 실으려 하는데, 김종은 오히려 알지 못하고 수졸(守卒)에게 일렀다.

"이 비오는 때를 당하여 어찌해서 빨리 나를 옥(獄)에 넣지 아
니하느냐?"

김종을 참수하여서 운종가(雲從街)에 3일 동안 효수하였다.

종을 안동에서부터 상원사로 옮겨오던 중에 3,379근이나 되는 큰
종이 장차 죽령을 넘으려 하는데 노상에서 움직이지 않으므로 사람들
이 종 꼭지를 하나 떼어서 안동으로 보내니 비로소 움직였다고 한다.
전설을 입증하듯 네 곳의 유곽 안에 1곽의 종유가 하나 없다. 아마 대
종 운반의 어려움을 반영한 설화일 듯하다. 이 종은 국보 제36호이다.

【 참고문헌 】

『조선왕조실록』, 『세조실록』, 『예종실록』
김재홍, 「명문을 통해 본 상원사 동종의 역사적 의의」, 『월정사성보박물관 개관 6주년 기념 국제
　　　　학술대회 – 상원사 동종의 종합적 검토』, 월정사성보박물관, 2005
나형용, 「상원사 범종의 주조법에 대한 고찰」, 『월정사성보박물관 개관 6주년 기념 국제학술대회
　　　　– 상원사 동종의 종합적 검토』, 월정사성보박물관, 2005
이도흠, 『신라인의 마음으로 삼국유사를 읽는다』, 푸른역사, 2000
이장무, 「상원사종의 진동 음향 특성에 대한 고찰」, 『월정사성보박물관 개관 6주년 기념 국제학
　　　　술대회 – 상원사 동종의 종합적 검토』, 월정사성보박물관, 2005
최완수, 『한국불상의 원류를 찾아서』, 대원사, 2011

이 산과 절의 아름다움을 호흡하는
그 자리에 부처님이 계신다

그 옛날 신라시대에 달이 떠서 온누리를 맑고 은은한 금빛으로 물들이며 어두운 곳을 밝게 드러내면 신라 사람들은 텔레비전을 보듯 달을 바라보았다. 달은 어머니가 되어 미소를 지으며 반가이 맞아 포근하게 안아주셨다. 관세음보살이 되어 산과 들, 귀족과 서민, 불자와 비불자를 가리지 않고 자비의 빛을 뿌려주시며 모든 고통을 어루만져 주셨다. 비로자나불이 되어 모든 빛들이 헤살을 받지 않고 피와 살과 뼈에 스며들어 몸을 바꾸고 머리를 변화시켜 깨달음에 이르게 하고, 그리 달라진 사람들은 어울려 보름달을 바라보며 하나가 되었다. 타임머신을 타듯, 그런 보름달을 만나려는 이들은 경주 남산이나 월정사의 마당으로 달려오면 되리니.

물고기의 아가미의 주름은 무수한 산소를 품고, 두뇌의 주름은 무진장의 기억을 담는다. 월정사에 켜켜이 쌓인, 자장 율사에서 만화 스님, 여기를 거쳐서 무엇인가 의미를 남기고는 홀연히 사라진 수다한 익명의 사람들, 그들이 빚어놓은 기억의 주름이 깊고도 깊다. 하나, 하나의 기억을 풀어낼 때마다 몸의 세포들은 비를 맞는 어린잎처럼 전율을 하고, 그것이 만든 의미들은 어두운 하늘에서 빛나는 별처럼 길을 밝힌다. 텅빈 기표만 떠다니는 21세기이기에, 더욱 그 빛은 맑고도 밝다.

수십 억 년의 세월 동안 물과 바람이 다듬고 또 다듬은 오대의 산과 골들, 그 품에 깃들어 사는 무수한 나무와 풀과 생명들. 짙은 녹빛에서 옅은 녹빛에 이르기까지 초록빛 하나로 무진장의 채색을 한 아래로 연분홍, 노랑, 흰색의 꽃들이 흐드러진 봄날의 숲, 우당탕탕 소나기가 내린 뒤 맑게 씻긴 바위를 스치며 짙푸른 숲을 굽이굽이 안고서 흐르는 여름의 오대천, 단풍이 울긋불긋 물든 산자락을 안고 맵차게 솟아오른 팔각9층석탑으로 눈이 시도록 푸른 가을 하늘, 함박눈이 내려 온 바위와 숲을 하얗게 덮어 더욱 적막한 중에 댕그렁 울리는 상원사의 종소리. 들꽃은 고개를 숙이는 자에게만 그 아름다운 화엄의 세계를 보여준다. 사계절 언제든, 능선이든, 숲가든, 절 마당이든 멈춰 서서 바라보면 그 아름다움을 눈으로, 마음으로 호흡하며 절로 깊은 명상에 잠긴다. 숨을 들고 내쉬면서 얼굴 가득 미소가 번지고, 그 미소는 온몸으로 퍼지고, 한 순간에 온몸이 떨다가는 지극히 맑고 환해지고 가벼운 지경에 이른다. 그 자리에 부처님이 자리하신다.